Schweitzers Handausgaben
mit Erläuterungen

Wochinger-Schwalb

Reichs-Gerichtskostengesetz

3. Auflage.

1923
München, Berlin und Leipzig
J. Schweitzer Verlag (Arthur Sellier).

1. Nachtrag
zu Wochinger-Schwalb, Reichs-Gerichtskostengesetz.

I. Jugendgerichtsgesetz.

Vom 16. Februar 1923 (RGBl. I S. 135).

(Auszug.)

§ 41.

Ein Angeklagter, gegen den gemäß § 6 und § 9 Abs. 4 von Strafe abgesehen worden ist, steht für die Pflicht zur Tragung der Auslagen einem Angeklagten gleich, der zur Strafe verurteilt worden ist.

1. § 6 JGG. Hält das Gericht Erziehungsmaßregeln für ausreichend, so ist von Strafe abzusehen.

(Nach § 7 a. a. O. kommen als Erziehungsmaßregeln in Betracht: Verwarnung, überweisung in die Zucht des Erziehungsberechtigten oder der Schule, Auferlegung besonderer Verpflichtungen, Unterbringung, Schutzaufsicht, Fürsorgeerziehung und ev. auch andere von der Reichsregierung mit Zustimmung des Reichsrats für zulässig erklärte Erziehungsmaßregeln.)

§ 9 JGG., handelnd von der Strafbemessung, bestimmt in Abs. 4:

Ist die Tat ein Vergehen oder eine übertretung, so kann in besonders leichten Fällen von Strafe abgesehen werden.

2. § 41 JGG. tritt ergänzend dem § 497 RStPO. zur Seite, verpflichtet also den Richter, in den im § 41 genannten Fällen dem Angeklagten die Auslagen des Verfahrens zu überbürden. Erst die Erlassung einer dahingehenden richterlichen Entscheidung berechtigt den Rechnungsbeamten, diese Auslagen zu Lasten des Angeklagten in Soll zu bringen.

Dagegen besteht die Möglichkeit, in diesen Fällen eine Gebühr zu berechnen, überhaupt nicht.

3. Diese Ausführungen gelten entsprechend auch für den Fall, daß

a) ein Urteil, in dem eine Erziehungsmaßregel angeordnet worden ist, angefochten wird, oder

b) in einem Verfahren, das mit der Anordnung einer solchen Maßregel endet, eine vom Beschuldigten eingelegte Beschwerde kostenfällig zurückgewiesen wird

4. Als „Auslagen" kommen nur die unter das RGKG. fallenden, in § 72 RGKG. erschöpfend aufgeführten in Betracht.

Auf die Kosten der Ausführung der vom Gericht angeordneten Erziehungsmaßregeln erstreckt sich das RGKG. nicht. Wie bei der Strafvollstreckung, so ist es auch hier Sache der Landesgesetzgebung, anzuordnen, welche Auslagen in Rechnung gestellt werden sollen. Mangels einer solchen Anordnung fehlt es überhaupt an der Möglichkeit der Sollstellung.

§ 43.

Die §§ 2 und 45 Abs. 1 treten mit der Verkündung in Kraft; im übrigen tritt das Gesetz mit dem 1. Juli 1923 in Kraft. Die Anordnungen usw. . . . .

§ 48.

In § 52 Abs. 3 des Gerichtskostengesetzes in der Fassung der Bekanntmachung vom 21. Dezember 1902 (RGBl. I S. 12) fallen die Worte „Ist auf Verweis erkannt oder" weg.

1. Der „Verweis" ist nun in Gestalt der „Verwarnung" unter die Erziehungsmaßregeln des § 7 eingereiht, ist also keine Strafe mehr und kann somit auch keine Grundlage für die Erhebung einer Gebühr bilden. Wegen der Auslagen siehe oben § 41.

II. Verordnung zur Erhöhung der Gerichtskosten.

Vom 8. März 1923 (RGBl. I S. 163).

Auf Grund des Artikels VII des Gesetzes zur Änderung des Gerichtskostengesetzes vom 21. Dezember 1922 (RGBl. 1923 I) S. I wird nach Anhörung des zuständigen Ausschusses des Reichstages mit Zustimmung des Reichsrats verordnet:

Artikel I.

Die Sätze des Gerichtskostengesetzes in der Fassung der Bekanntmachung vom 21. Dezember 1922 (RGBl. 1923 I S. 12) werden dahin geändert:

1. Der im § 7 bestimmte Mindestbetrag einer Gebühr erhöht sich von 100 auf 400 Mark.
2. Die volle Gebühr in bürgerlichen Rechtsstreitigkeiten (§ 8) beträgt bei Gegenständen im Werte:
   1. bis 6000 Mark einschließlich . . . . 400 Mark,
   2. von mehr als 6000 bis 12 000 Mark einschließlich . 800 Mark,
   3. von mehr als 12 000 bis 20 000 Mark einschließlich . 1200 Mark.

   Die ferneren Wertklassen steigen bis zu 400 000 Mark um je 10 000 Mark und die Gebühren um je 400 Mark; darüber hinaus steigen die Wertklassen um je 20 000 Mark und die Gebühren in den Klassen bis zu 1 000 000 Mark um je 600 Mark und darüber hinaus um je 400 Mark.
3. Die im § 11 bestimmten Summen von 20 000, 2000 und 5 000 000 Mark erhöhen sich auf 100 000, 10 000 und 20 000 000 Mark.
4. Der in dem § 36 Abs. 1 Satz 3 bestimmte Betrag erhöht sich von 1000 auf 12 000 Mark.
5. Die in dem § 52 Abs. 1, 3 und den §§ 57, 60, 61, 63, 67, 69 bestimmten Gebührensätze erhöhen sich auf das Fünffache.
6. Die im § 71 Abs. 4 bestimmte Schreibgebühr erhöht sich von 20 auf 200 Mark für die Seite.

Artikel II.

Der im § 14 Abs. 1 des Gesetzes, betr. die privatrechtlichen Verhältnisse der Binnenschiffahrt, vom 20. Mai 1898 (RGBl. S 868) und im § 11 Abs. 1 des Gesetzes, betr. die privatrechtlichen Verhältnisse der Flößerei, vom 15. Juni 1895 (RGBl. S. 343) bestimmte, durch Artikel IV des Gesetzes zur Änderung des Gerichtskostengesetzes vom 21. Dez. 1922 (RGBl. 1923 I S. 1) auf 300 Mark festgesetzte Höchstbetrag der Gebühr erhöht sich auf 3000 Mark.

Artikel III.

Die Verordnung tritt eine Woche nach der Verkündung in Kraft. Die Vorschriften des Artikels VI und des Artikels VIII Abs. 2 Satz 1, Abs. 3, 4 des Gesetzes zur Änderung des Gerichtskostengesetzes vom 21. Dezember 1922 (RGBl. 1923 I S. 1) finden entsprechende Anwendung.

Berlin, den 8. März 1923. Der Reichsminister der Justiz:

Dr. Heinze.

2. Nachtrag
(gültig ab 24. März 1923)
zu Wochinger-Schwalb, Reichs-Gerichtskostengesetz.

Vgl. VO. zur Erhöhung der Gerichtskosten vom 8. März 1923 in RGBl. I S. 163, letzteres ausgegeben in Berlin am 16. März 1923 (s. a. 1. Nachtrag).

Gebührenübersicht
(Bürgerl. Rechtsstr. u. Konkurse).

A.
Gebührenarten.

I. Instanz.

a) Dreifache Gebühr:

Durchführung eines Konkursverfahrens (Verfahrensgebühr), § 42 Abs. 1 RGKG.

b) Doppelte Gebühr:

Einstellung des Konkursverfahrens nach Ablauf der Anmeldefrist gemäß §§ 202, 204 KO. (Verfahrensgebühr), § 42 Abs. 2 RGKG.

c) Volle Gebühr:

1. Prozeßgebühr (Verfahrensgebühr), § 20 Nr. 1 RGKG.
2. Beweisgebühr (Entscheidungsgebühr), § 20 Nr. 2, 24 RGKG.
3. Streitige Urteilsgebühr (Entscheidungsgebühr), § 20 Nr. 3, 21, 25 Abs. 2, 3 RGKG.
4. Verfahren über Anträge auf Anordnung eines Arrestes oder einer einstweiligen Verfügung, falls durch Urteil entschieden wird (halb Verfahrens-, halb Entscheidungsgebühr), § 32 Abs. 1 RGKG. (S. d 3.)
5. Verfahren über Anträge auf Abänderung oder Aufhebung eines Arrestes oder einer einstweiligen Verfügung gemäß §§ 926 Abs. 2, 927, 936 ZPO., falls Urteil ergeht (halb Verfahrens-, halb Entscheidungsgebühr), § 32 Abs. 2 RGKG. (S. d 4.)
6. Zurückweisung des Antrages auf Ergänzung eines Urteils nach § 321 PZO. (Entscheidungsgebühr), § 26 RGKG.

J. Schweitzer Verlag (Arthur Sellier) München, Berlin, Leipzig.

7. Verzögerungsgebühr in bürgerlichen Rechtsstreitigkeiten (Entscheidungsgebühr) mit Ermäßigungsbefugnis auf ein Viertel, § 39 RGKG.
8. Einstellung des Konkursverfahrens vor dem Ablauf der Anmeldefrist (Verfahrensgebühr), § 42 Abs. 2 RGKG.
9. Durchführung des wiederaufgenommenen Konkursverfahrens (Verfahrensgebühr), § 48 Abs. 1 RGKG.

d) Halbe Gebühr:

1. Mahnverfahren (Verfahrensgebühr), § 31 Abs. 1 RGKG.
2. Prozeßgebühr (Verfahrensgebühr) nach Erhebung des Widerspruchs gegen den Zahlungsbefehl oder nach Einspruch gegen den Vollstreckungsbefehl oder im Nachverfahren nach Erlassung des Vollstreckungsbefehles im Urkunden- oder Wechselmahnverfahren, § 31 Abs. 2 RGKG.
3. Verfahren über Anträge auf Anordnung eines Arrestes oder einer einstweiligen Verfügung, falls nicht Urteil ergeht (Verfahrensgebühr), § 32 Abs. 1 RGKG. (S. c 4.)
4. Verfahren über Anträge auf Abänderung oder Aufhebung eines Arrestes oder einer einstweiligen Verfügung gemäß §§ 926 Abs. 2, 927, 936 ZPO., falls nicht Urteil ergeht (Verfahrensgebühr), § 32 Abs. 2 RGKG. (S. c 5.)
5. Verfahren über Anträge auf Sicherung des Beweises, § 33 Nr. 1 RGKG.
6. Verfahren über Anträge auf Entmündigung oder auf Wiederaufhebung einer Entmündigung, soweit die Amtsgerichte zuständig sind, § 33 Nr. 2 RGKG.
7. Verteilungsverfahren, § 33 Nr. 3 RGKG.
8. Verfahren der Zwangsvollstreckung zur Erwirkung von Handlungen und Unterlassungen gemäß §§ 887, 888, 890 ZPO., § 33 Nr. 4 RGKG.
9. Verfahren über Anträge auf Annahme des Offenbarungseides einschließlich der Anträge auf Erzwingung der Eidesleistung, § 33 Nr. 5 RGKG.
10. Aufgebotsverfahren sowie für das Verfahren über Anträge auf Anordnung der Zahlungssperre gemäß § 1020 ZPO., § 33 Nr. 6 RGKG.
11. Verfahren bei Ernennung oder Ablehnung eines Schiedsrichters, bei Erlöschen eines Schiedsvertrags oder bei Anordnung der von den Schiedsrichtern für erforderlich erachteten richterlichen Handlungen, § 33 Nr. 7 RGKG.

12. Verfahren über den Antrag auf Eröffnung des Konkurses (Verfahrensgebühr), § 41 RGKG.
13. Anberaumung eines besonderen Prüfungstermines (Geb. f. gerichtliche Handlung, Verfahrensgebühr), § 44 RGKG.
14. Verfahren über den Antrag auf Wiederaufnahme des Konkursverfahrens (Verfahrensgebühr), § 48 Abs. 1, 41 RGKG.

e) Viertelsgebühr:

1. Klagezurücknahme nach Terminsanberaumung aber vor der mündlichen Verhandlung (Ermäßigung der Prozeßgebühr = Verfahrensgebühr), § 29 Abs. 2 RGKG.
2. Verfahren über Anträge auf vorläufige Einstellung, Beschränkung oder Aufhebung einer Zwangsvollstreckung gemäß §§ 707, 719, 769, 771 Abs. 3, §§ 785, 786, 805 Abs. 4, § 810 Abs. 2 ZPO. § 34 Nr. 1 RGKG.
3. Verfahren über Anträge auf gerichtliche Handlungen der Zwangsvollstreckung gemäß § 791, 822, 823, 825, 829 Abs. 1, §§ 835, 839, 844, 846 bis 848, 857, 858, 885 Abs. 4, §§ 886, 930 Abs. 3, § 934 ZPO. § 34 Nr. 2 RGKG.
4. Sühneverfahren nach § 510 c ZPO., falls Wert über 12000 Mark **und** Vergleich aufgenommen, § 36 Abs. 1 RGKG.
5. Vergleich, falls Vergleichsgegenstand den Wert des Streitgegenstands übersteigt, § 36 Abs. 2 RGKG.
6. Verfahren über Antrag auf Anordnung von Sicherheitsmaßregeln § 197 Abs. 2 KO. (Verfahrensgebühr), §§ 48 Abs. 2, 34 RGKG.

II. Rechtsmittelinstanz.

a) Volle Gebühr:

1. Prozeß-, Beweis- und streitige Urteilsgebühr wie bei I c Nr. 1, 2, 3 mit Erhöhung gemäß § 28 RGKG.
2. Verzögerungsgebühr wie bei I c 7 ohne Erhöhung.
3. Beschwerdeverfahren in bürgerlichen Rechtsstreitigkeiten und Konkursen ohne Erhöhung, §§ 38, 47 RGKG.
4. Verfahren über Anträge auf Anordnung eines Arrestes usw. wie bei I c 4, falls durch Urteil entschieden wird mit Erhöhung, § 32 (insbes. Abs. 4) RGKG. (S. b 2.)

5. Verfahren über Anträge auf Abänderung oder Aufhebung eines Arrestes usw. wie bei I c 5, falls durch Urteil entschieden wird, mit Erhöhung, wie vor. (S. b 3.)
6. Zurückweisung des Antrages auf Ergänzung eines Urteils wie bei I c 6 ohne Erhöhung.

b) Halbe Gebühr:

1. Verwerfung der Berufung oder Revision durch Beschluß als unzulässig oder Zurücknahme des Rechtsmittels vor Ablauf der Fristen der §§ 520 Abs. 3, 554 Abs. 7 ZPO. (Berechnet aus der einfachen, nicht erhöhten Gebühr des § 8! Verfahrensgebühr), § 30 RGKG.
2. Verfahren über Anträge auf Anordnung eines Arrestes usw. wie bei I d 3 mit Erhöhung. (S. a 4.)
3. Verfahren über Anträge auf Abänderung oder Aufhebung eines Arrestes usw. wie bei I d 4 mit Erhöhung. (S. a 5.)
4. Verfahren über Anträge auf Sicherung des Beweises wie bei I d 5 ohne Erhöhung.

c) Viertelsgebühr:

1. Verfahren über Anträge auf vorläufige Einstellung der Zwangsvollstreckung usw. wie bei I e 2 ohne Erhöhung.
2. Vergleich, falls Vergleichsgegenstand den Wert des Streitgegenstandes übersteigt, wie bei I e 5 ohne Erhöhung.

Anmerkung: Soweit in der Rechtsmittelinstanz Gebühren ohne Erhöhung anfallen, ist die Wertstabelle der I. Instanz zu verwenden.

B.

Berechnungsschlüssel:

I. Der Berechnungsschlüssel für die volle Grundgebühr der I. Instanz ist ein sehr einfacher. Es fallen an:

a) bei 20 000 ℳ . . . . . . (zerlegt zwecks Schlüssel zu b in: 4 % aus 20 000 ℳ + **400** ℳ = 800 ℳ + **400** ℳ = 1200 ℳ).	1200 ℳ
b) bis zu 400 000 ℳ, aufgerundet auf je volle 10 000 ℳ . . . zerlegt zwecks Schlüssel zu c in: 3 % aus 400 000 ℳ + 1 % aus 400 000 ℳ + 400 ℳ = 12 000 ℳ + **4000** ℳ + **400** ℳ = 12 000 ℳ + **4400** ℳ = 16 400 ℳ).	4 % zuzüglich **400** ℳ (berechnet aus der **ganzen** Summe)

c) bis zu 1 000 000 ℳ, aufgerundet auf je volle 20 000 ℳ . . .	**3 % zuzüglich 4400 ℳ** (berechnet aus der **ganzen** Summe)
zerlegt zwecks Schlüssel zu d in: 2 % aus 1 000 000 ℳ + 1 % aus 1 000 000 ℳ + **4400** ℳ = 28 000 ℳ + 18 000 ℳ + **4400** ℳ + 28 000 ℳ + **14 400** ℳ = 34 400 ℳ.	
d) bei höheren Werten als 1 000 000 ℳ, aufgerundet auf je volle 20 000 ℳ	**2 % zuzüglich 14 400 ℳ** (berechnet aus der **ganzen** Summe).

II. Die Berechnungsart zu I angewendet auf die Berufungsinstanz ergibt:

zu a:	. . . . . .	1800 ℳ
zu b:	aus dem **ganzen** Wert .	**6 % zuzüglich 600 ℳ**
zu c:	aus dem **ganzen** Wert .	**4,5 % zuzüglich 6600 ℳ**
zu d:	aus dem **ganzen** Wert .	**3 % zuzüglich 21 600 ℳ**

III. Die Berechnungsart zu I angewendet auf die Revisionsinstanz ergibt:

zu a:	. . . .	2400 ℳ
zu b:	aus dem **ganzen** Wert .	**8 % zuzüglich 800 ℳ**
zu c:	aus dem **ganzen** Wert .	**6 % zuzüglich 8800 ℳ**
zu d:	aus dem **ganzen** Wert .	**4 % zuzüglich 28 800 ℳ**

C.
Gebührentabelle.

mehr als	bis einschl.	I. Instanz			Berufungsinstanz		Revisionsinstanz		Konkursverfahren
		1/1	1/2	1/4	1/1	1/2	1/1	1/2	3 fach
0	6 000	400	400	400	600	400	800	400	1 200
6 000	12 000	800	400	400	1 200	600	1 600	800	2 400
12 000	20 000	1 200	600	400	1 800	900	2 400	1 200	3 600
20 000	30 000	1 600	800	400	2 400	1 200	3 200	1 600	4 800
30 000	40 000	2 000	1 000	500	3 000	1 500	4 000	2 000	6 000
40 000	50 000	2 400	1 200	600	3 600	1 800	4 800	2 400	7 200
50 000	60 000	2 800	1 400	700	4 200	2 100	5 600	2 800	8 400
60 000	70 000	3 200	1 600	800	4 800	2 400	6 400	3 200	9 600
70 000	80 000	3 600	1 800	900	5 400	2 700	7 200	3 600	10 800
80 000	90 000	4 000	2 000	1 000	6 000	3 000	8 000	4 000	12 000
90 000	100 000	4 400	2 200	1 100	6 600	3 300	8 800	4 400	13 200
100 000	110 000	4 800	2 400	1 200	7 200	3 600	9 600	4 800	14 400
110 000	120 000	5 200	2 600	1 300	7 800	3 900	10 400	5 200	15 600
120 000	130 000	5 600	2 800	1 400	8 400	4 200	11 200	5 600	16 800
130 000	140 000	6 000	3 000	1 500	9 000	4 500	12 000	6 000	18 000
140 000	150 000	6 400	3 200	1 600	9 600	4 800	12 800	6 400	19 200
150 000	160 000	6 800	3 400	1 700	10 200	5 100	13 600	6 800	20 400
160 000	170 000	7 200	3 600	1 800	10 800	5 400	14 400	7 200	21 600
170 000	180 000	7 600	3 800	1 900	11 400	5 700	15 200	7 600	22 800
180 000	190 000	8 000	4 000	2 000	12 000	6 000	16 000	8 000	24 000
190 000	200 000	8 400	4 200	2 100	12 600	6 300	16 800	8 400	25 200
200 000	210 000	8 800	4 400	2 200	13 200	6 600	17 600	8 800	26 400
210 000	220 000	9 200	4 600	2 300	13 800	6 900	18 400	9 200	27 600
220 000	230 000	9 600	4 800	2 400	14 400	7 200	19 200	9 600	28 800
230 000	240 000	10 000	5 000	2 500	15 000	7 500	20 000	10 000	30 000
240 000	250 000	10 400	5 200	2 600	15 600	7 800	20 800	10 400	31 200
250 000	260 000	10 800	5 400	2 700	16 200	8 100	21 600	10 800	32 400
260 000	270 000	11 200	5 600	2 800	16 800	8 400	22 400	11 200	33 600
270 000	280 000	11 600	5 800	2 900	17 400	8 700	23 200	11 600	34 800
280 000	290 000	12 000	6 000	3 000	18 000	9 000	24 000	12 000	36 000
290 000	300 000	12 400	6 200	3 100	18 600	9 300	24 800	12 400	37 200
300 000	310 000	12 800	6 400	3 200	19 200	9 600	25 600	12 800	38 400
310 000	320 000	13 200	6 600	3 300	19 800	9 900	26 400	13 200	39 600
320 000	330 000	13 600	6 800	3 400	20 400	10 200	27 200	13 600	40 800
330 000	340 000	14 000	7 000	3 500	21 000	10 500	28 000	14 000	42 000
340 000	350 000	14 400	7 200	3 600	21 600	10 800	28 800	14 400	43 200
350 000	360 000	14 800	7 400	3 700	22 200	11 100	29 600	14 800	44 400
360 000	370 000	15 200	7 600	3 800	22 800	11 400	30 400	15 200	45 600
370 000	380 000	15 600	7 800	3 900	23 400	11 700	31 200	15 600	46 800
380 000	390 000	16 000	8 000	4 000	24 000	12 000	32 000	16 000	48 000
390 000	400 000	16 400	8 200	4 100	24 600	12 300	32 800	16 400	49 200
400 000	420 000	17 000	8 500	4 250	25 500	12 750	34 000	17 000	51 000

mehr als	bis einschl.	I. Instanz			Berufungsinstanz		Revisionsinstanz		Konkursverfahren
		1/1	1/2	1/4	1/1	1/2	1/1	1/2	3fach
420 000	440 000	17 600	8 800	4 400	26 400	13 200	35 200	17 600	52 800
440 000	460 000	18 200	9 100	4 550	27 300	13 650	36 400	18 200	54 600
460 000	480 000	18 800	9 400	4 700	28 200	14 100	37 600	18 800	56 400
480 000	500 000	19 400	9 700	4 850	29 100	14 550	38 800	19 400	58 200
500 000	520 000	20 000	10 000	5 000	30 000	15 000	40 000	20 000	60 000
520 000	540 000	20 600	10 300	5 150	30 900	15 450	41 200	20 600	61 800
540 000	560 000	21 200	10 600	5 300	31 800	15 900	42 400	21 200	63 600
560 000	580 000	21 800	10 900	5 450	32 700	16 350	43 600	21 800	65 400
580 000	600 000	22 400	11 200	5 600	33 600	16 800	44 800	22 400	67 200
600 000	620 000	23 000	11 500	5 750	34 500	17 250	46 000	23 000	69 000
620 000	640 000	23 600	11 800	5 900	35 400	17 700	47 200	23 600	70 800
640 000	660 000	24 200	12 100	6 050	36 300	18 150	48 400	24 200	72 600
660 000	680 000	24 800	12 400	6 200	37 200	18 600	49 600	24 800	74 400
680 000	700 000	25 400	12 700	6 350	38 100	19 050	50 800	25 400	76 200
700 000	720 000	26 000	13 000	6 500	39 000	19 500	52 000	26 000	78 000
720 000	740 000	26 600	13 300	6 650	39 900	19 950	53 200	26 600	79 800
740 000	760 000	27 200	13 600	6 800	40 800	20 400	54 400	27 200	81 600
760 000	780 000	27 800	13 900	6 950	41 700	20 850	55 600	27 800	83 400
780 000	800 000	28 400	14 200	7 100	42 600	21 300	56 800	28 400	85 200
800 000	820 000	29 000	14 500	7 250	43 500	21 750	58 000	29 000	87 000
820 000	840 000	29 600	14 800	7 400	44 400	22 200	59 200	29 600	88 800
840 000	860 000	30 200	15 100	7 550	45 300	22 650	60 400	30 200	90 600
860 000	880 000	30 800	15 400	7 700	46 200	23 100	61 600	30 800	92 400
880 000	900 000	31 400	15 700	7 850	47 100	23 550	62 800	31 400	94 200
900 000	920 000	32 000	16 000	8 000	48 000	24 000	64 000	32 000	96 000
920 000	940 000	32 600	16 300	8 150	48 900	24 450	65 200	32 600	97 800
940 000	960 000	33 200	16 600	8 300	49 800	24 900	66 400	33 200	99 600
960 000	980 000	33 800	16 900	8 450	50 700	25 350	67 600	33 800	101 400
980 000	1 000 000	34 400	17 200	8 600	51 600	25 800	68 800	34 400	103 200
1 000 000	1 020 000	34 800	17 400	8 700	52 200	26 100	69 600	34 800	104 400
1 020 000	1 040 000	35 200	17 600	8 800	52 800	26 400	70 400	35 200	105 600
1 040 000	1 060 000	35 600	17 800	8 900	53 400	26 700	71 200	35 600	106 800
1 060 000	1 080 000	36 000	18 000	9 000	54 000	27 000	72 000	36 000	108 000
1 080 000	1 100 000	36 400	18 200	9 100	54 600	27 300	72 800	36 400	109 200
1 100 000	1 120 000	36 800	18 400	9 200	55 200	27 600	73 600	36 800	110 400
1 120 000	1 140 000	37 200	18 600	9 300	55 800	27 900	74 400	37 200	111 600
1 140 000	1 160 000	37 600	18 800	9 400	56 400	28 200	75 200	37 600	112 800
1 160 000	1 180 000	38 000	19 000	9 500	57 000	28 500	76 000	38 000	114 000
1 180 000	1 200 000	38 400	19 200	9 600	57 600	28 800	76 800	38 400	115 200
1 200 000	1 220 000	38 800	19 400	9 700	58 200	29 100	77 600	38 800	116 400
1 220 000	1 240 000	39 200	19 600	9 800	58 800	29 400	78 400	39 200	117 600
1 240 000	1 260 000	39 600	19 800	9 900	59 400	29 700	79 200	39 600	118 800
1 260 000	1 280 000	40 000	20 000	10 000	60 000	30 000	80 000	40 000	120 000
1 280 000	1 300 000	40 400	20 200	10 100	60 600	30 300	80 800	40 400	121 200
1 300 000	1 320 000	40 800	20 400	10 200	61 200	30 600	81 600	40 800	122 400

mehr als	bis einschl.	I. Instanz			Berufungs-instanz		Revisions-instanz		Konkurs-verfahren
		1/1	1/2	1/4	1/1	1/2	1/1	1/2	3 fach
1 320 000	1 340 000	41 200	20 600	10 300	61 800	30 900	82 400	41 200	123 600
1 340 000	1 360 000	41 600	20 800	10 400	62 400	31 200	83 200	41 600	124 800
1 360 000	1 380 000	42 000	21 000	10 500	63 000	31 500	84 000	42 000	126 000
1 380 000	1 400 000	42 400	21 200	10 600	63 600	31 800	84 800	42 400	127 200
1 400 000	1 420 000	42 800	21 400	10 700	64 200	32 100	85 600	42 800	128 400
1 420 000	1 440 000	43 200	21 600	10 800	64 800	32 400	86 400	43 200	129 600
1 440 000	1 460 000	43 600	21 800	10 900	65 400	32 700	87 200	43 600	130 800
1 460 000	1 480 000	44 000	22 000	11 000	66 000	33 000	88 000	44 000	132 000
1 480 000	1 500 000	44 400	22 200	11 100	66 600	33 300	88 800	44 400	133 200
1 500 000	1 520 000	44 800	22 400	11 200	67 200	33 600	89 600	44 800	134 400
1 520 000	1 540 000	45 200	22 600	11 300	67 800	33 900	90 400	45 200	135 600
1 540 000	1 560 000	45 600	22 800	11 400	68 400	34 200	91 200	45 600	136 800
1 560 000	1 580 000	46 000	23 000	11 500	69 000	34 500	92 000	46 000	138 000
1 580 000	1 600 000	46 400	23 200	11 600	69 600	34 800	92 800	46 400	139 200
1 600 000	1 620 000	46 800	23 400	11 700	70 200	35 100	93 600	46 800	140 400
1 620 000	1 640 000	47 200	23 600	11 800	70 800	35 400	94 400	47 200	141 600
1 640 000	1 660 000	47 600	23 800	11 900	71 400	35 700	95 200	47 600	142 800
1 660 000	1 680 000	48 000	24 000	12 000	72 000	36 000	96 000	48 000	144 000
1 680 000	1 700 000	48 400	24 200	12 100	72 600	36 300	96 800	48 400	145 200
1 700 000	1 720 000	48 800	24 400	12 200	73 200	36 600	97 600	48 800	146 400
1 720 000	1 740 000	49 200	24 600	12 300	73 800	36 900	98 400	49 200	147 600
1 740 000	1 760 000	49 600	24 800	12 400	74 400	37 200	99 200	49 600	148 800
1 760 000	1 780 000	50 000	25 000	12 500	75 000	37 500	100 000	50 000	150 000
1 780 000	1 800 000	50 400	25 200	12 600	75 600	37 800	100 800	50 400	151 200
1 800 000	1 820 000	50 800	25 400	12 700	76 200	38 100	101 600	50 800	152 400
1 820 000	1 840 000	51 200	25 600	12 800	76 800	38 400	102 400	51 200	153 600
1 840 000	1 860 000	51 600	25 800	12 900	77 400	38 700	103 200	51 600	154 800
1 860 000	1 880 000	52 000	26 000	13 000	78 000	39 000	104 000	52 000	156 000
1 880 000	1 900 000	52 400	26 200	13 100	78 600	39 300	104 800	52 400	157 200
1 900 000	1 920 000	52 800	26 400	13 200	79 200	39 600	105 600	52 800	158 400
1 920 000	1 940 000	53 200	26 600	13 300	79 800	39 900	106 400	53 200	159 600
1 940 000	1 960 000	53 600	26 800	13 400	80 400	40 200	107 200	53 600	160 800
1 960 000	1 980 000	54 000	27 000	13 500	81 000	40 500	108 000	54 000	162 000
1 980 000	2 000 000	54 400	27 200	13 600	81 600	40 800	108 800	54 400	163 200

Reichs-Gerichtskostengesetz

vom 21. Dezember 1922.

Erläutert von

Karl Wochinger,
Finanzamtmann beim Landesfinanzamt Nürnberg, Bayerischer Rat.

Friedrich Schwalb,
rechnungsf. Oberinspektor bei dem Landgericht Nürnberg.

3. gänzlich neubearbeitete Auflage.

1923.
München, Berlin und Leipzig.
J. Schweitzer Verlag (Arthur Sellier).

Druck von Dr. F. P. Datterer & Cie., Freising-München.

Vorwort zur dritten Auflage.

Das Bedürfnis nach einer neuen Auflage war für den Verlag schon lange gegeben. Angesichts der in Aussicht stehenden grundlegenden Änderungen des Reichsgerichtskostengesetzes konnte dieser Notwendigkeit aber keine Rechnung getragen werden. Mit Bekanntmachung des RG. vom 21. Dez. 1922 im RGBl. 1923 S. 1 ff. war deshalb ungesäumt an die Herstellung der Neuauflage zu gehen.

Die Änderungen im neuen Reichsgerichtskostengesetz sind derart umfassend, daß eine vollständige Neubearbeitung des ganzen Stoffes erfolgen mußte. Der bisherige Mitherausgeber, Amtsgerichtssekretär Hans Meyer, ist aus dem Gerichtsdienste ausgeschieden. Der Mitherausgeber, Finanzamtmann, Rat Karl Wochinger glaubte, weil unter anderem ausschließlich im Gebührenrevisionsdienste stehend, den an ihn gestellten Anforderungen am zweckmäßigsten in Verbindung mit einem in langer Gerichtspraxis stehenden Rechnungsbeamten gerecht werden zu können. Aus diesem Grunde betraute der Verlag den rechnungsführenden Oberinspektor bei dem Landgericht Nürnberg, Friedrich Schwalb mit der Mitarbeit.

Ausgehend von dem Leitsatze: „Aus der Praxis — für die Praxis“ haben sich die Verfasser bemüht, ihr Bestes zu geben. Galt es doch fast ausschließlich Neuland zu beackern. —

Möge auch dieser Auflage der Erfolg beschieden sein, den die früheren in so reichem Maße hatten.

Nürnberg, im Januar 1923.

Karl Wochinger. **Friedrich Schwalb.**

Inhaltsübersicht.

Abkürzungen.

AG. . . . . . = Ausführungsgesetz.
BayZ. . . . . = Zeitschrift für Rechtspflege in Bayern.
Bek. . . . . . = Bekanntmachung.
BGB. . . . . = Bürgerliches Gesetzbuch.
BlfRA. . . . = J. A. Seufferts Blätter für Rechtsanwendung.
BraunschwZ. = Zeitschrift für Rechtspflege im Herzogtum Braunschweig.
BurBl. . . . = Bureaublatt.
DSekrZ. . . = Zeitschrift für Deutsche Justizsekretäre.
DJAmtmZtschr. = Zeitschr. des Bundes Deutscher Justizamtmänner.
EG. . . . . . = Einführungsgesetz.
FGG. . . . . = Gesetz über die Angelegenheiten der freiwilligen Gerichtsbarkeit.
FMBl. . . . . = Finanzministerialblatt.
FinME. . . . = Finanzministerialentschließung.
GKG. . . . . = Gerichtskostengesetz.
GVG. . . . . = Gerichtsverfassungsgesetz.
GewGG. . . = Gewerbegerichtsgesetz.
JMBl. . . . = Justizministerialblatt.
JW. . . . . . = Juristische Wochenschrift.
KfmGG. . . = Kaufmannsgerichtsgesetz.
KG. . . . . . = Kostengesetz.
KGBl. . . . . = Blätter für Rechtspflege im Bezirke des Kammergerichts.
KO. . . . . . = Konkursordnung.
LG. . . . . . = Landgericht.
MBl. . . . . = Ministerialblatt.
ME. . . . . . = Ministerialentschließung.
NahrMittelG. = Gesetz betr. den Verkehr mit Nahrungsmitteln u. Gebrauchsgegenständen v. 14. Mai 79 (u. Nov.).
ObLGZ. . . = Bayer. Oberstes Landesgericht, Entscheidungen in Zivilsachen.
OLG. . . . . = Rechtsprechung der Oberlandesgerichte, herausgegeben von Falkmann und Mugdan.
RAGebO. . . = Gebührenordnung für Rechtsanwälte.
Recht . . . . = Das Recht, Rundschau für den Juristenstand.
RG. . . . . . = Reichsgericht.
RGSt. . . . = Reichsgericht, Entscheidungen in Strafsachen.
RGZ. . . . . = Reichsgericht, Entscheidungen in Zivilsachen.
RGVZ. . . . = Reichsgericht, Vereinigte Zivilsenate.
StGB. . . . = Strafgesetzbuch.
StPO. . . . . = Strafprozeßordnung.
VO. . . . . . = Verordnung.
VZS. . . . . = Vereinigte Zivilsenate.
ZGebO. . . . = Gebührenordnung für Zeugen und Sachverständige.
ZPO. . . . . = Zivilprozeßordnung.
ZZP. (BuschsZ.) = Zeitschrift für deutschen Zivilprozeß.

I.

Vorbemerkung: Unter I wird das Änderungsgesetz auszugsweise, unter II das RGKG. in der neuen Fassung behandelt. Soweit also bei I auf II Bezug genommen ist, ist stets das RGKG. in „neuer" Fassung gemeint.

Gesetz zur Änderung des Gerichtskostengesetzes.

Vom 21. Dezember 1922.

Der Reichstag hat das folgende Gesetz beschlossen, das mit Zustimmung des Reichsrats hiermit verkündet wird:

Artikel I.

Das Gerichtskostengesetz (Reichsgesetzbl. 1898 S. 659; 1909 S. 475; 1910 S. 767; 1916 S. 1263; 1921 S. 797; 1922 I S. 569) wird dahin geändert:

1. Der § 6 erhält folgende Fassung: [S. II § 6].

2. Der § 7 erhält folgende Fassung: [S. II § 7].

3. Im § 8 erhalten die Abs. 2 und 3 folgende Fassung: [S. II § 8 Abs. 2, 3].

4. Der § 9a Abs. 2 erhält folgende Fassung: [S. II § 10 Abs. 2].

Ferner tritt im Abs. 3 an die Stelle des Wortes „einjährigen" das Wort „halbjährigen".

5. Im § 10 treten an die Stelle der Zahlen „5000", „200" und „500 000" die Zahlen „20 000", „2000" und „5 000 000".

6. Im § 15 treten an die Stelle der Worte „Vorschrift des § 9a" die Worte „Vorschriften der §§ 9a, 11".

7. Der § 16 Abs. 1 erhält folgende Fassung: [S. II § 18 Abs. 1].

Im Abs. 2 tritt an die Stelle der Zahl „575" die Zahl „576".

8. Die §§ 18 bis 22 werden durch folgende Vorschriften ersetzt: [S. II §§ 20, 21, 22, 23].

9. Die §§ 23 bis 27 fallen fort.

10. Im § 28 fällt der Satz 2 fort.

Als Abs. 2, 3 werden folgende Vorschriften eingestellt: [S. II § 25 Abs. 2, 3].

11. Im § 29 [S. II § 26] treten an die Stelle der Worte „kommen fünf Zehnteile der Gebühr (§§ 18 bis 24) zur Erhebung" die Worte „wird die volle Gebühr (§ 8) erhoben".

12. Die §§ 30, 31 werden durch folgende Vorschrift ersetzt: [S. II § 27].

13. Die §§ 32 und 33 fallen fort.

14. Die §§ 34 bis 39 werden durch folgende Vorschriften ersetzt: [S. II §§ 28—36].

15. Die §§ 41 bis 44 fallen fort.

16. Der § 45 erhält folgende Fassung: [S II § 38].

17. Die §§ 46 und 47 fallen fort.

18. Der § 48 Abs. 1 erhält folgende Fassung: [S. II § 39 Abs. 1].

19. Der § 49 fällt fort.

20. Der § 51 wird durch folgende Vorschriften ersetzt: [S. II §§ 41, 42].

21. Im § 52 Abs. 1 treten an die Stelle der Worte „im § 51 bestimmte Gebühr wird" die Worte „in den §§ 51, 51a bestimmten Gebühren werden" und an die Stelle der Worte „Gebühren des Konkursgerichts", die Worte „gerichtlichen Kosten des gemeinschaftlichen Verfahrens und der Gebühren".

Ferner wird als § 52 Abs. 4 folgende Vorschrift eingestellt: [S. II § 43 Abs. 4].

22. Der § 53 fällt fort.

23. Der § 54 Satz 1 erhält folgende Fassung: [S. II § 44 Satz 1].

24. Der § 56 erhält folgende Fassung: [S. II § 46].

25. Der § 57 Abs. 1 erhält folgende Fassung: [S. II § 47 Abs. 1].

26. § 58 Abs. 1 erhält folgende Fassung: [S. II § 48 Abs. 1].

Ferner wird im Abs. 2 an Stelle des § 35 der § 39a angeführt. (S. II §§ 48, 34].

27. Im § 59 werden die Abs. 2, 3 durch folgende Vorschrift ersetzt: [S. II § 49 Abs. 2, 3, 4].

28. Die §§ 62 bis 68 werden durch folgende Vorschriften ersetzt: [S II § 52—56]

29. Im § 69 Abs. 1 werden die Zahl „50" durch die Zahl „300", die Zahl „150" durch die Zahl „600" und die Zahl „300" durch die Zahl „1000" ersetzt.

Ferner wird an Stelle des Abs. 4 als § 69a folgende Vorschrift eingestellt: [S. II § 58].

30. Die §§ 70 bis 72 werden durch folgende Vorschriften ersetzt: [S. II §§ 59—63].

31. Der § 73 erhält folgende Fassung: [S. II § 64].

32. Als § 73a [S. II § 65] wird der Abs. 4 des bisherigen § 70 eingestellt.

33. Der § 74 erhält folgende Fassung: [S. II § 66].

34. Im § 75 [S. II § 67] tritt an die Stelle der Zahl „15" die Zahl „1000".

35. Als § 75a wird folgende Vorschrift eingestellt: [S. II § 68].

36. Die §§ 76, 77 fallen fort. An ihre Stelle tritt folgende Vorschrift: [S. II § 69].

37. Der § 78 erhält folgende Fassung: [S. II § 70].

38. Als § 79 Abs. 1 bis 3 werden die Vorschriften des Abs. 1 Nr. 1 und des Abs. 2 des bisherigen § 79 in folgender Fassung eingestellt: [S. II § 71 Abs. 1, 2, 3].

39. Der § 80 wird dem neuen § 79 als Abs. 4 mit der Maßgabe angefügt, daß das Wort „mindestens" fortfällt und die Worte „zwei Mark" durch die Worte „zwanzig Mark" ersetzt werden: [S. II § 71 Abs. 4].

40. Als § 80 wird der Rest des bisherigen § 79 mit folgenden Maßgaben eingestellt: [S. II § 72].

hinter den Eingangsworten „an baren Auslagen werden" wird das Wort „ferner" eingefügt;

die Nr. 1 wird durch folgende Vorschrift ersetzt:

1. Postgebühren
   a) für die auf Antrag erfolgende Übersendung von Ausfertigungen und Abschriften,
   b) für Ladungen von Zeugen und Sachverständigen;

der Nr. 5 werden die Worte „sowie die Kosten für die Bereitstellung von Geschäftsräumen" angefügt.

41. Im § 80a werden hinter dem Worte „werden" die Worte „unbeschadet der Vorschrift im § 80 Nr. 1b" eingestellt.

Ferner wird als Abs. 2 folgende Vorschrift eingestellt: [S. II § 73 Abs 2].

Kostenzahlung und Kostenvorschuß. [S. II §§ 74—89].

43. Im § 98 Abs. 1 [S. II § 90 Abs. 1] tritt an die Stelle des Wortes „Bundesstaaten" das Wort „Länder".

Ferner treten im Abs. 3 an die Stelle der Worte „durch Kaiserliche Verordnung mit Zustimmung des Bundesrats" die Worte „durch Verordnung der Reichsregierung mit Zustimmung des Reichsrats".

Im Abs. 4 treten an die Stelle der Worte „werden (§ 86)" die Worte „oder von ihm übernommen werden".

44. Im § 99 [G. II § 91] treten an die Stelle der Worte „vom Bundesrat" die Worte „von der Reichsregierung mit Zustimmung des Reichsrats".

45. Die §§ 100, 101 fallen fort.

Artikel II.

Die Zivilprozeßordnung wird dahin geändert:

1. Im § 233 Abs. 1 werden hinter dem Worte „Revisionsbegründungsfrist" die Worte „oder die ihr gemäß § 520 Abs. 3, § 554 Abs. 7 gesetzte Frist" eingefügt.

2. Als § 520 Abs. 3 wird folgende Vorschrift eingestellt:

Sofern nicht dem Berufungskläger das Armenrecht bewilligt ist oder Gebührenfreiheit zusteht, hat der Vorsitzende gleichzeitig mit der Bekanntgabe des Termins zur mündlichen Verhandlung eine Frist zu bestimmen, innerhalb deren der Berufungskläger den Nachweis zu erbringen hat, daß er die für die Berufungsinstanz von ihm erforderte Prozeßgebühr gezahlt hat. Die Frist kann auf Antrag von dem Vorsitzenden, jedoch nicht über den zur mündlichen Verhandlung bestimmten Termin hinaus, verlängert werden; eine Verlängerung der Frist durch Vereinbarung der Parteien ist unzulässig. Wird der Nachweis nicht bis zum Ablauf der Frist erbracht, so wird die Berufung durch Beschluß als unzulässig verworfen. Hat der Berufungskläger die Bewilligung des Armenrechts vor Ablauf der Frist beantragt, so wird der Lauf der Frist bis zum Ablauf von zwei Wochen nach Zustellung des auf dieses Gesuch ergehenden Beschlusses und, wenn vor Ablauf der Frist gegen den Beschluß Beschwerde eingelegt wird, bis zur Zustellung des auf die Beschwerde ergehenden Beschlusses gehemmt.

3. Im § 554 Abs. 7 Satz 1 treten an die Stelle der Worte „den für die Revisionsinstanz von ihm geforderten Gebührenvorschuß (§ 81 des Gerichtskostengesetzes)" die Worte „die für die Revisionsinstanz von ihm erforderte Prozeßgebühr".

Ferner treten im Satz 3 an die Stelle des Wortes „zur" die Worte „zum Ablauf von zwei Wochen nach".

Artikel III.

Die Strafprozeßordnung wird dahin geändert:

1. Im § 503 wird hinter dem Abs. 1 folgender Absatz eingestellt:

Das Gericht kann, wenn den Anträgen des Privatklägers nur zum Teil entsprochen ist, die im Verfahren entstandenen Auslagen sowie die dem Privatkläger und dem Beschuldigten erwachsenen notwendigen Auslagen angemessen verteilen.

Der bisherige Abs. 3 fällt fort.

Der Abs. 4 erhält folgende Fassung:

Mehrere Privatkläger haften als Gesamtschuldner. Das gleiche gilt hinsichtlich der Haftung mehrerer Beschuldigter für die dem Privatkläger erwachsenen notwendigen Auslagen.

Der Abs. 5 erhält folgende Fassung:

Die nach den Bestimmungen dieses Paragraphen zu erstattenden Auslagen umfassen auch die Entschädigung für die durch notwendige Reisen oder durch die notwendige Wahrnehmung von Terminen entstandene Zeitversäumnis; die für die Entschädigung von Zeugen geltenden Vorschriften finden entsprechende Anwendung. Hat sich der Gegner der erstattungspflichtigen Partei eines Rechtsanwalts bedient, so sind die Gebühren und Auslagen des Anwalts insoweit inbegriffen, als solche nach der Bestimmung des § 91 der Zivilprozeßordnung die unterliegende Partei der obsiegenden zu erstatten hat.

2. Im § 505 Abs. 1 Satz 3 treten an die Stelle der Worte „die Kosten" die Worte „die Gebühr ermäßigen und die entstandenen Auslagen".

Artikel IV.

Im § 14 Abs. 1 des Gesetzes, betreffend die privatrechtlichen Verhältnisse der Binnenschiffahrt, vom 20. Mai 1898 (Reichsgesetzbl. S. 868) und im § 11 Abs. 1 des Gesetzes, betreffend die privatrechtlichen Verhältnisse der Flößerei, vom 15. Juni 1895 (Reichsgesetzbl. S. 343) tritt an die Stelle des Wortes „dreißig" das Wort „dreihundert".

Artikel V.

Die Gebührenordnung für Rechtsanwälte (Reichsgesetzbl. 1898 S. 692; 1909 S. 475; 1910 S. 767; 1916 S. 1263; 1919 S. 2115; 1921 S. 910) wird dahin geändert:

A. Im § 20 treten an die Stelle der Worte „die im Gerichtskostengesetz § 26 Nr. 1 bis 8, 10 bezeichneten Gegenstände betrifft" die Worte „folgende Gegenstände betrifft":

1. prozeßhindernde Einreden (Zivilprozeßordnung § 274);
2. die Unzuständigkeit des Gerichts, die Unzulässigkeit des Rechtswegs, den Mangel der Parteifähigkeit, der Prozeßfähigkeit, der Legitimation eines gesetzlichen Vertreters oder der erforderlichen Ermächtigung zur Prozeßführung, sofern sie von Amts wegen berücksichtigt sind (Gerichtsverfassungsgesetz § 17 Abs. 1; Zivilprozeßordnung §§ 40, 56);
3. die Entlassung des Beklagten aus dem Rechtsstreit (Zivilprozeßordnung §§ 75 bis 77) oder die Übernahme des Rechtsstreits durch den Rechtsnachfolger (Zivilprozeßordnung § 266);
4. die Aufnahme eines unterbrochenen oder ausgesetzten Verfahrens (Zivilprozeßordnung §§ 239 bis 250);
5. die Zulässigkeit der Wiedereinsetzung in den vorigen Stand, der Berufung, Revision oder der Wiederaufnahme des Verfahrens oder die Zurücknahme eines Rechtsmittels (Zivilprozeßordnung §§ 238, 515 Abs. 3, §§ 535, 566, 589);
6. den Einspruch (Zivilprozeßordnung §§ 341, 345, 346, 700) sowie die gegen ein Versäumnisurteil eingelegten Rechtsmittel (Zivilprozeßordnung § 513 Abs. 2, § 566);
7. die vorläufige Vollstreckbarkeit eines Urteils;
8. die Erteilung der Vollstreckungsklausel, sofern sie im Wege der Klage beantragt oder angefochten wird (Zivilprozeßordnung §§ 731, 738, 742, 744, 745 Abs. 2, §§ 749, 768), oder Einwendungen gegen die Zwangsvollstreckung, welche den Anspruch selbst betreffen, sofern der § 767 Abs. 2 oder § 796 Abs. 2 der Zivilprozeßordnung Anwendung findet, oder die Zulassung der Zwangsvollstreckung aus dem Urteil eines ausländischen Gerichts oder aus einem Schiedsspruch (Zivilprozeßordnung §§ 722, 1042);
9. die Unzulässigkeit des schiedsrichterlichen Verfahrens oder die Aufhebung eines Schiedsspruchs (Zivilprozeßordnung § 1046).

B. Der § 23 erhält folgende Fassung:

Drei Zehnteile der in den §§ 13 bis 17 bestimmten Gebühren erhält der Rechtsanwalt, wenn seine Tätigkeit betrifft:

1. die Zulässigkeit einer Nebenintervention (Zivilprozeßordnung § 71);
2. die vorläufige Einstellung, Beschränkung oder Aufhebung einer Zwangsvollstreckung (Zivilprozeßordnung §§ 707, 719, 769, 771 Abs. 3, §§ 785, 786, 805 Abs. 4, § 810 Abs. 2);
3. die Festsetzung der vom Gegner zu erstattenden Prozeßkosten oder die Abänderung der Kostenfestsetzung (Zivilprozeßordnung § 107);
4. die Bestimmung einer Frist zur Rückgabe und die Anordnung der Rückgabe einer Sicherheit in den Fällen des § 109 Abs. 1, 2 der Zivilprozeßordnung;
5. die Prozeß- oder Sachleitung, einschließlich der Bestimmung oder Änderung von Terminen und Fristen;
6. die Bewilligung oder Entziehung des Armenrechts sowie die Verpflichtung zur Nachzahlung von Kosten (Zivilprozeßordnung § 126);
7. die Zuständigkeit des obersten Landesgerichts (§ 7 des Einführungsgesetzes zur Zivilprozeßordnung) oder der Kammern für Handelssachen (Gerichtsverfassungsgesetz §§ 103 bis 106), die Bestimmung des zuständigen Gerichts (Zivilprozeßordnung § 36), die Übernahme eines Entmündigungsverfahrens (Zivilprozeßordnung § 650 Abs. 3, § 651 Abs. 2), die Bestimmung eines Gerichtsvollziehers (Zivilprozeßordnung § 827 Abs. 1, § 854 Abs. 1) oder eines Sequesters (Zivilprozeßordnung §§ 848, 855);
8. die Ablehnung eines Richters, eines Gerichtsschreibers oder eines Sachverständigen (Zivilprozeßordnung §§ 42 bis 49, 406);
9. die Verpflichtung eines Gerichtsschreibers, gesetzlichen Vertreters, Rechtsanwalts oder anderen Bevollmächtigten sowie eines Gerichtsvollziehers zur Tragung der durch ihr Verschulden veranlaßten Kosten (Zivilprozeßordnung § 102);

10. Erinnerungen gegen den Kostenfestsetzungsbeschluß (Zivilprozeßordnung § 104 Abs. 3);
11. die Verpflichtung eines Rechtsanwalts zur Zurückgabe einer vom Gegner ihm mitgeteilten Urkunde (Zivilprozeßordnung § 135);
12. die Verpflichtung zur Abgabe eines Zeugnisses oder Gutachtens (Zivilprozeßordnung §§ 386 bis 389, 408);
13. die Zwangsmaßregeln gegen einen Zeugen oder Sachverständigen, sowie die Verurteilung derselben zu Kosten und Strafe (Zivilprozeßordnung §§ 380, 381, 390, 409);
14. die Bestellung eines Vertreters einer nicht prozeßfähigen oder unbekannten Partei, für ein von dem Eigentümer aufgegebenes Grundstück oder für einen Erben, der die Erbschaft noch nicht angenommen hat (Zivilprozeßordnung §§ 57, 58, 494, 668, 679, 686, 779, 787);
15. die Berichtigung eines Urteils oder seines Tatbestandes (Zivilprozeßordnung §§ 319, 320);
16. die Vollstreckbarkeit der durch Rechtsmittelanträge nicht angefochtenen Teile eines Urteils (Zivilprozeßordnung §§ 534, 560);
17. die Zulassung einer Zustellung oder eines Aktes der Zwangsvollstreckung zur Nachtzeit oder an einem Sonntag oder allgemeinen Feiertage (Zivilprozeßordnung §§ 188, 761);
18. die Zwangsvollstreckung.

C. Der § 24 erhält folgende Fassung:

Zwei Zehnteile der in den §§ 13 bis 17 bestimmten Gebühren erhält der Rechtsanwalt, wenn seine Tätigkeit Anträge oder Gesuche betrifft:

1. auf Erteilung der Vollstreckungsklausel oder auf Zurücknahme der Vollstreckungsklausel, sofern diese Anträge nicht im Wege der Klage gestellt werden (Zivilprozeßordnung §§ 724 bis 730, 732, 738, 742, 744, 745 Abs. 2, §§ 749, 795, 796 Abs. 1, § 797 Abs. 1, 3, § 929) oder auf Erteilung einer weiteren vollstreckbaren Ausfertigung (Zivilprozeßordnung § 733);
2. auf Anordnung der Rückgabe einer Sicherheit im Falle des § 715 der Zivilprozeßordnung sowie auf Erteilung des Zeugnisses der Rechtskraft oder auf Erteilung des

Zeugnisses, daß innerhalb der Notfrist ein Rechtsmittelschriftsatz nicht eingereicht sei (Zivilprozeßordnung § 706).

D. Im § 29 Abs. 2 erhält die Nummer 6 folgende Fassung:

6. das Verfahren über die im § 23 Nr. 5 bis 17 bezeichneten Streitpunkte und Anträge.

E. Im § 30 Abs. 1 erhält die Nummer 3 folgende Fassung:

3. die im § 23 Nr. 3, 4 bezeichneten Angelegenheiten.

Im Abs. 3 treten an die Stelle der Worte „(Gerichtskostengesetz § 38 Nr. 1)" die Worte „(§ 23 Nr. 3)" und an die Stelle der Worte „im Gerichtskostengesetze (§ 38 Nr. 2)" die Worte „im § 23 Nr. 4".

Artikel VI.

Soweit in Reichsgesetzen oder in Landesgesetzen auf Gesetze verwiesen ist, die durch dieses Gesetz geändert werden, treten, vorbehaltlich anderweitiger landesgesetzlicher Regelung, die entsprechenden Vorschriften dieses Gesetzes an ihre Stelle.

Artikel VII.

Im Falle einer wesentlichen Änderung der wirtschaftlichen Verhältnisse kann die Reichsregierung nach Anhörung des zuständigen Ausschusses des Reichstags mit Zustimmung des Reichsrats die Gebühren und Schreibgebühren anderweitig festsetzen.

Artikel VIII.

Das Gesetz tritt am 15. Februar 1923 in Kraft.

Die Vorschriften der Artikel I bis VI finden auf die vor dem Inkrafttreten dieses Gesetzes anhängig gewordenen bürgerlichen Rechtsstreitigkeiten Anwendung, soweit nicht die Instanz vor dem Tage des Inkrafttretens beendigt war. Das gleiche gilt von der Vorschrift des § 4 der Zivilprozeßordnung in der Fassung des Gesetzes zur weiteren Entlastung der Gerichte vom 8. Juli 1922 (Reichsgesetzbl. I S. 569). Die Vorschrift im Artikel VI Abs. 2 des letztgenannten Gesetzes bleibt jedoch unberührt.

Die Vorschriften der Artikel I bis VI finden ferner Anwendung auf die bei Inkrafttreten dieses Gesetzes anhängigen Konkursverfahren sowie auf diejenigen Strafsachen, in denen die über die Kosten ergehende Entscheidung nach diesem Zeitpunkt rechtskräftig geworden ist.

Hinsichtlich der vor dem Inkrafttreten dieses Gesetzes entstandenen Auslagen bleiben jedoch die bisherigen Vorschriften in Kraft.

Soweit in bürgerlichen Rechtsstreitigkeiten die Bestimmung des Termins zur mündlichen Verhandlung oder der Erlaß des Zahlungsbefehls erst nach Zahlung der erforderten Gebühr erfolgen soll, findet dieses Gesetz auf die vor seinem Inkrafttreten anhängig gewordenen Sachen keine Anwendung. Dies gilt entsprechend hinsichtlich der Anwendung der §§ 520 Abs. 3, 554 Abs. 7 der Zivilprozeßordnung. Insoweit bleiben die bisherigen Vorschriften in Kraft.

Soweit auf Grund der bisherigen Vorschriften Gebührenvorschüsse erfordert sind, bleibt die Zahlungspflicht bestehen. Die erforderten Vorschüsse werden auf die fälligen Gebühren verrechnet.

1. Hier ist zu trennen:

a) die Beendigung der Instanz im Sinne des RGKG. von

b) die Beendigung der Instanz im Sinne der RAGO.

Vorausgeschickt sei aus einem Beschlusse des Landgerichts Kempten vom 6. 3. 1920 BeschwReg. 6/20 — abgedruckt in BayZ. 1920, 215 — zunächst folgendes:

Mit dem Begriff der Instanz befassen sich zwei PlenE. des RG., die sich zu widersprechen scheinen, aber doch nebeneinander bestehen können, weil sie zwei verschiedene Gesichtspunkte ins Auge fassen. Die neuere PlenE., RGZ. 68, 247, behandelt die Frage: „Welches von den Gerichten hat tätig zu werden während der Zeit nach Zustellung des Urteils und vor Einlegung der Revision? An welches hat sich die Partei zu wenden? Hat sie dem gegnerischen Prozeßbevollmächtigten der unteren oder der oberen Instanz zuzustellen?"

Die VerZS. sagen hier, daß in diesem Sinne die instanzgerichtliche Zuständigkeit durch die Urteilszustellung noch nicht aufhört. In diesem Sinne gehört u. a. die Kostenfestsetzung noch zur unteren Instanz. Eine ganz andere Frage behandelt die PlenE. RGZ. 41, 426, nämlich: „Wie lange bleibt der Prozeß beim Prozeßgerichte anhängig und wann endet die Anhängigkeit?" Hier lautet die Antwort: „Die Anhängigkeit in der Instanz endet mit der Zustellung des Urteils." Unter Anhängigkeit versteht hier das RG. die Fortdauer eines Prozeßzustandes, bei dem das Gericht für die Entscheidung des Hauptstreits zuständig und mit ihr befaßt ist.

I.

Beendigung der Instanz im Sinne des RGKG.

A. In „bürgerlichen Rechtsstreitigkeiten" ist für die Auslegung des Begriffes „Beendigung der Instanz" weder die in RGZ. 41, 426 noch die in RGZ. 68, 247 erörterte Beendigung maßgebend. Entscheidend ist hier allein der § 75 Abs. 1 RGKG. —

Beendigt ist die Instanz also, sobald eine unbedingte Entscheidung über die Kosten ergangen ist oder das Verfahren oder die Instanz durch Vergleich, Zurücknahme oder anderweitige Erledigung seine Beendigung gefunden hat. (Vgl. hierher die Anm. zu § 75.)

Das „Urteil" muß die Instanz beendigen. Es ist also von Fall zu Fall zu untersuchen, inwieweit dies bei jeder einzelnen Sache zutrifft. Ein Urteil, das im Falle des § 304 ZPO. beispielsweise den Anspruch dem Grunde nach für „begründet" erklärt, beendigt meistens die Instanz nicht, da nach dem regelmäßigen Verlauf der Sache auch noch über den „Betrag" zu entscheiden ist. Wird aber der Anspruch für „unbegründet" erklärt, dann liegt ein wahres, die Instanz beendigendes Endurteil vor. Wie zu verfahren ist, wenn im Falle der Berufung gegen ein solches Urteil gemäß § 538 I Nr. 3 ZPO. Zurückverweisung an die erste Instanz erfolgt, sei weiter unten erwähnt. Ein bedingtes Endurteil beendigt meistens die Instanz nicht; dies geschieht regelmäßig erst durch das gemäß § 462 ZPO. zu erlassende Läuterungsurteil. Ausnahmsweise kann aber in gewissen Fällen die I. Instanz auch durch das bedingte Endurteil dann erledigt sein, wenn das bedingte Endurteil in II. Instanz aufgehoben und sofort zur Sache selbst erkannt oder wenn es gem. § 537 Satz 3 ZPO. erledigt wird. Es wird sich also in manchen Fällen je nach dem endgültigen Ausgang des Prozesses eine Berichtigung des Kostenansatzes nicht umgehen lassen, sei es auf der Grundlage der alten, sei es auf der der neuen Bestimmungen.

In der Praxis wird sich auch häufig der Fall ereignen, daß in Anwendung der Überleitungsgrundsätze die I. Instanz, weil noch vor dem 15. 2. 23 beendigt, nach den bisherigen, die II. Instanz aber nach den neuen Bestimmungen zu bewerten ist.

Im Falle des § 30 alt (neu § 27 Abs. 1) RGKG. ist ausschließlich der Zeitpunkt der Beendigung bei dem zuletzt in Anspruch genommenen Gericht entscheidend.

Im Falle des § 31 alt (neu § 27 Abs. 2) RGKG. ist davon auszugehen, daß die höhere Instanz festgestellt hat, daß die untere Instanz nicht beendigt ist und demnach fortzusetzen sei. Eine Beendigung der unteren Instanz im Sinne des Art. VIII Abs. 2 d. RG. v. 21. 12. 1922 liegt also nicht mehr vor. Auf die tatsächliche Fortsetzung der unteren Instanz (auf Parteibetrieb bzw. gemäß § 497 ZPO.) kommt es nicht an (s. §§ 251, 271 ZPO.). Auch diejenigen Gebühren sind nun den neuen Bestimmungen unterworfen, die schon vor der Zurückverweisung in der unteren Instanz tatsächlich angefallen waren.

Im Falle des § 32 (alt) RGKG. wird es darauf ankommen haben, ob das Versäumnisurteil vor dem 15. 2. 1923 erlassen und ob gegen dasselbe Einspruch eingelegt wurde. Ist das Versäumnisurteil nicht angefochten, dann beendet es die Instanz und wird im Falle seiner Erlassung bis einschließlich 14. Februar 1923 nach altem Recht bewertet. Wird zwar Einspruch eingelegt, dieser aber verworfen, zurückgenommen oder nicht verhandelt, so ist festzustellen, ob ein zulässiger Einspruch vorliegt oder nicht. Diese Frage hat, wenn nicht ein Verwerfungsurteil oder sonst eine maßgebende gerichtliche Feststellung vorliegt, zunächst der Rechnungsbeamte zu prüfen, ev. kann die Partei auf dem Wege des § 4 ihr Recht suchen. Liegt kein zulässiger Einspruch vor, ist das Versäumnisurteil also beispielsweise vor dem

15. 2. 1923 rechtskräftig geworden, so ist dieses abgeschlossene Verfahren auf jeden Fall nach alter Norm zu besteuern. Für das Einspruchsverfahren selbst sind in entsprechender Anwendung des § 32 (alt) ev. angefallene Gebühren nach neuem Recht anzusetzen (§ 25!). Liegt ein zulässiger Einspruch vor, so ist das Verfahren am 15. 2. 1923 nicht beendet gewesen und ganz nach neuem Recht zu bewerten. Ein ev. vor dem 15. 2. 23 ergangenes Versäumnisurteil ist dann überhaupt nicht zu bewerten. Laufende Verfahren (15. 2. 23!), bei denen sich erst bei der späteren Prozeßerledigung ergibt, daß der Einspruch gegen das vor dem 15. 2. 23 erlassene Versäumnisurteil zulässig war, haben also die geschilderte Behandlung zu finden. Auf weitere Einzelheiten kann hier nicht eingegangen werden, sie sind von Fall zu Fall zu behandeln.

Im Falle des § 33 (alt) RGKG. ist bei jedem Verfahren (dem Urkunden- bzw. Wechselprozeß einerseits und dem ordentlichen Prozeßverfahren andererseits) gesondert zu untersuchen, inwieweit eine Beendigung im Sinne des Art. VIII vorliegt. § 25 ist zu beachten.

B. Für das Konkursverfahren sind maßgebend die §§ 163, 190, 205 KO. Im Falle der Aufhebung gemäß § 163 KO. ist also davon auszugehen, daß diese Aufhebung nicht schon mit der Abfassung des Beschlusses (vgl. z. B. § 108 KO.), sondern nach der Regel des § 76 I erst mit dem Ablaufe des 2. Tages nach der Ausgabe des Amtsblattes, das die erste Einrückung enthält, rechtswirksam wird. (Bestr. Vgl. KO. Meyer-Bleyer § 163 Anm. 3.) Dieser Zeitpunkt ist „der Tag der Beendigung der Instanz" im Sinne des Art. VIII. Ganz das gleiche gilt für die Aufhebung gemäß §§ 190 und 205 KO. Während in den Fällen der §§ 163, 190 KO. aber die Aufhebung unanfechtbar, also endgültig, ist, kann bei § 205 KO. auf sofortige Beschwerde hin mit der Rechtskraft der Entscheidung des Beschwerdegerichts bzw. im Falle der Anordnung der sofortigen Wirksamkeit der Beschwerdegerichtsentscheidung (§ 74 KO.) eine Fortsetzung des zunächst aufgehobenen Konkursverfahrens eintreten. In diesem (seltenen) Falle muß, wenn auch die Aufhebung des KonkVerfahrens schon vor dem 15. 2. 23 in I. Instanz rechtswirksam ausgesprochen war, nun gleichwohl die Bewertung des ganzen Konkursverfahrens nach den neuen Bestimmungen erfolgen.

Eine Ausnahme tritt in allen Fällen jedoch für die gemäß dem alten § 54 RGKG. anfallenden „besonderen" Gebühren ein. Für diese Gebühren, die sofort nach Abhaltung des besonderen Prüfungstermines oder der Zurücknahme der Anmeldung zu erheben sind, ist der Zeitpunkt der Beendigung des Konkursverfahrens nebensächlich, es kommt nur der Zeitpunkt der Abhaltung des besonderen Prüfungstermines oder des Eingangs der Zurücknahme für die Anwendung des Art. VIII in Frage.

In dem fast nie praktisch werdenden Falle des § 58 RGKG. bleibt für jedes Konkursverfahren (das erste und das wieder aufgenommene) dessen Beendigungszeit für die Anwendung des Art. VIII maßgebend.

C. In Strafsachen entscheidet nach Art. VIII Abs. 3 ausschließlich der Zeitpunkt der Rechtskraft der über die Kosten ergehenden (wohl auch ergangenen!) Entscheidung. Ist diese Rechtskraft erst am 15. 2. 23 oder später eingetreten, so ist neues Recht maßgebend.

Dieser Grundsatz muß logischerweise dazu führen, daß u. U. eine Instanz nach dem alten und die andere nach dem neuen Recht zu bewerten ist, wenn die Rechtskraft der vorinstanziellen Entscheidung am 15. 2. 23 inhaltlich der Entscheidung der höheren (ev. der nämlichen Instanz) Instanz schon vorgelegen hat. Vgl. z. B. §§ 360, 363 StPO. Beispiel: Berufung gegen ein am 7. 2. 23 in Anwesenheit des Beschuldigten verkündetes Urteil auf 1000 Mk. Geldstrafe. Am 15. 2. 23 wird verspätet Berufung eingelegt und diese am 18. 2. 23 nach § 360 StPO. kostenfällig verworfen. Für die erste Instanz gilt altes, für die zweite Instanz neues Recht (§ 55 Abs. 2). Würde es sich in diesem Falle um eine rechtzeitig am 12. 2. 23 eingelegte Berufung einer dritten Person (vgl. § 340 StPO.) handeln, die vom Berufungsgericht nach § 363 StPO. am 1. 3. 23 beschlußmäßig als unzulässig verworfen wird, weil die „Berechtigung" der dritten Person zur Berufungseinlegung verneint wird, so ist gegenüber dem Beschuldigten für die erste Instanz altes Recht, gegenüber dem Dritten aber „neues" Recht maßgebend.

Sind die Kosten „beschlußmäßig" überbürdet, so ist auch hier die Rechtskraft entscheidend. Regelmäßig kommt nur Ablauf der Frist für die „sofortige Beschwerde" in Betracht.

D. Hinsichtlich der vor dem 15. 2. 23 „entstandenen" Auslagen bleiben die bisherigen Bestimmungen in Kraft (Abs. 4). Dies ist von ganz besonderer Wichtigkeit wegen des neuen § 72 Nr. 1b. Postgebühren für Ladungen von Zeugen und Sachverständigen, die vor dem 15. 2. 23 erwachsen sind, dürfen nicht als Auslagen in Rechnung gestellt werden.

Auch für die Schreibgebühren des § 71 ist Art. VIII Abs. 4 von Bedeutung. Alle vor dem 15. 2. 23 „angefallenen" Schreibgebühren sind nach altem Recht zu Soll zu bringen. Maßgebend ist deshalb für beglaubigte Abschriften der Tag der Beglaubigung, für andere einfache Abschriften der der „Anfertigung".

II.

Beendigung der Instanz im Sinne der RAGO.

Auch zu dieser eigentlich für das RGKG. nicht einschlägigen Frage seien einige Worte beigefügt:

Soweit bürgerliche Rechtsstreitigkeiten in Frage kommen, hat die unter Anm. 1 angeführte Entscheidung schließlich für den Art. IV des RG. v. 18. 12. 19 (Art. VIII entspricht diesem Art. IV insoweit vollständig) folgendes festgestellt:

Art. IV Abs. 2 des RG. v. 18. 12. 19 will die Rückwirkung zeitlich begrenzen, einen Einschnitt bestimmen, der jeden Zweifel ausschließt. Daraus ergibt sich, daß hier für die Auslegung nur die in RGZ. 41, 426 behandelte „Anhängigkeit" in der Instanz, nicht aber die in RGZ. 68, 247 erörterte instanzgerichtliche Zuständigkeit verwendet werden darf. Die Anhängigkeit in der Instanz endet mit der Zustellung des Urteils. (Beschl. d. LG. Kempten vom 6. 3. 20, BeschwReg. 6/20).

Rechtsprechung und Schrifttum haben sich ausgiebig mit der Frage der Beendigung der Instanz im Sinne der RAGO. beschäftigt: Lese diesbezüglich: Urteilszustellung beendet nach: RG. v. 18. 10. 20 JW. 1922, 1115; LG. Nbg. v. 28. 9. 21 (1 A 1189/21 AG. Nbg.); OLG. Darmstadt v. 19. 6. 22 JW. 1922, 1405 die Instanz.

RG. v. 18. 10. 20 JW. 1922, 1115 hat weiter ausgesprochen, daß die Zustellung selbst dann maßgebend ist, wenn Berufung nicht mehr zulässig ist. Wird die Urteilszustellung unterlassen, so ist die Verkündung maßgebend.[1]) OLG. Dresden v. 13. 6. 22 JW. 1922, 1405.

Abweichend von dieser Rechtsprechung halten die „Rechtskraft des Urteils" für maßgebend: OLG. Kassel v. 27. 4. 22 JW. 1922, 1412 und OLG. Köln v. 18. 5. 22 JW. 1922, 1414; OLG. München v. 7. 6. 22 JW. 1922, 1414. Bezüglich des Versäumnisurteils entscheidet immer die Rechtskraft: OLG. Nbg. v. 14. 4. 22 JW. 1922, 1416.

In Strafsachen gilt gleich dem RGKG. der Tag der Rechtskraft der Kostenentscheidung.

Für Auslagen gelten ebenfalls die Grundsätze, wie sie unter I niedergelegt sind.

Artikel IX.

Der Reichsminister der Justiz wird ermächtigt, den Wortlaut des Gerichtskostengesetzes, wie er sich aus diesem Gesetz ergibt, mit fortlaufender Nummernfolge im Reichsgesetzblatt bekanntzumachen.

Berlin, den 21. Dezember 1922.

Der Reichspräsident:
Ebert.

Der Reichsminister der Justiz:
Dr. Heinze.

II.

Bekanntmachung des Wortlauts des Gerichtskostengesetzes.

Vom 21. Dezember 1922.

Auf Grund des Artikels IX des Gesetzes zur Änderung des Gerichtskostengesetzes vom 21. Dezember 1922 (Reichsgesetzbl. 1923 I S. 1) wird der Wortlaut des Gerichtskostengesetzes nachstehend bekannt gemacht.

Berlin, den 21. Dezember 1922.

Der Reichsminister der Justiz:
Dr. Heinze.

---

[1]) Hier muß besondere Vorsicht angewendet werden; bei absichtlicher Unterlassung fehlt die „Notwendigkeit" der höheren RAGeb. mangels „zweckentsprechender" Rechtsverfolgung. § 91 ZPO.

Gerichtskostengesetz.

Erster Abschnitt.

Allgemeine Bestimmungen.

§ 1.

In den vor die ordentlichen Gerichte gehörigen Rechtssachen, auf welche die Zivilprozeßordnung, die Strafprozeßordnung oder die Konkursordnung Anwendung findet, werden Gebühren und Auslagen nur nach Maßgabe dieses Gesetzes erhoben.

1. **Nach dem RGKG. sind zu bewerten**, alle Angelegenheiten, welche von den ordentlichen Gerichten (d. i. den AG., LG., OLG., dem KG. in Berlin, dem bayer. Obersten LG. und dem RG. — § 12 GVG., §§ 8, 9 EG. GVG.) nach den Bestimmungen der ZPO., StPO. oder KO. erledigt werden,

nicht dagegen: a) Rechtssachen, die zwar vor die ordentlichen Gerichte gehören, deren Erledigung sich aber nach anderen als den im § 1 RGKG. genannten Gesetzen richtet (wie z. B. die Angelegenheiten der freiwilligen Gerichtsbarkeit, die Zwangsversteigerungs- und Zwangsverwaltungssachen nach § 869 ZPO., Forst- und Feldrügesachen, die Justizverwaltungssachen, bürgerliche Rechtsstreitigkeiten und Strafsachen, für welche Verwaltungsgerichte und -Behörden zuständig sind; hier ist die Erhebung der Gebühren und Auslagen der Landesgesetzgebung überlassen — preuß. GKG., preuß. Stempelgesetz, bayer. Kostengesetz, bayer. Stempelgesetz usw. —),

b) die Rechtssachen, für welche andere als ordentliche Gerichte zuständig sind (wie z. B. Verwaltungsgerichte, Gewerbegerichte, Kaufmannsgerichte, Konsulargerichte, Rheinschiffahrts- und Elbzollgerichte, Gemeindegerichte u. a. — §§ 13, 14 GVG.).

Richtet sich das Verfahren vor einem der unter b genannten Gerichte nach ausdrücklicher Bestimmung des Gesetzes nach den Vorschriften der ZPO. oder StPO., so ist damit nicht gesagt, daß auch die Gebührenerhebung nach dem RGKG. zu geschehen hat; soll dies der Fall sein, dann muß es in dem betr. Gesetz besonders bestimmt sein (Beispiel: § 60 GewGG. und § 16 KfmGG. — hier findet das RGKG. Anwendung auf das Rechtsmittel- und Zwangsvollstreckungsverfahren).

Wird eine Sache unzulässigerweise vor die ordentlichen Gerichte gebracht, so ist das Verfahren nach dem RGKG. zu bewerten (RGZ. 27. 11. 88; 22, 415).

2. Für die staatsanwaltschaftliche Tätigkeit sieht das RGKG. keine Gebühren vor. Angefallene Auslagen sind dagegen zu erheben (vgl. § 497 Abs. 1 StPO., § 165 GVG.). Siehe auch § 72 und die dortigen Ausführungen.

In den Fällen der Zuwiderhandlung gegen das Nahrungsmittelgesetz (RG. v. 29. 6. 1887 RGBl. S. 276) — auch Gesetze, die die einschlägigen Bestimmungen des genannten Gesetzes ausdrücklich für anwendbar erklärt haben, gehören hierher — treffen den Verurteilten auch die Kosten der „polizeilichen" Untersuchung des in Frage kommenden Gegenstandes.

Im übrigen aber ist das RGKG. von dem Grundsatze beherrscht, daß polizeiliche Untersuchungs- und Ermittelungskosten aller Art nicht zu den von dem Kostenschuldner des RGKG. zu vertretenden Kosten gehören.

Hat beispielsweise in einer Ermittelungssache ein Stadtrat in seiner Eigenschaft als Polizeibehörde einen beteiligten Zeugen in Begleitung eines Kriminalbeamten nach einem anderen Orte abgeordnet, damit der Zeuge dort das Haus aufsuche, in dem die Straftat angeblich verübt wurde, so werden die für den Kriminalbeamten sowohl als auch für den Zeugen gemachten Auslagen nicht aus der Staatskasse erstattet. Derartige Kosten können also auch nicht als Kosten des Verfahrens angesprochen werden, da sie erwachsen sind, bevor die Staatsanwaltschaft mit der Sache befaßt war.

3. Geschäfte, für die im Gesetze eine Gebühr nicht ausdrücklich festgelegt ist, können nicht mit einer solchen besteuert werden. Ebensowenig können Ausgaben des Staates, die im § 72 RGKG. nicht ausdrücklich als „Auslagen" bezeichnet sind (z. B. für Besorgung von Ladungen durch den Gemeindebeamten usw. bei auswärtigen Dienstgeschäften) dem Kostenschuldner nicht als Gerichtskosten in Rechnung gestellt werden. Solche Ausgaben werden also überhaupt nicht im Akte vorgemerkt.

4. Gerichtskosten gehören nicht zu den nach § 61 Nr. 2 KO. bevorrechtigten öffentlichen Abgaben. RGZ. 21, 46; 28, 87; ObLGZ. 4, 301.

§ 2.

Eine Erhebung von Stempeln und anderen Abgaben neben den Gebühren findet nicht statt.

Urkunden, von denen im Verfahren Gebrauch gemacht wird, sind nur insoweit einem Stempel oder einer anderen Abgabe unterworfen, als sie es ohne diesen Gebrauch sein würden.

Urkunden, welche im Verfahren errichtet werden, bleiben, soweit ihr Inhalt über den Gegenstand des Verfahrens hinausgeht, den allgemeinen Vorschriften über Erhebung von Stempeln und anderen Abgaben unterworfen.

1. Aus den Motiven:

Der Prozeß ist dem landesgesetzlichen Besteuerungsrecht überhaupt entzogen.

Folgerichtig kann die Befreiung von landesgesetzlichen Abgaben aller Art nicht auf die Prozeßhandlungen und die im Rechtsstreit von den Parteien und dem Gericht oder seinen Organen — einschl. der Gerichtsvollzieher — ausgehenden Schriften beschränkt bleiben, sondern es muß auch die mittelbare Besteuerung des Rechtsstreits ausgeschlossen werden, welche darin liegt, daß nach den Stempelgesetzen einzelner Staaten gewisse oder alle außerhalb eines Rechtsstreits errichtete Urkunden **dadurch** stempelpflichtig werden, daß sie **in einem Rechtsstreit dem Richter vorgelegt** oder überreicht werden oder als Anlagen der Prozeßschriften dienen. Die Vorlage einer ohne solchen Gebrauch nicht oder zu geringerem Betrage steuerpflichtigen Urkunde im Prozesse darf künftig nicht mehr Anlaß zur Erhebung oder Erhöhung von Abgaben sein.

Der Umstand, daß eine außerhalb des Rechtsstreits errichtete, nach den Landesgesetzen ohne Rücksicht auf einen bestimmten Gebrauch der Besteuerung unterliegende Urkunde in einem Rechtsstreit zum Beweise oder dergl. gebraucht wird, kann sie der landesgesetzlichen Besteuerung nicht entziehen.

Die Befreiung der Prozeßschriften von Stempeln und anderen landesgesetzlichen Abgaben darf auch nicht als Mittel zur Umgehung der bezüglichen Steuergesetze dienen; Erklärungen also, die außerhalb der Grenzen des Verfahrens und seines Gegenstandes liegen, dürfen beispielsweise nicht dadurch steuerfrei werden, daß sie ungehörigerweise in einen vorbereitenden Schriftsatz eingefügt werden.

Was insbesondere die Urkunden über Vergleiche betrifft, die im (bürgerlichen!) Rechtsstreit zur Beilegung desselben errichtet werden, so ist davon auszugehen, daß der Entwurf nur eine Gleichmäßigkeit in der Besteuerung der Rechtsstreite zum Ziele hat, die landesgesetzlichen Steuern also soweit, aber auch nur soweit unberührt läßt, als sie nicht eine Besteuerung der Rechtsstreite selbst enthalten. Beschränkt sich daher die Vergleichsurkunde auf die Feststellung oder Begrenzung des geltend gemachten Anspruches, so wird sie ebensowenig einem Stempel und dergl. unterliegen wie ein Urteil gleichen Inhalts. Wird aber durch den Vergleich an die Stelle des streitig gewesenen Rechtsverhältnisses ein anderes neu festgesetzt oder erstreckt sich der Vergleich auf Ansprüche, die nicht Gegenstand des Rechtsstreits waren, so liegt kein Grund vor, die Vergleichsurkunde im Rechtsstreite von solchen Landessteuern zu befreien, denen sie außerhalb des Prozesses unterliegt. (S. auch Anm. 3 und § 36 Abs. 2 RGKG.).

Vorausgesetzt wird also nicht nur, daß der Inhalt der Urkunde sich auf den Gegenstand des Verfahrens beschränkt, sondern auch, daß die Errichtung der Urkunde zum Prozeßverfahren gehört, sich nach Form und Inhalt als ein Akt desselben darstellt. Wird z. B. der Vergleich zur Beilegung eines Rechtsstreits nicht in der Verhandlung vor dem Gerichte, sondern durch einen Notariatsakt beurkundet, so bleibt diese Urkunde den landesgesetzlichen Steuern unterworfen.

Ebensowenig werden durch den Entwurf diejenigen Landesabgaben betroffen, welche zwar zur Aufbringung der Kosten der Rechtspflege bestimmt sind, aber nicht von Prozeßschriften oder Akten erhoben werden.

Die Befreiung der Vergleiche und Urteile von Stempelabgaben erstreckt sich selbstverständlich nicht auf diejenigen Urkunden, welche infolge und zur Ausführung der Vergleiche und Entscheidungen zu errichten sind.

Andererseits wird aber eine Urkunde, die schon an sich stempel-, bzw. steuerpflichtig ist, nicht dadurch von dieser Pflicht befreit, daß sie ausschließlich im Prozesse zwecks Beweises von Rechten usw. Verwendung findet.

2. Z. B. unberührt von der Vorschrift des § 2 RGKG. bleiben also namentlich:

a) die nach dem Kapitalverkehrsteuergesetz geschuldeten Abgaben auf Aktien, Anteilscheine, Kuxe, Renten- und Schuldverschreibungen, Kauf- und Anschaffungsgeschäfte betr. Wertpapiere, Bezugsscheine usw., ausländische Banknoten, ausländisches Papiergeld und ausländische Geldsorten, Gewinnanteile, Tantiemen, im Inlande ausgestellte Schecks und Schecks, die im Ausland auf das Inland ausgestellt sind,

b) die nach dem Wechselstempelgesetz zu entrichtenden Stempel,

c) die nach landesrechtlichen Gesetzesbestimmungen anfallenden Stempel für Eheverträge, Kauf- und Tauschverträge, Verfügungen von Todes wegen, Vollmachten usw.

Preußen, Bayern und auch andere Staaten besteuern beispielsweise *allgemein* die Vollmachten und damit auch die Prozeßvollmachten im besonderen. Der diesbezügliche Stempel gelangt als gewöhnlicher Urkundenstempel ohne Rücksicht auf einen bestimmten Gebrauch der Vollmacht zur Erhebung und wird deshalb von der Vorschrift des § 2 Abs. 2 RGKG. nicht betroffen. Vgl. ObLGZ. v. 23. 6. 1915 Sammlung XVI b, 74 ff., nach welcher in Bayern *früher* die Prozeßvollmachten unter § 2 Abs. 2 RGKG. fielen, da sie nur mit Rücksicht auf ihren Gebrauch bei Gericht (alter Tar. 43: Vollmachten zur Vornahme von Geschäften rechtlicher Natur *bei Gerichten oder Behörden*...) dem Stempel unterworfen wurden und ohne diesen Gebrauch nicht stempelpflichtig waren. Mit Rücksicht auf diese Rechtsprechung wurden deshalb die Worte: „bei Gerichten oder Behörden“ im neuen Stempelgesetz Tar. 40 gestrichen und damit die Stempelpflicht der Vollmacht ohne Rücksicht auf ihren Gebrauch begründet.

Bei Erhebung der durch § 2 RGKG. nicht ausgeschlossenen Stempel sind natürlich Befreiungen, die sich aus anderen Gesetzen ergeben, zu berücksichtigen, so z. B. die in den §§ 115 Ziffer 1, 120 ZPO., § 31 GBO., § 138 RVO., die in den Mieter- und Pachtschutzverordnungen usw. zugelassenen Befreiungen.

3. Die unter § 2 Abs. 3 bezeichneten Urkunden, welche im Verfahren errichtet werden, bleiben also insoweit, als ihr Inhalt über den Gegenstand des Verfahrens hinausgeht, der *allgemeinen rechtsgeschäftlichen* Besteuerung unterworfen. Zulässig ist also nicht etwa die Erhebung einer *außerhalb* des RGKG. normierten sog. *Beurkundungsgebühr*, sondern nur der Ansatz von verkehrssteuerlichen Abgaben. Soweit beispielsweise Vergleiche von § 2 Abs. 3 betroffen werden, wird nach § 36 Abs. 2 RGKG. eine Viertelsgebühr (gewissermaßen als Beurkundungsgebühr) aus dem Betrag erhoben, um welchen der Wert des Vergleichsgegenstandes den Wert des Streitgegenstands übersteigt.

Eine ev. Abgabe nach § 2 Abs. 3 kommt gegebenenfalls neben der Gebühr des § 36 Abs. 2 zur Erhebung (vgl. Anm. zu § 36).

Zufolge des Grunderwerbsteuergesetzes vom 12. 9. 1919 RGBl. 1617 (vgl. § 37) sind die an Grundstücksveräußerungen geknüpften landesgesetzlichen Abgaben fortgefallen; soweit es sich um sonstige grundstücksrechtliche Geschäfte (Hypothekbestellungen usw.) handelt, ist der Anfall des Landesstempels von der Eintragung im Grundbuch abhängig; die Anwendungsfälle des § 2 Abs. 2 werden also recht selten sein.

§ 3.

In einem weiteren Umfang, als die Prozeßordnungen und dieses Gesetz es gestatten, darf die Tätigkeit der Gerichte von der Sicherstellung oder Zahlung der Gebühren oder Auslagen nicht abhängig gemacht werden.

1. Vgl. §§ 74 Abs. 2, 3, 4, 76 Abs. 2, 83 Abs. 3, 84, 85 RGKG. und die dortigen Ausführungen, dann §§ 379, 402, 520 Abs. 3, 554 Abs. 7, 911, 918, 933 ZPO., § 174 StPO., § 58 Nr. 1, 2 KO., § 4a ZGebO.

2. Besonders hervorzuheben ist hier nur, daß in allen Anwendungsfällen der ZPO., StPO. und KO. grundsätzlich bei jedem Antrag auf Vornahme einer Handlung, mit der bare Auslagen verbunden sind, der Antragsteller einen zu ihrer Deckung ausreichenden Vorschuß zu zahlen hat und daß das Gericht jederzeit die Vornahme der betr. Handlung von der Zahlung des Vorschusses abhängig machen kann. Eine Einschränkung besteht nur für den Strafprozeß. Hier konnte diese einschneidende Auslagenvorschußpflicht nicht auf den Beschuldigten ausgedehnt werden, sie besteht hier vielmehr nur

a) für den Privatkläger; nicht aber, soweit er Beschuldigter auf erhobene Widerklage ist,

b) für den Widerkläger; nicht aber, soweit er Beschuldigter auf erhobene Privatklage ist,

zu a und b in allen Instanzen —

c) für den Nebenkläger, der Berufung oder Revision eingelegt hat.

§ 4.

Über Erinnerungen des Zahlungspflichtigen oder der Staatskasse gegen den Ansatz von Gebühren oder Auslagen entscheidet das Gericht der Instanz gebührenfrei. Die Entscheidung kann von dem Gerichte, welches dieselbe getroffen hat, sowie von dem Gerichte der höheren Instanz von Amts wegen geändert werden.

Gegen die Entscheidung findet Beschwerde nach Maßgabe des § 567 Abs. 2 und der §§ 568 bis 575 der Zivilprozeß-

ordnung, in Strafsachen nach Maßgabe der §§ 346 bis 352 der Strafprozeßordnung statt.

Die Einlegung von Erinnerungen oder Beschwerden kann durch Erklärung zum Protokolle des Gerichtsschreibers oder schriftlich ohne Mitwirkung eines Anwalts erfolgen.

1. Die vereinigten Zivilsenate des RG. haben mit Beschluß v. 15. 2. 1886 (16, 291 ff.) zum § 4 RGKG. Stellung genommen, wie folgt: Die Anwendung des § 4 ist nicht auf diejenigen Fälle beschränkt, in welchen die Höhe angesetzter Gebühren oder die Notwendigkeit angesetzter Auslagen den Gegenstand der Erinnerung bilden. Jene Gesetzesstelle bezieht sich vielmehr auf alle Fälle, in denen durch Erinnerung, eventuell im Wege der Beschwerde geltend gemacht wird, daß Kosten unter Verletzung von Normen des RGKG. angesetzt seien, namentlich also auf diejenigen Fälle, in denen eine Verletzung von — sei es unmittelbar ausgesprochenen, sei es mittelbar durch Bezugnahme im § 88 einbegriffenen — Bestimmungen des 6. und 7. Abschnittes jenes Gesetzes gerügt wird.

Der Anwendungsfall des § 4 ist also gegeben, sowohl wenn ein einzelner Ansatz einer Gerichtskostenrechnung oder die Höhe der berechneten Gerichtskosten in ihrer Zusammensetzung aus einzelnen Ansätzen nach den Faktoren des Tarifs für die quantitative Berechnung, als auch, wenn die Zulässigkeit des Ansatzes vom Gesichtspunkte des Verstoßes gegen die im 6. und 7. Abschnitt enthaltenen oder angezogenen Regeln als ungerechtfertigt angegriffen wird.

Die Erinnerung richtet sich also gegen das Berechtigtsein des Ansatzes der Kosten in dem obenbezeichneten Falle aus allen Gesichtspunkten, welche nach dem RGKG. in bezug auf die Berechtigung des Ansetzens von Kosten in der geschehenen Art in Betracht kommen können.

2. Die Erinnerung kann also beispielsweise betreffen: die Art der zum Ansatz gelangten einzelnen Gebühren, die Höhe des der Bewertung zugrunde gelegten Streitwertes, die Anrechnung von Gebühren, die Auslagen, insbesondere auch die Zeugen- und Sachverständigengebühren, Rechnungsverstöße beim Ansatze der Kosten, die Frage des Gebührenschuldners, insbesondere auch soweit die Haftung in Betracht kommt, die Vorschußerhebung einschließlich der Verrechnung der diesbezüglichen Beträge. S. a. DSekrZ. 1909, 97.

3. Die Staatskasse hat kein Erinnerungsrecht zugunsten des Zahlungspflichtigen. Diese Frage ist allerdings in der Rechtsprechung und im Schrifttum sehr bestritten. Vgl. die erschöpfenden Ausf. von Rittmann in DSekrZ. 1911, 189 ff.

Der die Gebühren ansetzende Beamte handelt sowohl für die Richtigkeit und Vollständigkeit wie auch für die Rechtzeitigkeit des Ansatzes unter eigener Verantwortlichkeit und unterliegt in dieser Tätigkeit ausschließlich dem in § 4 geordneten Entscheidungsrecht der Gerichte. Ist der Ansatz verfehlt, so kann er, falls ihn der Gerichtsschreiber nicht selbst ändert, nur auf Erinnerung durch gerichtliche Entscheidung geändert werden. Eine Einwirkung der Dienstaufsichtsbehörde ist ausgeschlossen; die Bedeutung des § 4 kann auch durch die landesgesetzlich geordnete Dienstesstelle des Kostenliquidanten nicht eingeschränkt werden (RGBZ. 15. 2. 86, Bd. 16, 291).

4. Die Bemängelung des Ansatzes einer Gebühr gibt dem entscheidenden Richter Veranlassung, den vom Gerichtsschreiber zugrunde gelegten Streitwert nachzuprüfen und ev. selbst festzustellen. Handelt es sich hiebei um einen bereits gerichtlich festgesetzten Streitwert, so kann derselbe nur auf dem durch § 18 RGKG. vorgeschriebenen Wege geändert werden. Vgl. E. d. OLG. Karlsruhe v. 16. 1. 01 OLG. 3, 160.

5. § 4 trifft nicht zu:

a) wenn der als zahlungspflichtig in Anspruch Genommene seine Zahlungspflicht aus andern als den dem RGKG. entnommenen Gründen bestreitet,

b) wenn der Zahlungspflichtige sich gegen die Art und Weise der Einforderung oder Beitreibung der angesetzten Gerichtskosten wenden will (hier: Beschwerde an die Aufsichtsbehörde, RG. 24, 377; 25, 332),

c) wenn ein Dritter, der für den Zahlungspflichtigen gezahlt hat, den gezahlten Betrag rückfordert (hier: Klage im ordentlichen Verfahren, RG. 18. 5. 88 BurBl. 147),

d) wenn es sich um Gerichtsvollzieherkosten handelt (s. hierüber § 766 Abs. 2 ZPO.).

6. § 4 erstreckt sich auch auf den Ansatz (Notwendigkeit und Höhe) der einer zahlungspflichtigen Partei in Rechnung gestellten, von der Staatskasse vorschußweise bestrittenen Zeugen- und Sachverständigengebühren. An sich haben die Parteien im allgemeinen und die zahlungspflichtige Partei im besonderen kein Beschwerderecht gem. § 17 ZGebO. gegenüber der Festsetzung, wohl aber kann sich die zahlungspflichtige Partei gem. § 4 RGKG. gegen die Höhe der ihr in Ansatz gebrachten Zeugen- und Sachverständigengebühren wehren. RG. II. Ziv.-Sen. Beschl. v. 25. 9. 1903 BeschwR. II 153/03 Bd. 55, 312; OLG. 13, 271; OLG. 21, 169. § 4 ist auch dann einschlägig, wenn es sich um die von einem ersuchten Richter festgesetzten Zeugengebühren handelt, selbstverständlich aber nur insoweit, als es sich um die der Partei in Rechnung zu stellenden Beträge handelt. Dem Zeugen bzw. Sachverständigen gegenüber ist der von der Festsetzung des ersuchten Gerichts abweichende Beschluß nicht rechtswirksam. Zur diesbezüglich wirksamen Herabsetzung gem. § 17 ZGebO. ist nur der ersuchte Richter selbst bzw. das Gericht der höheren Instanz zuständig. OLG. 13, 273. Handelt es sich um vom Ausland festgesetzte, diesem zu erstattende Zeugen- und Sachverständigengebühren, so kann im Rahmen des § 4 RGKG. nur die Richtigkeit des Ansatzes, nicht aber auch die Notwendigkeit und die Höhe der angewiesenen Gebühren nachgeprüft werden. RG. 44, 389. Die vom beauftragten oder ersuchten Richter getroffene Festsetzung von Zeugengebühren fällt nicht unter § 576 ZPO. RGZ. 17, 352.

7. Zu entscheiden ist nur, „ob der Ansatz oder die Nachforderung gerechtfertigt ist", nicht auch über die Zurückzahlung erhobener Gebühren (ObLGZ. 11, 121). Über die Zurückzahlung hat nur die Kasse zu entscheiden und bei ihrer Weigerung der Prozeßrichter (OLG. Breslau 7. 12. 09 OLG. 21, 125). Außergerichtliche Kosten des mit der

Erinnerung durchdringenden Kostenschuldners können der Staatskasse nicht auferlegt werden (KG. 7. 6. 10 OLG. 21, 126).

8. Das Instanzgericht — nicht auch das Beschwerdegericht (OLG. 19, 241) — entscheidet gebührenfrei, die baren Auslagen (§ 72) sind dagegen vom kostenfälligen Antragsteller einzuziehen. Fallen die Kosten der Staatskasse zur Last, so können ihr die außergerichtlichen Kosten des Beschwerdeführers mangels gesetzlicher Vorschrift nicht überbürdet werden, KG. 7. 6. 10 OLG. 19, 241; 21, 126. S. a. § 6 RGKG.

9. Die Abänderung nach Absatz 1 Satz 2 ist nur zulässig, solange das betr. Gericht mit der (Haupt-)Sache befaßt ist. Dies ist der Fall beim Gericht 1. Instanz, solange das Kostenfestsetzungsverfahren nicht beendet ist (RGZ. 17. 3. 94 JW. 94, 182); beim Gericht der höheren Instanz, solange es mit der Rechtssache überhaupt befaßt ist. Seine Befassung mit der Sache hört auf mit der Erlassung der Endentscheidung, dem Vergleich oder der Zurücknahme. Wird es durch eine das Verfahren betreffende Beschwerde von neuem mit der Sache befaßt, so lebt seine Änderungsbefugnis wieder auf. Voraussetzung ist aber, daß die Beschwerde zulässig ist (Rittmann in DSekrZ. 1909, 165). S. a. S. 10 ff.

Eine Änderung des Beschlusses zuungunsten des Beschwerdeführers ist unstatthaft (JW. 97, 171 Nr. 22).

10. Bezüglich der nach § 2 Abs. 2 u. 3 angesetzten Abgaben usw. ist eine Anwendbarkeit des § 4 nicht möglich. Vgl. hierher auch BayZ. 1905, 154 ff., 285 ff.; 1906, 141. JW. 1897, 467; DSekrZ. 1909, 182; KG. 9, 258.

11. Anfechtung in Zivilsachen. a) Gegen den Beschluß des Amtsgerichts: einfache Beschwerde zum übergeordneten Landgericht. Dieses entscheidet dann endgültig. § 568 Abs. 3 ZPO.

b) Gegen Entscheidungen des LG. in 1. Instanz: ohne Rücksicht auf die Höhe der Beschwerdesumme einfache Beschwerde zum OLG. Dessen Entscheidung ist unanfechtbar. Vgl. c.

c) Gegen die Entscheidung des Oberlandesgerichts ist eine Beschwerde, gleichviel ob es sich um eine erstinstanzielle oder um eine auf Beschwerde hin ergangene, handelt, nicht zulässig. § 567 Abs. 2 ZPO.

Anfechtung in Strafsachen: a) Gegen den Beschluß des AG.: einfache Beschwerde zum LG.; gegen die Entscheidung des LG.: keine Beschwerde (§ 352 Abs. 2 StPO.).

b) Gegen die Entscheidung des LG. 1. Instanz: einfache Beschwerde zum OLG. (in Bayern zum Obersten LG., Art. 42 Abs. 3 AG.GVG. in d. Fass. d. Art. 167 XII AG.BGB.). Hiergegen: keine Beschwerde.

c) Entscheidungen des OLG. und RG. sind unanfechtbar.

12. Die Entscheidungen der Beschwerdegerichte sind gebührenpflichtig. Zivilsachen: § 38 RGKG., Strafsachen: § 69 RGKG.

13. Unrichtige Bezeichnung der Erinnerungen als „Beschwerde" oder Nichtgebrauch des Wortes „Erinnerungen" in dem Schriftsatz sind unschädlich. An eine Frist ist die Einlegung von Erinnerungen nicht gebunden; sie können somit erhoben werden, solange der Anspruch selbst nicht verjährt ist.

14. Gem. § 16 Abs. 4 NahrMittelG. fallen dem Verurteilten die durch die polizeiliche Untersuchung erwachsenen Kosten zur Last, wenn infolge polizeilicher Untersuchung von Gegenständen der im § 1 a. a. O. bezeichneten Art eine rechtskräftige strafrechtliche Verurteilung eintritt. In einer Anzahl weiterer Reichsgesetze ist ausdrücklich auf den § 16 Abs. 4 Bezug genommen. Betrifft die Erinnerung des Zahlungspflichtigen derartige polizeiliche Untersuchungskosten, so trifft § 4 RGKG. nicht zu; die Entscheidung über diesen Ansatz bzw. die Höhe obliegt in diesem Falle ausschließlich der zuständigen Verwaltungsbehörde.

§ 5.

Eine Nachforderung von Gerichtskosten wegen irrigen Ansatzes ist nur zulässig, wenn der berichtigte Ansatz vor Ablauf des nächsten Kalenderjahres nach rechtskräftiger oder endgültiger Erledigung des Verfahrens dem Zahlungspflichtigen eröffnet ist.

1. Der III. ZSen. d. RG. R 11/88 III hat sich mit Beschl. v. 13. 4. 88 JW. 234/5 dahin festgelegt, daß ein irriger Ansatz im Sinne des § 5 dann vorliegt, wenn aus einem materiell unrichtigen Erwägungsgrunde oder aus einem Versehen, einer bloßen Vergeßlichkeit oder einer sonstigen Nachlässigkeit der eine oder andere Gebührenposten nicht oder nicht gehörig berücksichtigt und deshalb eine „zu niedrige" Gesamtrechnung aufgestellt ist.

2. Für die Frage, ob eine Nachforderung vorliegt, ist der Inhalt der ersten dem Zahlungspflichtigen mitgeteilten Kostenrechnung maßgebend. Wird dieser Ansatz jedoch auf Erinnerung ermäßigt, so kann die Wiederherstellung des ursprünglichen Betrages auch nach Ablauf der Jahresfrist im Beschwerdeweg beantragt werden. OLG. 19, 235.

3. Unter Gerichtskosten sind Gebühren und Auslagen zu verstehen.

4. Ob der Ansatz wegen eines nachträglich geänderten, sohin nicht mehr zutreffenden Gegenstandswertes, wegen Anwendung eines falschen Gebührensatzes oder einer nicht entsprechenden Gesetzesstelle oder deswegen unrichtig ist, weil einzelne Akte eines Verfahrens unbewertet geblieben oder nur die Gebühren und nicht die Auslagen und umgekehrt berechnet und eingefordert worden sind, ist gleichgültig.

Es kommt in der Hauptsache darauf an, daß dem Zahlungspflichtigen bereits eine Kostenrechnung mitgeteilt ist und daß sich infolge der vorgeschildert entstandenen Unrichtigkeiten eine Erhöhung der bisher geforderten Kostensumme ergibt.

5. Nicht einschlägig dagegen ist § 5,

a) wenn ein Teil der Kosten neu erstellt oder erhöht, ein anderer dagegen gleichzeitig bis zur Höhe der an sich erforderlich gewordenen Nachholung in Wegfall kommt oder sich mindert (gewöhnliche Verjährungsfrist!),

b) wenn die Gesamtkosten eines Verfahrens aus Versehen oder wegen Armut des Zahlungspflichtigen nicht eingefordert waren,

c) auf die Aufforderung an den richtigen Schuldner, nachdem die Kosten zuerst irrig von einem andern gefordert waren,

d) auf Anforderungen, die infolge der Aufhebung einer auf Grund des § 6 erlassenen Entscheidung erfolgen,

e) auf die Nachforderung der auf Grund des § 2 Abs. 2 RGKG. erhobenen landesgesetzlichen Gebühren und Abgaben.

Vgl. auch Rittmann, GKG. (Handausg. 4) Note 7 zu § 5.

6. Für die **Verjährung der „Gerichtskosten"**, die aus Versehen oder aus einem sonstigen Grunde überhaupt d. h. in ihrer Gesamtheit nicht eingefordert worden sind, gelten die landesgesetzlichen Vorschriften, nicht diejenigen des BGB. (Für **Bayern** vgl. Schwalb-Degel II 217).

7. Wegen der rechtskräftigen bzw. endgültigen Erledigung s. § 75 und die dortigen Ausführungen. Die Eröffnung muß dem Zahlungspflichtigen selbst gemacht werden, nicht dessen Anwalt (Bay. FinME. v. 14. 9. 84 Nr. 12686), bei mehreren Schuldnern jedem einzelnen derselben. Bei Haftung eines Dritten auf Grund des § 88 genügt Anforderung des Hauptschuldners.

Die Eröffnung erfolgt formlos durch Brief, sie muß jedoch ersehen lassen, welche Kosten „nachgefordert" werden, in welcher Sache und auf Grund welcher Vorschrift.

§ 6.

Gebühren und Auslagen, die bei richtiger Behandlung der Sache nicht entstanden wären, sind niederzuschlagen. Das gleiche gilt von Auslagen, die durch eine von Amts wegen veranlaßte Verlegung eines Termins oder Vertagung einer Verhandlung oder durch eine für begründet befundene Beschwerde entstanden sind. Für abweisende Bescheide sowie im Falle der Zurücknahme eines Antrags kann Gebühren- und Auslagenfreiheit gewährt werden, wenn der Antrag auf nicht anzurechnender Unkenntnis der Verhältnisse oder auf Unwissenheit beruht.

Über die Ausübung der im Abs. 1 vorgesehenen Befugnisse entscheidet das Gericht. Solange nicht das Gericht entschieden hat, können die gleichen Anordnungen im Verwaltungswege getroffen werden. Eine im Verwaltungswege getroffene Anordnung kann nur im Verwaltungswege geändert werden.

1. Aus den Motiven: § 6 ermöglicht es dem Gericht, unter gewissen Voraussetzungen Kosten niederzuschlagen. Im bisherigen RGKG. war eine solche Befugnis auf Gebühren beschränkt, das jetzige Gesetz dehnt, einem in der Praxis wiederholt hervorgetretenen Bedürfnis Rechnung tragend, die Niederschlagung nunmehr auch auf Auslagen aus.

Die Vorschrift im Abs. 2, die nach dem Vorbild des § 10 des Preußischen Gerichtskostengesetzes vom 25. Juli 1910 (Gesetzsamml. S. 184) neben der Kostenniederschlagung durch das Gericht eine solche im Verwaltungswege vorsieht, dient lediglich der Vereinfachung des Geschäftsganges; die Aufsichtsbehörde, die eine Kostenniederschlagung für geboten hält, soll nicht mehr genötigt sein, dieserhalb erst einen Beschluß des Gerichts herbeizuführen. Die gnadenweise Niederschlagung von Kosten wie überhaupt die Ausübung des Gnadenrechts in Kostensachen wird durch die Bestimmungen des Gesetzes in keiner Weise berührt.

2. Die Niederschlagung erfolgt entweder von Amts wegen oder auf Antrag eines Beteiligten. Soweit es sich um die Niederschlagung von Kosten für eine gerichtliche Tätigkeit handelt, die dem Gerichtsschreiber übertragen ist, muß seine Zuständigkeit auch für die Entscheidung aus § 6 angenommen werden.

3. § 6 setzt für seine Anwendbarkeit ein Verschulden — formeller oder tatsächlicher Natur — des Richters oder eines sonstigen Gerichtsbeamten voraus. Auf eine materiell unrichtige Entscheidung trifft § 6 nicht zu, ebensowenig bei einem Mitverschulden oder ausschließlichen Verschulden der Partei oder ihres Vertreters. Dem Gericht gegenüber hat die Partei für ein Verschulden ihres Vertreters immer aufzukommen.

4. Die Niederschlagung von Gerichtsvollziehergebühren fällt nicht unter § 6. RG. 62, 351.

5. Weitergehend als § 6 Abs. 1 Satz 1, der eine unrichtige Sachbehandlung voraussetzt, läßt Satz 2 ohne weiteres die Niederschlagung von Auslagen zu, die

a) durch die von Amts wegen veranlaßte Verlegung eines Termines oder die Vertagung einer Verhandlung oder

b) durch eine für begründet befundene Beschwerde entstanden sind.

Für eine Terminsverlegung können, gleichviel ob sie von Amts wegen oder auf Parteiantrag erfolgt, für die an die Parteien erfolgenden Zustellungen weder Schreibgebühren noch Postgebühren in Ansatz gebracht werden (bestr.!). Eine Ausnahme besteht nur für die Postgebühren, die ev. durch die Ab- und Neuladung von Zeugen und Sachverständigen — § 72 Nr. 1b — entstehen. Diese Postgebühren (nicht aber Schreibgebühren) wären also in allen Fällen einer Vertagung usw. ausnahmslos geschuldet, wenn nicht die Bestimmung des § 6 Abs. 1 Satz 2 eingreifen würde.

§ 6 Abs. 1 Satz 2 bewirkt bei der von Amts wegen erfolgten Verlegung eines Termines oder einer Verhandlung außerdem auch noch für sonstige Auslagen wie Telegraphengebühren, Fernsprech-, Zeugengebühren usw. die Möglichkeit der Niederschlagung.

Bei einer für begründet befundenen Beschwerde (vgl. §§ 38 Abs. 2, 47 Abs. 1, 69) ist — von einigen Ausnahmefällen abgesehen — in der Regel keine Gebühr geschuldet. Nach § 6 sind in einem solchen Falle auch ev. erwachsene Auslagen (Schreib- und Postgebühren fallen ohnedies nicht an) niederzuschlagen.

6. § 6 Abs. 1 Satz 3 läßt die Gebühren- und Auslagenfreiheit weiter zu für abweisende Bescheide, dann für Antragszurücknahmen bei nicht anzurechnender Unkenntnis der Verhältnisse (Rechtsweg, Gerichtsgrenzen) und bei Unwissenheit, d. h. also ev. auch bei Rechtsunkenntnis. Das Reichstagskommissionsprotokoll vom 23. 3. 78 führt in dieser Hinsicht aus:

Unter Unwissenheit ist die ignorantia juris inbegriffen, es ist bei diesem Ausdrucke hauptsächlich an die sogenannte ignorantia juris rustica gedacht; die Befugnis der Gerichte, unter Umständen eine nachträgliche kostenfreie Bearbeitung der Sache anzuordnen, ist in dem Rechte der Niederschlagung von Gebühren enthalten und als ein Ausfluß dieses Rechtes anzusehen (Reichstags-Kommiss. Prot. vom 23. 3. 78).

Daß die Unwissenheit „nicht anzurechnen" ist, wird nicht verlangt. JW. 1892, 164/22.

7. Für die Ausübung der Befugnis des § 6 besteht keine Frist; die Niederschlagung kann in jedem Stadium des Prozesses, auch in der Rechtsmittelinstanz — hier sogar mit Wirkung für die Kosten der Vorinstanz — und sogar nach rechtskräftiger Erledigung der Sache und Zahlung der Kosten erfolgen. Zuständig zur Entscheidung im Sinne von § 6 Abs. 2 Satz 1 ist nur das Gericht, das materiell über die Kostentragungspflicht zu entscheiden hat.

8. § 6 enthält eine Norm, nach welcher vom Gericht beim Vorliegen der Voraussetzungen (vgl. Anm. 3, 5, 6) die Gebühren und Auslagen niederzuschlagen sind. Die Entscheidung ist auch als unter § 4 RGKG. fallend zu erachten; die Partei wendet sich gegen den nach ihrer Ansicht gem. § 6 ungerechtfertigten Ansatz, hat also gegen den ihre wirklichen oder vermeintlichen Ansprüche verletzenden Gerichtsbeschluß das Rechtsmittel der Beschwerde gem. § 4 Abs. 2. Aus dem gleichen Grunde wird man auch der zur Vertretung der Staatskasse zuständigen Stelle dieses Beschwerderecht nicht versagen können, wenn sie die Voraussetzungen für die zum Nachteil der Staatskasse erfolgte Niederschlagung nicht als gegeben erachtet. JW. 1891, 555/14.

9. Das Niederschlagungsverfahren ist mangels einer gegenteiligen Vorschrift gebührenfrei. Regelmäßig erwachsen auch keine Auslagen in demselben.

§ 7.

Der Mindestbetrag einer Gebühr ist 100 Mark.

Pfennigbeträge sind auf den nächst höheren Markbetrag abzurunden.

1. Aus den Motiven: Auf dem Gebiete der Strafsachen war die Vorschrift über die Mindestgebühr zur Zeit insofern eingeschränkt, als die Gebühr gemäß § 59 Abs. 3 Satz 2 den Betrag der erkannten Geldstrafe nicht übersteigen durfte. Diese Regelung entbehrt der inneren Berechtigung und mußte wegfallen.

Zweiter Abschnitt.

Gebühren in bürgerlichen Rechtsstreitigkeiten.

§ 8.

In bürgerlichen Rechtsstreitigkeiten werden die Gebühren nach dem Werte des Streitgegenstandes erhoben.

Die volle Gebühr beträgt bei Gegenständen im Werte:

1.	bis 2000 Mark einschließlich					100	Mark.
2.	von mehr als	2000	bis	4000	Mark einschl.	200	„ ,
3.	„ „ „	4000	„	6000	„ „	300	„ ,
4.	„ „ „	6000	„	8000	„ „	400	„ ,
5.	„ „ „	8000	„	10000	„ „	500	„ ,
6.	„ „ „	10000	„	12000	„ „	600	„ ,
7.	„ „ „	12000	„	14000	„ „	700	„ ,
8.	„ „ „	14000	„	16000	„ „	800	„ ,
9.	„ „ „	16000	„	18000	„ „	900	„ ,
10.	„ „ „	18000	„	20000	„ „	1000	„ ,

Die ferneren Wertklassen steigen bis zu 100000 Mark um je 5000 Mark und die Gebühren um je 200 Mark; darüber hinaus steigen die Wertklassen um je 10000 Mark und die Gebühren um je 200 Mark.

1. Aus den Motiven: Die Wertsklassen sind entsprechend der bei Verabschiedung des Gesetzes zur weiteren Entlastung der Gerichte vom 8. 7. 22 RGBl. I S. 569, vom Reichstag angenommenen Entschließung (Drucksachen Nr. 4538) der allgemeinen Geldentwertung angepaßt. Bei Bemessung der Gebührensätze ist darauf Bedacht genommen, daß sie sich in vollen Markbeträgen in die im Entwurfe vorgesehenen Bruchteile zerlegen lassen.

In ihrer praktischen Auswirkung erfährt die Gebührenerhöhung eine nicht unwesentliche Abschwächung dadurch, daß verschiedene Nebengebühren, insbesondere für das Kostenfestsetzungsverfahren, in Fortfall kommen.

§ 9.

Für die Wertberechnung sind die Vorschriften der Zivilprozeßordnung §§ 3 bis 9 und der Konkursordnung § 148 mit den nachstehenden Bestimmungen maßgebend.

1. „Streitgegenstand" ist der Gegenstand des Rechtsstreits, d. i. das, was der Kläger mit der Klage vom Beklagten verlangt. Das dem geltend gemachten Anspruch zugrunde liegende Recht oder Rechtsverhältnis ist nicht immer maßgebend, selbst wenn in dem Rechtsstreit darüber entschieden werden muß. Wenn z. B. die Zinsen einer Darlehensforderung eingeklagt sind und der Beklagte das Darlehen überhaupt bestreitet, so ist in dem Rechtsstreit über das ganze Rechtsverhältnis zu entscheiden, weil der Zinsenanspruch von dem Hauptanspruch abhängig ist. Begehrt ist aber nur eine Entscheidung über den Zinsenanspruch. Der Wert des Rechtes oder Rechtsverhältnisses kommt erst dann in Betracht, wenn der Kläger durch Klagerweiterung oder der Beklagte durch Widerklage die Feststellung des Bestehens oder Nichtbestehens des Rechtes oder Rechtsverhältnisses beantragt. Darüber, **was Streitgegenstand ist,** entscheidet ausschließlich der **Inhalt der Klaganträge,** nicht die Bedeutung, welche sie für den Kläger haben, oder das mittelbare Interesse des

letzteren am Ausgange des Rechtsstreits, d. h. der wirtschaftliche Nutzen, den der Kläger davon erwartet, daß er in den Besitz des Klagegegenstandes gelangt (RG. 1. 6. 00 JW. 250).

2. Auf eine Erläuterung der §§ 3—9 ZPO. und des § 148 KO. im Rahmen der gegenwärtigen „Handausgabe eines Kostengesetzes" wurde verzichtet. Diese prozessualen Bestimmungen sind erschöpfend in jeder erläuterten Zivilprozeß- bzw. Konkursordnung, insbesondere aber in jedem diesbezüglichen Kommentar behandelt. Eine Änderung der §§ 3 ff. ZPO. hat (vgl. Ges. zur weiteren Entlastung der Gerichte vom 8. 7. 22 RGBl. I, 569) nur insoferne stattgefunden, als der Streitwert für die Rechtsmittelinstanz jetzt sich nicht mehr mit dem bei Erhebung der Klage errechneten deckt. Maßgebend ist nun für die Wertsberechnung der Zeitpunkt der Einlegung des Rechtsmittels. Die Auswirkung dieser Bestimmung zeigt sich am besten, wenn Wertpapiere Streitgegenstand sind — deren Kurs erfahrungsgemäß in wenigen Tagen um Hunderte von Prozenten sich ändert — oder wenn Lieferungsklagen in Frage kommen.

Soweit erforderlich, ist zur Frage der Berechnung des Streitwerts in den einzelnen §§ des RGKG. eingehend Stellung genommen.

Als weiterer wertvoller Behelf bei Streitfragen über die Berechnung des Streitwerts kann auch heute noch (abgesehen von § 4 ZPO.) Rittmanns Werk: „Der Wert des Streitgegenstandes" und die Zusammenstellung der Rechtsprechung über die Streitwertsstreitigkeiten in der DSekrZ. 1911, 93 ff. dienen.

3. Im folgenden seien die in § 9 angeführten Gesetzesstellen ihrem Inhalte nach wiedergegeben:

ZPO. § 3. Der Wert des Streitgegenstandes wird von dem Gerichte nach freiem Ermessen festgesetzt; dasselbe kann eine beantragte Beweisaufnahme, sowie von Amts wegen die Einnahme des Augenscheins und die Begutachtung durch Sachverständige anordnen.

ZPO. § 4. Für die Wertsberechnung ist der Zeitpunkt der Erhebung der Klage, in der Berufungs- und Revisionsinstanz der Zeitpunkt der Einlegung des Rechtsmittels entscheidend; Früchte, Nutzungen, Zinsen, Schäden und Kosten bleiben unberücksichtigt, wenn sie als Nebenforderungen geltend gemacht werden.

Bei Ansprüchen aus Wechseln im Sinne der Wechselordnung sind Zinsen, Kosten und Provision, welche außer der Wechselsumme gefordert werden, als Nebenforderungen anzusehen.

ZPO. § 5. Mehrere in einer Klage geltend gemachte Ansprüche werden zusammengerechnet; eine Zusammenrechnung des Gegenstandes der Klage und der Widerklage findet nicht statt. (S. aber § 13 RGKG.)

ZPO. § 6. Der Wert des Streitgegenstandes wird bestimmt: durch den Wert einer Sache, wenn deren Besitz, und durch den Betrag einer Forderung, wenn deren Sicherstellung oder ein Pfandrecht Gegenstand des Streits ist. Hat der Gegenstand des Pfandrechts einen geringeren Wert, so ist dieser maßgebend.

ZPO. § 7. Der Wert einer Grunddienstbarkeit wird durch den Wert, welchen dieselbe für das herrschende Grundstück hat, und wenn der Betrag, um welchen sich der Wert des dienenden Grundstücks durch die Dienstbarkeit mindert, größer ist, durch diesen Betrag bestimmt.

ZPO. § 8. Ist das Bestehen oder die Dauer eines Pacht- oder Mietverhältnisses streitig, so ist der Betrag des auf die gesamte streitige Zeit fallenden Zinses und, wenn der fünfundzwanzigfache Betrag des einjährigen Zinses geringer ist, dieser Betrag für die Wertsberechnung entscheidend.

Anm.: Für die Gebührenbewertung gilt § 8 nur insoweit, als er nicht durch § 10 GKG. ergänzt oder abgeändert wird.

ZPO. § 9. Der Wert des Rechts auf wiederkehrende Nutzungen oder Leistungen wird nach dem Werte des einjährigen Bezugs berechnet und zwar:

auf den zwölf- und einhalbfachen Betrag, wenn der künftige Wegfall des Bezugrechts gewiß, die Zeit des Wegfalls aber ungewiß ist;

auf den fünfundzwanzigfachen Betrag bei unbeschränkter oder bestimmter Dauer des Bezugsrechts. Bei bestimmter Dauer des Bezugsrechts ist der Gesamtbetrag der künftigen Bezüge maßgebend, wenn er der geringere ist.

Anm.: Die Vorschrift ist durch §§ 10 und 12 GKG. eingeschränkt.

KO. § 148. Der Wert des Streitgegenstandes eines Prozesses über die Richtigkeit oder das Vorrecht einer Forderung ist mit Rücksicht auf das Verhältnis der Teilungs- zur Schuldenmasse von dem Prozeßgericht nach freiem Ermessen festzusetzen.

4. Ergänzt bzw. beschränkt werden die Bestimmungen unter Anm. 3 durch die §§ 10 bis 19 RGKG. (S. a. Dritter Abschnitt: Konkursverfahren §§ 40, 44.)

§ 10.

Ist das Bestehen oder die Dauer eines Pacht- oder Mietverhältnisses für einen längeren als einjährigen Zeitraum streitig, so wird der Wert auf den Betrag des einjährigen Zinses berechnet.

Bei Ansprüchen auf Erfüllung einer auf gesetzlicher Vorschrift beruhenden Unterhaltspflicht wird der Wert des Rechtes auf die wiederkehrenden Leistungen, falls nicht der Gesamtbetrag der geforderten Leistungen geringer ist, auf den Betrag des einjährigen Bezugs berechnet.

Ist für die Dauer des Rechtsstreits, welche eine Ehesache betrifft, über die Unterhaltspflicht der Ehegatten zu entscheiden, so wird der Wert des Rechtes auf Entrichtung einer Geldrente auf den halbjährigen Betrag derselben berechnet.

1. a) Aus den Motiven. Bei Ansprüchen auf Erfüllung einer auf „gesetzlicher" Vorschrift beruhenden Unterhaltspflicht, wie der durch Verwandtschaft, unerlaubte Handlung, Unfallhaftung begründeten, wird der Streitwert bisher auf den fünffachen Betrag des einjährigen Bezugs berechnet. Künftig ist für die Berechnung des Streitwerts in diesem Falle nur der einjährige Bezug maßgebend.

In ähnlicher Weise ist durch die Änderung des Absatz 3 an Stelle des bisherigen einjährigen Bezugs der halbjährige getreten.

b) § 10 regelt die Streitwertsfrage abweichend von §§ 8, 9 ZPO. Der zivilprozessuale Streitwert ist in solchen Fällen im Gegensatz zum kostenrechtlichen also in der Hauptsache nur für die sachliche Zuständigkeit des Gerichts und die Anfechtbarkeit der Entscheidungen von Bedeutung.

2. § 10 Abs. 1 unterscheidet nicht zwischen Miete und Untermiete, Pacht und Unterpacht. Er trifft zu bei Klagen auf Feststellung des Bestehens oder Nichtbestehens eines Pacht- oder Mietverhältnisses, wenn der Mieter auf Überlassung klagt und der Vermieter das Bestehen eines Mietverhältnisses bestreitet, oder wenn der Vermieter auf Räumung klagt und der Mieter das Fortbestehen des Mietverhältnisses behauptet, insbesondere aber auch bei diesbezüglichen Klagen auf Grund von Jagdpacht- und Fischereipachtverträgen. Er findet keine Anwendung bei Klagen auf: Bezahlung von Miet- und Pachtzinsen, Leistung von Reparaturen, ordnungsgemäße Bewirtschaftung, ferner nicht bei Vorliegen eines Dienst- oder Werkvertrages (§§ 611, 631 BGB.) oder wenn der Vermieter nach dem unbestrittenen Ende der Mietzeit auf Räumung klagt (Meyer, ZPO. § 8 N. 1). Trifft § 10 RGKG. nicht zu, dann Streitwertsberechnung gemäß §§ 8, 9 ZPO. (RG. 24. 9. 01 JW. 724).

3. Die Streitigkeit muß unmittelbar zwischen Mieter und Vermieter bestehen, unter § 10 fällt also beispielsweise nicht ein Streit zwischen den Mietern untereinander oder zwischen den Erben eines Mitpächters und den übrigen Pächtern.

6. Braun-Berlin stellt in DSekrZ. 1910, 53 die folgenden Rechtssätze auf: „Bei Klagen und Anträgen auf Grund eines Miet- oder Pachtverhältnisses, welche Auflösung des Verhältnisses oder Räumung zum Gegenstand haben, ist der Miet- oder Pachtzins für die vom Tage der Klagerhebung ab noch laufende Vertragsdauer bis zur Höhe des Jahreszinses als „Wert des Streitgegenstandes" anzusehen.

Wird neben der Auflösung des Vertrages oder Räumung die Zahlung von Miet- oder Pachtzins beansprucht, so ist der Wert des Streitgegenstandes im Sinne des vorstehenden Absatzes nur zu berechnen, soweit er nicht durch den geltend gemachten Miet- oder Pachtzins bereits gedeckt ist." — Vgl. auch DSekrZ. 1910, 111; 1913; 115.

5. Die Voraussetzungen für die Berechnung nach Abs. 2 sind nur gegeben, wenn die Unterhaltspflicht auf gesetzlicher Vorschrift beruht. Dies ist der Fall bei der Unterhaltsforderung: getrennt lebender Ehegatten, solange ein Teil die Herstellung des ehelichen Lebens verweigern darf und verweigert (§ 1361 BGB.), des geschiedenen Ehegatten (§§ 1579, 1580 BGB.), der Ehegatten bei Nichtigkeit der Ehe (§ 1345 BGB.) und im Falle der Todeserklärung (§ 1351 BGB.), ferner bei der Unterhaltsforderung der Verwandten in gerader Linie (§§ 1601,

1602 BGB.), des Kindes aus nichtiger Ehe (§ 1703 BGB.), des unehelichen Kindes (§§ 1708, 1711 BGB.) und des verarmten Schenkers. Die Bestimmungen des § 9 ZPO. scheiden für die Gebührenberechnung aus und behalten ihre Bedeutung also nur noch in zivilprozessualer Hinsicht (sachliche Zuständigkeit usw.).

6. Beruhen die Ansprüche dagegen auf Vertrag oder Verfügung von Todes wegen, so ist § 9 ZPO. anzuwenden. Klagt ein uneheliches Kind auf Grund eines mit dem unehelichen Vater getroffenen Unterhaltsübereinkommens, dann handelt es sich gleichwohl um Erfüllung einer auf gesetzlicher Vorschrift beruhenden Unterhaltspflicht. OLG. 19, 243.

7. Sind die wiederkehrenden Leistungen für die einzelnen Jahre nicht gleich hoch, so ist der Durchschnittsbetrag maßgebend. OLG. 21, 133; 23, 78.

8. Rückstände d. h. also im Zeitpunkte der Klageerhebung bzw. der Einlegung eines Rechtsmittels bereits fällige Leistungen werden in ihrem vollen Wochen-, Monats- oder Vierteljahrsbetrage dem Jahresbetrage für die zukünftigen Leistungen hinzugerechnet. RGZ. 23, 359; JW. 1911, 986.

9. Klagt das uneheliche Kind auf Anerkennung der Vaterschaft und Leistung von Unterhalt, so bereitet die Frage der Berechnung des Streitwerts Schwierigkeiten; sie ist zudem sehr bestritten. Unter Bezugnahme auf die erschöpfenden Ausführungen in BayZ. 1920 S. 235 ist wohl der Anschauung beizupflichten, daß § 11 Abs. 2 auf die mit der Vaterschaftsfeststellungsklage — Feststellung der Erzeugerschaft — verbundene Unterhaltsklage nicht anwendbar ist und demzufolge die Streitwerte beider Ansprüche zusammenzurechnen sind. Vgl. auch die gegenteilige Entsch. in JW. 1917, 57, dann Rittmann, Wert des Streitgegenstandes — 3 — § 16 Nr. 5.

Geht der Klageantrag nicht dahin, daß der Beklagte der „Vater ist", sondern daß er als Vater des Kindes im Sinne der §§ 1717, 1708 BGB. zu „gelten" hat (Zahlvaterschaft), dann handelt es sich um eine Herleitung des Anspruches auf Unterhaltsgewährung aus dem Ausspruch auf Vaterschaftsfeststellung: § 10 Abs. 2 trifft zu; nur der höhere Streitwert ist für die Gebührenbewertung zugrunde zu legen. Der Ausspruch, daß jemand als Vater zu „gelten" hat, genügt aber nicht zur Eintragung im Geburtsregister. (So: BayZfR. 1906, 229; OLGRspr. 4, 395; 5, 43; Quednau, RAGebO. S. 133; Willenbücher, Kostenfestf. [7.] S. 159, Anm. 75 zu § 10; LG. Fürth 28. 4. 10; LG. Nürnberg 3. 11. 11 u. 4. 12. 11, BeschwR. 370/11 gegen BlfRA. 70, 131.)

10. Die Klagen aus §§ 323, 324 ZPO. (Klage auf Abänderung eines Urteils über wiederkehrende Leistungen infolge wesentlich veränderter Verhältnisse und Klage auf nachträgliche Sicherheitsleistung für urteilsmäßig festgestellte Unterhaltsansprüche infolge Verschlechterung der Vermögensverhältnisse des Schuldners) leiten einen neuen Rechtsstreit ein; die Gebühren sind daher unabhängig von den früheren zu erheben. Wertsberechnung nach § 10 RGKG. (Unterschied!)

11. Nicht unter § 10 fällt die Verpflichtung des Mannes zur Tragung des ehelichen Aufwandes (§ 1389 Abs. 2 BGB.), die Verpflichtung des Mannes zur Tragung der Lasten des eingebrachten Gutes, von Zinsen und anderen wiederkehrenden Leistungen einschließlich der von der Frau auf Grund ihrer gesetzlichen Unterhaltspflicht geschuldeten Leistungen (§§ 1385, 1386, 1388 BGB.), und der Anspruch der unehelichen Kindsmutter auf Ersatz der Entbindungs- und 6 Wochen-Kosten und weiterer Aufwendungen (§§ 1715, 1716 BGB.), da wiederkehrende Leistungen nicht in Frage stehen.

12. Es betrifft:

§ 843 BGB.: Verpflichtung zur Zahlung einer Geldrente als Schadensersatz für die infolge der Verletzung des Körpers oder der Gesundheit eingetretene Aufhebung oder Minderung der Erwerbsfähigkeit oder Vermehrung der Bedürfnisse.

§ 844 BGB.: Verpflichtung zur Entrichtung einer Geldrente an die Unterstützungs-Bedürftigen und -Berechtigten des Getöteten.

Ob der Rechtsgrund der Haftung auf einer unerlaubten Handlung beruht, oder ob Verletzung einer vertragsmäßigen Pflicht zur Sorgfalt vorliegt, ist gleichgültig (OLG. Frankfurt 29. 5. 07 Recht 11, 1272). Auch die Schadensersatzklagen aus § 618 BGB. fallen unter § 10 RGKG., weil im § 618 BGB. auf §§ 843, 844 BGB. Bezug genommen ist (RG. 30. 6. 09 DSekrZ. 1910, 15). Bei Renten aus § 845 BGB. Berechnung nach § 9 ZPO. (12½) (RG. 28. 3. 12 DSekrZ. 162). § 10 findet weiter Anwendung bei Geltendmachung von Renten aus § 54 InvVG., §§ 136, 140 UnfVG. und § 62 UnterstWohnsG. (so OLG. Düsseldorf 5. 12. 07 DSekrZ. 19, 88; dagegen a. M. für §§ 136, 140 UnfVG. OLG. Karlsruhe 20. 5. 05 OLGRspr. 11, 168, OLG. Augsburg 30. 10. 07 Recht 12 ER. 2645; a. M. für § 62 UnterstWohnsG. RG. 4. 5. 05 DSekrZ. 17, 255).

13. Zu Abs. 3. Ist die Unterhaltspflicht u n a b h ä n g i g von einem anhängigen oder erst anhängig zu machenden Rechtsstreit über Ehescheidung usw. (Ehesache! §§ 606, 639 ZPO.) Gegenstand einer Entscheidung, so ist der Streitwert nach § 10 Abs. 2 zu berechnen, Abs. 3 kommt nur in Frage, wenn ausschließlich für die Dauer des (Ehesachen-) Rechtsstreits die Unterhaltspflicht zu regeln ist.

Am häufigsten praktisch wird Abs. 3 im Falle des § 627 ZPO. bei Erlassung einer einstweiligen Verfügung. S. § 11 Anm. 5.

14. § 10 stellt den höchsten Betrag dar, der als Streitwert in Frage kommen kann. Sind die geforderten Leistungen geringer, so sind diese maßgebend.

§ 11.

Bei nichtvermögensrechtlichen Ansprüchen wird der Wert des Streitgegenstandes auf 20000 Mark, ausnahmsweise niedriger oder höher, jedoch nicht unter 2000 Mark und nicht über 5000000 Mark angenommen.

Ist mit einem nicht vermögensrechtlichen Anspruch ein aus ihm hergeleiteter vermögensrechtlicher verbunden, so ist nur ein Anspruch, und zwar der höhere, maßgebend.

1. N i c h t v e r m ö g e n s r e c h t l i c h e Ansprüche sind solche, die nicht in Geld aufzulösen oder umzusetzen sind. Hierher gehören die Ansprüche, welche den Personenstand, die Familienverhältnisse, Ehesachen, Entmündigungssachen, Todeserklärungen, das Namensrecht, den Ausschluß von der Vereinsmitgliedschaft (ev. auch vermögensrechtlich!), ehrenrechtliche Angelegenheiten usw. betreffen.

2. Den Gegensatz hiezu bilden die vermögensrechtlichen Ansprüche. Das RG. hat in seiner Entscheidung v. 9. 11. 00 — JW. 1900, 853 — zur Frage des Begriffs derselben ausgeführt: Nach der in Theorie und Praxis allgemein anerkannten Meinung sind vermögensrechtliche Ansprüche zunächst alle Ansprüche und Rechtsverhältnisse, die aus Vermögensrechten abgeleitet werden, sodann aber auch die Ansprüche aus nicht vermögensrechtlichen Verhältnissen, soferne sie eine vermögenswerte Leistung zum Gegenstande haben. Unter diese letzteren Ansprüche fallen insbesondere auch die Ansprüche auf Unterhalt aus einem Familien- oder Eheverhältnisse.

Weitere vermögensrechtliche Ansprüche sind beispielsweise: Forderungsansprüche, Pfandrechte, Dienstbarkeiten, Führungszeugnisse.

3. Werden beide Ansprüche — der nicht vermögensrechtliche und der aus ihm hergeleitete vermögensrechtliche — in zulässiger Weise Gegenstand eines Rechtsstreites, also verbunden geltend gemacht, so ist nur ein Anspruch und zwar der höhere entscheidend.

4. Ist jedoch die Verbindung entgegen dem Gesetze (vgl. §§ 615, 633, 638, 640 Abs. 2, 667 ZPO.) gleichwohl von der Partei vorgenommen, so findet auf das anschließende Verfahren § 10 Abs. 2 keine Anwendung. Die Ansprüche sind zusammenzurechnen.

5. Eine Verbindung im Sinne der Anm. 3 tritt in der Praxis häufig dann in Erscheinung, wenn im Falle eines Rechtsstreits auf Scheidung, Nichtigkeit oder Anfechtung der Ehe das Gericht auf Antrag eines der Ehegatten für die Dauer des Rechtsstreits das Getrenntleben der Ehegatten gestattet, gleichzeitig die gegenseitige Unterhaltspflicht der Ehegatten nach Maßgabe des § 1361 BGB. ordnet, wegen der Sorge für die Person der gemeinschaftlichen minderjährigen Kinder (soweit es sich nicht um die gesetzliche Vertretung handelt) Anordnungen trifft und die Unterhaltspflicht der Ehegatten den Kindern gegenüber im Verhältnisse der Ehegatten zueinander regelt.

Vielfach ist dann in der gleichen Entscheidung auch noch auf Zahlung eines Prozeßkostenvorschusses des Ehemannes erkannt. — Um gleich den letztgenannten Anspruch vorwegzunehmen, so sei in dieser Beziehung festgestellt, daß derselbe höchstens als Bestandteil des Eheprozesses überhaupt (RG. 47, 72), keinesfalls aber als aus dem Getrenntleben hergeleitet angesehen werden kann. Er hat seinen Grund regelmäßig im güterrechtlichen Verhältnisse der Ehegatten und ist im Falle der Verbindung stets gem. § 5 ZPO. zu behandeln.

Hergeleitet aus dem Anspruch auf Getrenntleben ist dagegen

a) der Unterhaltsanspruch einschließlich der Herausgabe der zur Führung eines getrennten Haushalts erforderlichen Sachen an die Ehefrau (vermögensrechtlicher Natur!),

b) die sog. „Obsorgeregelung" für die Kinder (nichtvermögensrechtlicher Natur!).

Unter § 11 Abs. 2 fällt aber gleichwohl nur der Unterhalt (s. oben unter a) keinesfalls auch der Anspruch unter b, die sog. Obsorgeregelung.

Der Wert dieses letztgenannten Anspruches ist „besonders" zu bestimmen und je nach den Voraussetzungen des § 11 Abs. 2 entweder dem Wert des Anspruches auf Getrenntleben oder dem Unterhaltsanspruch hinzuzurechnen (§ 5 ZPO.).

Abgeleitete „nichtvermögensrechtliche" Ansprüche haben in jedem Falle eine „selbständige" Bedeutung.

6. Wegen der Anwendung des § 11 Abs. 2 bei Klagen auf Anerkennung der Vaterschaft und Leistung von Unterhalt vgl. § 10 Anm. 9.

7. Über die Frage, wer zur Wertsbestimmung bzw. Wertsfestsetzung zuständig ist, vgl. § 18 und die dortigen Ausführungen.

8. Im allgemeinen ist bei der Wertsbestimmung bzw. Festsetzung die Persönlichkeit der Parteien, ihre Leistungsfähigkeit, die Bedeutung der Sache für das bürgerliche Leben usw. zu berücksichtigen.

In Eheprozessen ist das Vermögen der Parteien nicht ausschließlich maßgebend; ausschlaggebend ist das nichtvermögensrechtliche Interesse des einen oder andern Beteiligten an der Aufrechterhaltung der Ehe; dabei sind jedoch der Umfang des Prozesses, die Standesverhältnisse und die Vermögenslage der Parteien zu berücksichtigen, wie sie vor und nach der Entscheidung des Rechtsstreits gestaltet sind. Niedriger als 20000 Mk. ist der Streitwert nur ausnahmsweise anzunehmen (JW. 1896, 75 Nr. 35 u. 373 Nr. 19; OLG. Braunschweig 26. 1. 12 DSekrZ. 1913, 17).

§ 12.

Im Falle des § 254 der Zivilprozeßordnung ist für die Wertberechnung nur einer der verbundenen Ansprüche, und zwar der höhere maßgebend.

1. § 254 ZPO. handelt von der Klage auf Rechnungslegung oder Vorlegung eines Vermögensverzeichnisses oder Leistung des Offenbarungseides verbunden mit der Klage auf Herausgabe dessen, was der Beklagte aus dem zugrunde liegenden Rechtsverhältnis schuldet (§§ 259, 260, 1035, 2121 BGB.). In der Regel ist der Leistungsanspruch der höhere (JW. 1896, 583). Nur wenn der Kläger nach Rechnungslegung einen Teil der hiernach noch geschuldeten Leistung fordert, kann der Rechnungsanspruch der höhere und deshalb maßgebende sein.

§ 13.

Soweit Klage und Widerklage, welche nicht in getrennten Prozessen verhandelt werden, denselben Streitgegenstand betreffen, sind die Gebühren nach dem einfachen Werte dieses Gegenstandes zu berechnen. Soweit beide Klagen nicht denselben Streitgegenstand betreffen, sind die Gegenstände zusammenzurechnen.

Das gleiche gilt für wechselseitig eingelegte Rechtsmittel, welche nicht in getrennten Prozessen verhandelt werden.

1. Widerklage ist die während der Rechtshängigkeit einer Streitsache von dem Beklagten gegen den Kläger bei demselben Gericht in dem Verfahren über die Vorklage erhobene Gegenklage, mittels deren ein von dem Anspruch der Vorklage verschiedener Anspruch geltend gemacht wird.

Ihre Rechtshängigkeit tritt erst mit dem Zeitpunkte ein, in welchem der Anspruch in der mündlichen Verhandlung geltend gemacht wird. § 281 ZPO. Vor diesem Zeitpunkte kann die Widerklage somit nicht Gegenstand einer gebührenrechtlichen Würdigung sein, also selbst dann nicht, wenn sie in einem Schriftsatz bereits ihrem ganzen Umfang nach vorbereitungsweise angekündigt war.

2. Durch § 13 RGKG. ist die Bestimmung des § 5 Satz 2 ZPO., nach welcher eine Zusammenrechnung von Klage und Widerklage nicht stattfindet, kostenrechtlich ausgeschaltet, somit lediglich auf ihre zivilprozessualen Wirkungen beschränkt; § 9 RGKG. ist durch § 13 a. a. O. eingeengt.

3. a) Die Anwendung des § 13 kann auch dadurch herbeigeführt werden, daß zwei getrennte Prozesse, in denen dieselben Parteien gegenseitig Ansprüche erhoben haben, zufolge gerichtlicher Anordnung zum Zwecke der gleichzeitigen Verhandlung und Entscheidung verbunden werden. Vgl. § 147 ZPO.

b) Andererseits kann aber auch die Verhandlung einer erhobenen Widerklage in einem getrennten Prozesse angeordnet werden, wenn der Widerklageanspruch mit dem in der Klage geltend gemachten nicht in rechtlichem Zusammenhange steht. § 145 Abs. 2 ZPO. Dann ist die Anwendbarkeit des § 13 ausgeschlossen.

c) Maßgebend ist in beiden Fällen der Zeitpunkt der Verbindung oder Trennung. Vgl. RGZ. 52, 199. — Wird beispielsweise die Trennung erst nach der Anordnung einer Beweisaufnahme ausgesprochen, so ist nur eine Beweisgebühr, berechnet nach den Grundsätzen des § 13, anzusetzen. Wird nach der Trennung für jede der beiden Sachen wiederholt Beweis angeordnet, so ist unter Wegfall der bisherigen Beweisgebühr je eine Beweisgebühr aus jeder einzelnen Sache dann geschuldet, wenn die Summe der beiden Beweisgebühren die im verbundenen Verfahren bereits angefallene einzige Beweisgebühr übersteigt. Ähnlich ist es im Falle der Verbindung. Ist die Beweisgebühr für eine nach der Verbindung angeordnete Beweisaufnahme höher als die vor der Verbindung angefallenen Einzelbeweisgebühren, so ist unter Wegfall dieser Einzelgebühren die höhere Beweisgebühr geschuldet.

Die Prozeßgebühr ist im Falle der Trennung mit der Erlassung des diesbezüglichen Beschlusses aus jeder einzelnen Prozeßsache geschuldet und nachzuerheben, soweit sich bei der getrennten Berechnung ein Mehrbetrag ergibt. Eine Ermäßigung der im verbundenen Verfahren bereits endgültig verfallenen Prozeßgebühr darf keinesfalls eintreten.

Diese Ausführungen gelten umgekehrt auch für den Fall der Verbindung. Auch hier kann nur ein Mehrbetrag nacherhoben werden, während eine Minderung nicht eintritt. Vgl. auch § 20 Nr. 1 und die dort. Anm.

Ein ev. notwendiger rechnerischer Ausgleich findet im Wege der Anrechnung statt.

d) Wird im Falle 3b dagegen nicht eine Trennung ausgesprochen, sondern die Widerklage „angebrachtermaßen" (z. B. weil ein rechtlicher

Zusammenhang im Sinne des § 33 ZPO. fehlt) abgewiesen, so bleibt § 13 Abs. 1 anwendbar.

4. **Klage und Widerklage** betreffen **denselben Streitgegenstand**, wenn die Zuerkennung des einen Anspruchs notwendigerweise die Abweisung des andern zur Folge haben muß.

Beispiele: Klage auf eine Rate aus einer Schuldscheinforderung, Widerklage auf Feststellung, daß die ganze Forderung erloschen ist, Klage auf Schuldscheinforderung, Widerklage auf Herausgabe des Scheines für die angeblich gezahlte oder sonst erloschene Schuld, Klage auf Herstellung der ehelichen Gemeinschaft, Widerklage auf Scheidung der Ehe, Klage auf Vertragserfüllung, Widerklage auf Nichtigkeit des betr. Vertrages u. dgl.

In den genannten Fällen schließt das Stattgeben der Klage die Zuerkennung des Widerklageanspruches aus. Die Gebühren werden nur nach dem einfachen Werte „des Gegenstandes" berechnet. Stellt, wie im ersten Beispiele, der Wert des Klageanspruches nur einen Teil des den „gleichen Streitgegenstand" betreffenden Widerklageanspruches dar, so ist der höhere der beiden Werte maßgebend.

5. **Beide Klagen** betreffen **nicht denselben Streitgegenstand**, wenn beide Ansprüche neben einander bestehen können, die Zuerkennung des einen also nicht die notwendige Abweisung des andern zur Folge hat.

Beispiele: Wandelungsklage, Widerklage auf Zahlung des Kaufpreises, Klage auf Zahlung von Versicherungsbeiträgen, Widerklage auf Zahlung einer Versicherungssumme aus dem gleichen Versicherungsvertrage u. dergl.

Hier sind beide Wertgegenstände zusammenzurechnen.

6. a) Von der Widerklage zu unterscheiden ist die **Aufrechnungseinrede**. Erklärt der Beklagte, daß er dem Kläger nichts schulde, wohl aber der Kläger sein Schuldner sei, so liegt im Falle der Geltendmachung dieses Gegenanspruches Widerklage vor. Erklärt jedoch der Beklagte, daß er zwar den Klaganspruch schulde, aber auch gegen den Kläger einen Anspruch, eine Gegenrechnung habe, die er jetzt geltend mache, so liegt Aufrechnung vor. Die Aufrechnungseinrede hat nur den Zweck, den Klaganspruch zum Erlöschen zu bringen, also die Abweisung der Klage herbeizuführen; ein besonderer Anspruch **wird vom** Beklagten nicht geltend gemacht. Streitgegenstand für die Gebührenberechnung ist somit auch nur der Wertgegenstand der Klage; der Wert der Aufrechnung kommt nicht in Betracht.

Eine Gegenforderung kann aber auch nur teilweise zur Aufrechnung dienen, im übrigen aber widerklageweise geltend gemacht werden. Wenn z. B. bei einer Klage auf 1000 Mk. der Beklagte vorbringt, daß er diese 1000 Mk. zwar schulde, jedoch eine Gegenforderung in Höhe von 3000 Mk. habe, von der er 1000 Mk. zur Aufrechnung, die restigen 2000 Mk. aber widerklageweise geltend mache, so ist der Streitwert (1000 Mk. Klage + 2000 Mk. Widerklage) = 3000 Mk.

b) **Trennt** das Gericht die Verhandlung über die **Klage und Aufrechnungseinrede**, so entstehen nicht (wie bei der Widerklage) zwei Prozesse; es stellt sich vielmehr das prozessuale Verfahren immer nur als ein einheitlicher Prozeß dar, der einheitlich zu besteuern ist.

Wegen des Anfalls einer weiteren Urteilsgebühr vgl. § 25 Abs. 2.

Macht der Beklagte in dem Nachverfahren gemäß § 302 Abs. 4

S. 4 ZPO. den **Schadensersatzanspruch** geltend, so erhöhen diese Ansprüche den Streitwert nur, wenn sie widerklageweise (oder mit Klage), nicht aber, wenn sie durch einfachen „Antrag" geltend gemacht waren. RG. VI 14. 2. 21; 308/20 R. 21 Nr. 2624. S. auch RG. 15. 11. 99 JW. 1900, 11, RG. 19. 5. 97 JW. 322.

7. a) Die vorstehenden Ausführungen gelten entsprechend auch für wechselseitig eingelegte Rechtsmittel, ohne daß es darauf ankommen hätte, ob beide Rechtsmittel selbständig eingelegt sind (Anschlußrechtsmittel).

Wird wegen ein und desselben Urteils von beiden Parteien Berufung eingelegt, über diese Berufungen sodann auf Grund einer gemeinsamen Verhandlung eine Entscheidung erlassen, so kann auch bei der Bewertung nur ein einheitlicher Gebührensatz eintreten. RG. 29, 349.

b) Wegen der grundsätzlich möglichen Anwendbarkeit des § 4 ZPO. bei wechselseitig eingelegten Rechtsmitteln vgl. Entsch. d. RG. v. 14. 5. 97 JW. 1897 S. 301 Z. 1.

c) Eine Verhandlung in getrennten Prozessen kann nur dann als vorliegend erachtet werden, wenn ein dem § 145 ZPO. entsprechender Trennungsbeschluß ergangen ist.

§ 14.

Für Akte, welche einen Teil des Streitgegenstandes betreffen, sind die Gebühren nur nach dem Werte dieses Teiles zu berechnen.

Sind von einzelnen Wertsteilen in derselben Instanz für gleiche Akte Gebühren zu berechnen, so darf nicht mehr erhoben werden, als wenn die Gebühr von dem Gesamtbetrage der Wertsteile zu berechnen wäre; treten für die Akte verschiedene Gebührensätze ein, so ist der höchste Satz maßgebend.

1. Für die Gebührenbewertung wird das Prozeßverfahren in drei Abschnitte zerlegt:

a) Verfahren im allgemeinen (Prozeßgebühr),
b) Anordnung einer Beweisaufnahme (Beweisgebühr) und
c) Erlassung eines auf Grund streitiger Verhandlung ergehenden End- oder Zwischenurteils (Urteilsgebühr).

Als „Akte" im Sinne des § 14 Abs. 1 RGKG. sind demzufolge alle diejenigen Prozeßhandlungen aufzufassen, die den Anfall einer der vorgenannten drei Gebühren bewirken können.

„Gleiche Akte" im Sinne des § 14 Abs. 2 sind dann alle Prozeßhandlungen, die den Anfall einer Gebühr gleicher Gattung im Gefolge haben. Dabei ist es ganz gleichgültig, ob diese Gebühr zu einem Viertel oder zur Hälfte oder voll zum Anfall kommt.

Z. B. die Klagezurücknahme nach Bestimmung des Verhandlungstermins aber vor der mündlichen Verhandlung wegen eines Teiles des Streitgegenstandes bewirkt wegen dieses Teilstreitwertes den Ansatz von ein Viertel der Prozeßgebühr; ergeht nun wegen des Restes des Streitgegenstandes Beweisanordnung, so wird insoweit — abgesehen von der Beweisgebühr — die gem. § 74 bereits eingehobene volle Prozeßgebühr endgültig geschuldet. Die Klagezurücknahme und das weitere Prozeßverfahren sind gleiche Akte insoweit und insoferne, als beide den Anfall einer Prozeßgebühr — also der gleichen Gattungsgebühr — nach sich ziehen. Die Probe nach § 14 Abs. 2 ist also unerläßlich.

2. Instanz ist nach einer Entsch. der vereinigten Senate des RG. — Beschl. v. 16. 5. 04 Bd. 57, 302 ff. — die Gesamtheit der Tätigkeit, welche das Gericht einer bestimmten im Rechtsmittelzuge geordneten Stufe vorzunehmen hat, um den ganzen zum Prozesse gehörigen Stoff zu erledigen. S. auch Ausf. auf S. 10 ff.

3. a) Ist der ganze Hauptanspruch Gegenstand einer Prozeßhandlung, die den Anfall der Prozeß-, Beweis- oder Urteilsgebühr bewirkt, dann bereitet die Bewertung keine Schwierigkeiten: Alle Gebühren werden aus dem Hauptanspruch berechnet, Nebenforderungen (§ 9 RGKG., § 4 ZPO.), sowie die Kosten des Rechtsstreits bleiben außer Betracht.

b) Betrifft die Prozeßhandlung nur einen Teil des Hauptanspruches, daneben aber noch eine Nebenforderung, die ihren Ursprung in einem anderen Teile des Hauptanspruches hat, der überhaupt nicht Gegenstand einer gleichaktigen Gebühr wurde, so stellen diese Nebenforderungen ebenfalls einen gebührenpflichtigen Wertsteil dar.

c) Das gleiche gilt, wenn Nebenforderungen ohne die dazugehörige Muttersache Gegenstand eines Aktes werden; diese haben dann insoweit für die Bewertung den Charakter von Hauptforderungen erlangt.

d) Die Prozeßkosten selbst können nur dann einen Wertsteil bilden und zur Bewertung herangezogen werden, wenn sie „ausschließlicher" Gegenstand einer Prozeßhandlung werden, d. h. also wenn eine Gebühr gleicher Gattung hinsichtlich der Haupt- und Nebensache überhaupt nicht, nicht einmal aus dem geringsten Betrage derselben zum Anfalle kommt. Wird beispielsweise die Klage wegen der Hauptsache zurückgenommen und wegen der Zinsen und Prozeßkosten ein streitiges Urteil erwirkt, so ist als Wertsteil für die Urteilsgebühr nur der Zinsenbetrag maßgebend, nicht etwa auch der der Hauptforderung entsprechende Kostenbetrag.

e) In allen voraufgeführten Fällen hat es nicht darauf anzukommen, ob die aus dem Hauptanspruch angefallene Gebühr zum gleichen Satze zu berechnen ist, wie die ev. aus dem Nebenanspruch oder dem Kostenpunkt geschuldete. Der Anfall der Viertelsprozeßgebühr des § 29 Abs. 2 schließt also beispielsweise den Ansatz der vollen Prozeßgebühr aus dem nach Rücknahme der Klage wegen des Nebenanspruches fortgesetzten Prozeßverfahren aus. Vgl. § 15 RGKG.

4. Ergehen in einer Prozeßsache hinsichtlich desselben Streitgegenstandes oder Streitgegenstandsteiles nacheinander mehrere getrennte Beweisanordnungen oder mehrere Urteile, so wird für alle Akte gleicher Art (vgl. die Ausnahmen in § 25 Abs. 2 und 3) die entsprechende Gebühr aus diesem Wertsteil nur einmal angesetzt. (Beispielsweise wird auch für mehrere Versäumnisurteile über den gleichen Streitgegenstand oder Streitgegenstandsteil grundsätzlich kein Anfall einer „besonderen" Gebühr, etwa einer Entscheidungsgebühr, bewirkt. Vgl. aber § 39 und die dortigen Anm.

5. Sind andererseits hinsichtlich verschiedener Teile des Streitgegenstands je gesonderte Beweisanordnungen ergangen oder mehrere Urteile getrennt nacheinander erlassen worden, so ist die einschlägige Aktsgebühr aus jedem einzelnen Wertsteil vorerst gesondert zu berechnen. Die Probe nach § 14 Abs. 2 ist erst anzustellen, wenn nach und nach der ganze Hauptanspruch Gegenstand der betr. Aktsgebühr geworden ist oder wenn die Instanz ihre Erledigung im Sinne des § 75 gefunden hat.

Ergeht beispielsweise bei einer Klage über 30000 Mk., begründet in Hingabe von 6 Darlehen zu je 5000 Mk., zunächst wegen des ersten, dann im nächsten Termine wegen des dritten und in einem weiteren Termine wegen des fünften Darlehens Beweisanordnung, so sind zunächst aus jedem Wertsteil gesondert die vollen Gebühren zu erheben. Nach § 14 Abs. 2 ist erst dann zu verfahren, wenn die Beweisanordnung sich auch auf die sämtlichen übrigen Wertsteilreste erstreckt oder wenn die Instanz im Sinne des § 75 Abs. 1 ihre Beendigung gefunden hat, ohne daß inzwischen weitere Beweisanordnungen getroffen wurden.

6. Ergibt sich bei der Probe nach § 14 Abs. 2, daß die Summe der Einzelgebühren geringer ist, dann bleiben diese endgültig geschuldet!

§ 15.

Für Akte, welche Früchte, Nutzungen, Zinsen, Schäden oder Kosten als Nebenforderungen ohne den Hauptanspruch betreffen, ist der Wert der Nebenforderungen insoweit maßgebend, als er den Wert des Hauptanspruchs nicht übersteigt.

Für Akte der Zwangsvollstreckung wegen einer Geldforderung werden die einzuziehenden Zinsen mitberechnet.

Für Akte, welche die Kosten des Rechtsstreits ohne den Hauptanspruch betreffen, ist der Betrag der Kosten maßgebend.

1. Die „Nebenforderungen" sind im Abs. 1 erschöpfend bezeichnet; Forderungen ähnlicher Natur, wie Zubehör im Sinne der §§ 97, 98 BGB. gehören also nicht dazu.

Unter den Begriff „Schäden" fallen Fracht, Rollgeld, Futtergeld bei der Wandelungsklage (bestr.!), Wagenstandgeld usw., unter den Begriff Kosten — nicht die Prozeßkosten, sondern — diejenigen, die vor der Klageerhebung erwachsen sind und neben der Hauptleistung gefordert werden, wie Mahnspesen, Kosten eines Vorprozesses bei Regreßklagen usw. usw.

2. Der Begriff „Akte" ist in gleicher Weise auszulegen, wie dies in § 14 Anm. 1 geschehen ist. Vgl. auch § 14 Anm. 3.

3. Der bei Anwendung des § 15 Abs. 1 der Gebührenbewertung zugrunde gelegte Wert darf nie höher sein als der Wert des Hauptanspruches unter Ausschluß jeder Nebenforderung.

4. Betrifft ein Akt nur einen Teil der Hauptsache, daneben aber die Nebenforderungen der ganzen früheren Hauptsache, so gilt für die Berechnung des Streitwertes das zu § 14 Anm. 3b Gesagte. Die Summe aus den einen selbständigen Wertsteil bildenden Nebenforderungen und dem Teil des Hauptanspruches, der Gegenstand der gleichen Aktsgebühr ist, darf nicht höher sein als die ursprüngliche Hauptsache.

5. Akte der Zwangsvollstreckung sind nur die in den §§ 33 Nr. 4, 5, 34 RGKG. erwähnten Verfahren, nicht dagegen Verfahren über Anträge auf Anordnung eines Arrestes. Im Vollzuge eines Arrestbefehles kann aber ein Akt der Zwangsvollstreckung recht wohl Gegenstand der Bewertung werden (z. B. Arrestbeschluß und gleichzeitige Forderungspfändung im Vollzuge desselben).

6. In allen Fällen des § 15 Abs. 2 ist im Auge zu behalten, daß nach § 9 RGKG. § 6 ZPO. der Wert des Gegenstands des Pfandrechts dann für die Bewertung maßgebend ist, wenn er geringer ist als der Betrag der Forderung einschließlich der einzuziehenden Zinsen.

7. Die einzuziehenden Zinsen sind bis zum Zeitpunkte der Antragstellung beizurechnen, da in diesem Augenblick die Verfahrensgebühr fällig wird. Nach den Bestimmungen des alten Gerichtskostengesetzes war der Tag der ergehenden Entscheidung maßgebend, weil damals die Gebühr erst mit Erlaß der Entscheidung anfallen konnte. Da im allgemeinen „jedes" Verfahren für die Gebührenbewertung als besonderer Rechtsstreit gilt (§ 35), wird der Streitwert, soweit auch Zinsen dabei in Frage kommen, jeweils ein anderer sein.

8. Bezüglich der Kosten des Abs. 3 ist eine Beschränkung auf den Wert der Hauptsache (vgl. Abs. 1) nicht getroffen; sie können der Höhe nach also unbeschränkt der Bewertung zugrundegelegt werden.

Daß die Kosten zur Bewertung nur dann herangezogen werden können, wenn auch nicht der geringste Teil des Haupt- oder Nebenanspruches mehr Gegenstand des „gleichen" Aktes war, ist schon zu § 14 Anm. 3 d ausgeführt.

9. Maßgebend ist der Betrag an Kosten, der sich bis zu dem Zeitpunkt errechnet, zu welchem die Kosten alleiniger Streitgegenstand geworden sind. Die von diesem Zeitpunkt an weiter anfallenden Kosten haben im Verhältnis zu den früheren nun den Charakter der laufenden Prozeßkosten und haben als solche bei der Wertsberechnung außer Betracht zu bleiben.

§ 16.

Bei jedem Antrage ist der Wert des Streitgegenstandes, sofern derselbe nicht in einer bestimmten Geldsumme besteht oder aus früheren Anträgen erhellt, und auf Erfordern auch der Wert eines Teils desselben schriftlich oder zu Protokoll des Gerichtsschreibers anzugeben.

Die Angabe kann jederzeit berichtigt werden.

1. Eine ähnliche Vorschrift ist in § 253 Abs. 3 ZPO. zum Zwecke der Prüfung der Zuständigkeit des angegangenen Gerichts enthalten.

2. Die Angabe der Partei hat nur informatorische Bedeutung und dient als Anhalt für die Wertsbestimmung durch den Gerichtsschreiber oder für die Wertsfestsetzung durch das Gericht (§ 18). Sie ist also in keiner Weise bindend, selbst dann nicht, wenn sie von beiden Parteien in übereinstimmender Weise gemacht wird. Der Streitwert kann entgegen dieser Angabe jederzeit höher, andererseits aber auch niedriger bemessen werden. Selbst wenn das Gericht der unteren Instanz den

Streitwert entsprechend der Parteiangabe festgesetzt hat, ist eine Änderung dieses Wertes in der höheren Instanz noch möglich (§ 18).

3. Die Notwendigkeit der Wertsangabe kann im Hinblick auf § 14 RGKG. unter Umständen auch für einzelne Teile des Streitgegenstandes noch besonders gegeben sein.

4. Eine Berichtigung ist nur veranlaßt, wenn bei der Angabe Schreibfehler oder ähnliche ungewollte Irrtümer unterlaufen sind. Nur in diesem Falle besteht die Möglichkeit der Ausschaltung der Wirkungen des § 290 ZPO.

§ 17.

Die zum Zwecke der Entscheidung über die Zuständigkeit des Prozeßgerichts oder die Zulässigkeit des Rechtsmittels erfolgte Festsetzung des Wertes ist, unbeschadet der Vorschriften der §§ 10, 13 für die Berechnung der Gebühren maßgebend.

1. Aus den Motiven: Durch die nunmehrige Verweisung auf § 13 wurde lediglich eine redaktionelle Ungenauigkeit des bisherigen Gerichtskostengesetzes richtiggestellt.

2. Die im § 17 erwähnte gerichtliche Entscheidung kann im Beschwerdewege nicht angefochten und auch sonst nicht von Amts wegen oder auf Parteiantrag geändert werden. Sie bildet einen Teil der Hauptentscheidung und kann nur zusammen mit dieser selbst angefochten werden. Erging die Entscheidung gemäß §§ 505, 506, 697 ZPO., so besteht die Möglichkeit einer Anfechtung überhaupt nicht.

3. § 17 trifft natürlich nur zu, insoweit der vom Gericht festgesetzte Wert der Klage oder des Rechtsmittelbegehrens auch wirklich der Streitgegenstand ist. Bei der Ansetzung einer jeden Akts- oder sonstigen Gebühr ist also zu prüfen, ob und inwieweit der geltend gemachte Anspruch als Streitgegenstand für die betreffende Prozeßhandlung in Betracht kommt. Nur in diesem Umfange kann er zur betr. Gebühr herangezogen werden. Eine Einschränkung erleiden diese Ausführungen nur hinsichtlich der Prozeßgebühr. Hier wird regelmäßig (ohne Rücksicht auf die Strittigkeit) der Klage- oder Rechtsmittelgegenstand die Grundlage für die Gebührenberechnung abgeben.

4. § 17 ist in seiner Auswirkung beschränkt durch die Vorschriften der §§ 10, 13. Diese besonderen Bestimmungen schalten die Wirkung der prozessualen Vorschriften der §§ 5, 8 und 9 ZPO. kostenrechtlich aus.

§ 18.

Soweit eine Entscheidung gemäß § 17 nicht stattfindet, setzt das Prozeßgericht den Wert durch Beschluß fest, falls dies eine Partei beantragt oder das Gericht für angemessen erachtet. Auf den Antrag findet § 4 Abs. 3 entsprechende Anwendung. Bei der Zwangsvollstreckung tritt, wenn der Wert nicht schon festgesetzt ist, an die Stelle des Prozeßgerichts das Vollstreckungsgericht. Die Festsetzung kann von dem Gerichte, das sie getroffen hat, sowie von dem Gerichte der höheren

Instanz im Laufe des Verfahrens auch von Amts wegen geändert werden.

Gegen den Beschluß findet Beschwerde nach Maßgabe des § 567 Abs. 2 und der §§ 568 bis 576 der Zivilprozeßordnung sowie des § 4 Abs. 3 dieses Gesetzes statt.

1. Aus den Motiven: Es bestehen gegenwärtig Zweifel, ob der Gerichtsschreiber in den Fällen, in denen die Wertfestsetzung Schwierigkeiten bereitet, insbesondere auch dann, wenn sie gemäß § 11 RGKG. nach freiem Ermessen zu geschehen hat, befugt ist, selbständig den Wert zu bestimmen. Es liegt aber im Interesse der Justizverwaltung wie auch der Gerichtsschreiber, diesen auf dem ihnen zugewiesenen Gebiete des Kostenwesens möglichste Selbständigkeit zu gewähren. Es soll deshalb, abgesehen von dem Falle, daß die Partei einen Antrag auf gerichtliche Wertfestsetzung stellt, die Wertbestimmung grundsätzlich dem Gerichtsschreiber überlassen sein, sofern nicht im Einzelfalle das Gericht es für angemessen erachtet, den Wert selbst festzusetzen. Die Wertfestsetzung ausnahmslos dem Gerichtsschreiber zu übertragen, wie von verschiedenen Seiten vorgeschlagen, dürfte sich nicht empfehlen, da in allen denjenigen Fällen, in denen die Wertfestsetzung ein tieferes Eindringen in den materiellen Prozeßstoff erfordert und jetzt in der Regel (so insbesondere in Beschwerdesachen, bei einstweiligen Verfügungen), zweckmäßigerweise in Verbindung mit der sachlichen Entscheidung ergeht, der Gerichtsschreiber mit einer Mehrarbeit belastet werden würde, der irgendeine nennenswerte Entlastung des Richters nicht gegenübersteht.

Art. VI § 1 des Gesetzes zur Entlastung der Gerichte vom 11. März 1922 (RGBl. S. 229) ermächtigt die Landesjustizverwaltungen, in gewissem Umfang Geschäfte des Richters dem Gerichtsschreiber zur selbständigen Erledigung zu übertragen. Soweit dies geschehen, liegt auch die von der Partei beantragte Wertfestsetzung dem Gerichtsschreiber ob. Durch die Verweisung auf § 576 ZPO. wird klargestellt, daß gegen seinen Beschluß zunächst die Entscheidung des Gerichts nachzusuchen und erst gegen diese Beschwerde zulässig ist.

Zu Abs. 1.

2. a) Es ist zu unterscheiden zwischen Wertbestimmung und Wertfestsetzung. Erstere erfolgt in formloser Weise durch den Gerichtsschreiber, letztere in Form einer Entscheidung durch das Gericht.

b) Die Wertbestimmung bereitet keine Schwierigkeiten, wenn der Klage- oder Rechtsmittelanspruch auf eine ziffernmäßig bezeichnete Geldsumme gerichtet ist. In allen anderen Fällen wird dem Gerichtsschreiber für die ihm bei Aufstellung des Gebührenansatzes obliegende Schätzung des Streitgegenstandes die Angabe des Klägers (§ 16) einen genügenden Anhalt geben. Es ist also einerseits nicht erforderlich, vorher langwierige Ermittelungen, Anfragen u. dgl. anzustellen, andererseits aber auch nicht ausgeschlossen, daß derartige Erhebungen als vorher notwendig erachtet werden. Zweck der Übung soll offenbar sein, die Wertbestimmung möglichst rasch — und zunächst unter Entlastung des Gerichts — vorzunehmen, damit der Ansetzung des Verhandlungstermines in erster Instanz, der Erlassung des Zahlungsbefehles bzw. der Zahlung der Prozeßgebühr infolge Fristfestsetzung gemäß §§ 520 Abs. 3, 554 Abs. 7 ZPO. keine Hindernisse mehr im Wege liegen. Vgl. §§ 74, 3, 8, 20 Nr. 1, 28 RGKG.[1]) Die Wertbestimmung hat durch den Gerichtsschreiber zunächst auch dann zu erfolgen, wenn die Streitwertfestsetzung nach freiem Ermessen zu erfolgen hat. Dies ist — wie die Motive ausdrücklich betonen — durch die veränderte Fassung des § 18 gegenüber dem bisherigen § 16 ausdrücklich klargestelt. (Vgl. auch § 3 ZPO.)

Es besteht kein Anlaß, diese Wertbestimmung den Parteien ausdrücklich zu eröffnen, sie erhalten dadurch Kenntnis, daß auf Grund derselben die Gebühren berechnet und eingefordert werden und haben dann die Möglichkeit, die Wertfestsetzung durch das Prozeß- oder Vollstreckungsgericht zu beantragen.

c) Der Wertfestsetzung durch das Gericht soll durch die Wertbestimmung des Gerichtsschreibers in keiner Weise vorgegriffen werden. Letztere stellt also gewissermaßen nur ein Provisorium dar, das insolange die Grundlage für die Gebührenbewertung zu bilden hat, als nicht entweder

1. eine Festsetzung nach § 17 vorliegt oder
2. eine Partei die Wertfestsetzung beantragt oder
3. das Gericht von Amts wegen eine Festsetzung als angezeigt erachtet.

Die Wertfestsetzung erfolgt durch Beschluß. Dieser ist entweder zu verkünden oder den Parteien zuzustellen. Wegen der Anfechtung desselben trifft Abs. 2 die erforderlichen Bestimmungen.

d) Eine Zuständigkeit des Gerichtsschreibers zu der unter Anm. 2 c 2 erwähnten Wertfestsetzung ist nur dann gegeben, wenn die Landesjustizverwaltung auf Grund des Richterentlastungsgesetzes ihm dieses richter-

---

[1]) In der Rechtsmittelinstanz unterliegt erfahrungsgemäß die Wertbestimmung durch den Gerichtsschreiber den größten Schwierigkeiten. Es fehlt an jeder Grundlage zur Feststellung des Streitwerts im Zeitpunkte der Einlegung des Rechtsmittels; nicht einmal eine ganz oberflächliche Schätzung ist in zahlreichen Fällen möglich. Aus den Akten der Vorinstanz ist im Falle der Berufung regelmäßig nur der Wert des Streitgegenstandes im Zeitpunkt der Klageerhebung, im Falle der Revision nur der Wert im Zeitpunkt der Einlegung der Berufung zu entnehmen. Der Rechtsmittelkläger unterläßt in seinem Rechtsmittelschriftsatz jede Äußerung über den jetzigen Wert des Streitgegenstandes. Hier ließe sich am zweckmäßigsten dadurch Abhilfe schaffen, daß dem Rechtsmittelkläger bei der Fristbestimmung nach §§ 520 Abs. 3, 554 Abs. 7 ZPO. nahegelegt wird, die zur Berechnung der Prozeßgebühr erforderlichen Erklärungen gemäß § 16 RGKG. — maßgebend ist für die Streitwertberechnung der Wert im Zeitpunkt der Einlegung des Rechtsmittels — unverzüglich abzugeben, soweit dies noch nicht geschehen.

Weiter wäre darauf hinzuweisen, daß die schuldhaft unterlassene oder verzögerte Wertangabe — abgesehen von den Wirkungen des § 19 RGKG — vom Vorsitzenden im Falle eines Antrages auf Fristverlängerung gemäß §§ 520, 554 ZPO. möglicherweise nachteilig gewürdigt werden könnte.

Eine derartige Übung würde wesentlich zur Vereinfachung der Geschäfte und Ersparnis von Schreibwerk und Porto beitragen.

liche Geschäft ausdrücklich zur selbständigen Erledigung überträgt. Gegen den auf Antrag der Partei ergehenden Beschluß des Gerichtsschreibers muß im Falle der Anfechtung zunächst die Entscheidung des Gerichts nachgesucht werden. Erst dieser Gerichtsbeschluß unterliegt der Beschwerde nach § 18 Abs. 2.

3. Der Antrag ist unbefristet, zeitlich nicht beschränkt und sogar noch nach Rechtskraft der ergangenen Entscheidung möglich. Vgl. aber wegen des Rechts der Staatskasse § 5. Der Antrag unterliegt nicht dem Anwaltszwang. § 4 Abs. 3 und DSekrZ. 11, 148.

4. Der Rechtsanwalt kann den Antrag nach § 18 nicht für seine Person stellen. Er hat gemäß § 12 RAGebO. für seine Person nur das Beschwerderecht gegen die auf Grund des § 18 Abs. 1 ergangene Entscheidung. Die auf solche Beschwerde erfolgte Wertfestsetzung ist auch für die Berechnung der Gerichtsgebühren maßgebend. RG. 31, 395.

5. In der Praxis stößt man ab und zu auf die Übung, daß eine Wertfestsetzung für einzelne Aktgebühren erfolgt. Dies ist nicht zulässig. Festgesetzt kann nur werden der Wert für das Verfahren, eventuell für einzelne Abschnitte des Verfahrens.

6. Die Beschlußfassung erfolgt durch das Gericht derjenigen Instanz, für die der Streitgegenstand festgesetzt werden soll, wobei im Falle der Festsetzung durch das Gericht der höheren Instanz diese ihre Wirkung entsprechend auch für die untere Instanz äußert. RG. 35, 395. Wegen des Vollstreckungsgerichts vgl. § 764 Abs. 2 ZPO.

7. Während (vgl. Anm. 3) im Falle des Satzes 1 des § 18 Abs. 1 eine Antragsfrist nicht besteht, ist die Änderung der Wertfestsetzung von Amts wegen (nach § 18 Abs. 1 Satz 4) nur möglich, solange das Verfahren bei dem betreffenden Gerichte läuft. Die erste Instanz kann somit den Streitwert ändern bis zur Erledigung des Kostenfestsetzungsantrags, die zweite Instanz, solange sie mit der Sache beschäftigt ist, also z. B. auch dann noch, wenn sie über eine — an sich zulässige — Beschwerde gegen den Kostenfestsetzungsbeschluß zu entscheiden hat (RGBZ. 44, 403). Hat die erste Instanz den Wert nicht festgesetzt, sondern nur ohne weiteres einen gewissen Wert angenommen, so kann das Gericht höherer Instanz von sich aus den Streitwert der Vorinstanz nicht festsetzen (JW. 1898, 576 Nr. 18).

Zu Abs. 2.

8. Soweit § 576 hier Erwähnung gefunden hat, wird auf Anm. 1 Schlußsatz und Anm. 2d Bezug genommen. Im übrigen gelten für das Beschwerdeverfahren nach § 18 Abs. 2 die in § 4 Abs. 2 für die Anfechtung in Zivilsachen getroffenen Bestimmungen in gleicher Weise auch hier, wie ein Vergleich ihres Wortlautes ergibt. Die Ausführungen in § 4 Anm. 11 sind also entsprechend auch hier einschlägig.

9. Für die Einlegung der Beschwerde durch die Partei besteht kein Anwaltszwang. Zulässig ist also entweder schriftliche Einlegung ohne oder unter Mitwirkung eines beliebigen Anwalts oder Erklärung zum Protokolle des Gerichtsschreibers.

Dagegen gründet sich die Beschwerde des Anwalts im eigenen Namen nicht auf § 18 RGKG., sondern auf § 12 RAGebO. Nach den allgemeinen Bestimmungen der §§ 569 Abs. 2, 78 ZPO. besteht also in diesem Fall immer dann Anwaltszwang, wenn der Rechtsstreit nicht bei einem Amtsgericht anhängig war. Ist der beschwerdeführende Rechtsanwalt nicht selbst beim Beschwerdegericht zugelassen, dann bedarf er eines dort zugelassenen Anwalts. Beschluß des OLG. Kassel vom 11. Juni 1909 in OLG. 19, 253 (a. M. OGL. Mchn. 25. 9. 22 BayZ. 22, 290).

10. Der Beschwerdeführer muß sein rechtliches **Interesse an der** von ihm gewollten **Festsetzung** dartun; vermag er dies nicht, dann ist seine Beschwerde unzulässig. So kann z. B. keine Partei eine Erhöhung des Streitwerts beantragen (OLG. Hamm 6. 3. 13, DSekrZ. 13, 116). Anderseits darf das Gericht über den Antrag der Parteien nicht hinausgehen.

Voraussetzung der Anwendbarkeit des Abs. 2 ist das Vorliegen eines besonderen den Streitwert festsetzenden Beschlusses. Ist also in einem Kostenfestsetzungsbeschluß gesagt, die Gebühren betrügen nur ....Mk., weil Streitwert nicht ...Mk., sondern ...Mk. sei (ohne daß dieser Streitwert vom Richter festgesetzt ist), so trifft für die Anfechtung nicht § 18 Abs. 2 RGKG., sondern § 104 Abs. 3 ZPO. zu.

In der Beschwerde ist genau anzugeben, ob sie der **Anwalt für sich** (§ 12 RAGebO.) **oder für die Partei** einlegt. Streitwert ist im ersteren Falle die entsprechende Differenz der Höhe der Gebühren des Anwaltes (RGVZ. 27. 12. 99). Wird sie zurückgewiesen, so ist kostenpflichtig der für sich handelnde Anwalt, nicht die Partei. Beschwerde hierwegen ist nur gegeben, wenn solche zugleich in der Hauptsache (Wertfestsetzung) eingelegt wird (RG. JW. 1900, 894).

Unzulässig ist die Beschwerde gegen die Ablehnung des Antrages auf Änderung der Wertfestsetzung (RG. JW. 1895, 13).

§ 19.

Wird eine Abschätzung durch Sachverständige erforderlich, so ist in dem Beschlusse, durch welchen der Wert festgesetzt wird (§ 18), über die Kosten der Abschätzung zu entscheiden. Dieselben können ganz oder teilweise der Partei zur Last gelegt werden, welche durch Unterlassung der ihr obliegenden Wertangabe oder durch unrichtige Wertangabe, unbegründetes Bestreiten der Wertangabe oder unbegründete Beschwerde die Abschätzung veranlaßt hat.

1. Erfolgt gem. § 3 ZPO. aus zivilprozessualen Gründen (Zuständigkeit usw.) die Wertermittelung, so gehören die dabei entstehenden Kosten zu den Kosten des Rechtsstreits.

2. § 19 ist nur einschlägig für den Fall der Wertermittelung zum Zwecke der Gebührenberechnung (§ 18).

3. Regelmäßig trägt die Staatskasse die Kosten. Die Partei kommt nur dann in Frage, wenn sie ein Verschulden trifft. (§ 161)

4. Für die Beschwerde ist ausschließlich § 18 Abs. 2 maßgebend.

Vorbemerkung zu den §§ 20—39.

Allgemeiner Überblick.

A.

Auf dem Gebiete des ordentlichen Prozesses fallen im Falle der Durchführung regelmäßig drei volle Gebühren an:

a) für das Verfahren im allgemeinen die sog. Prozeßgebühr,
b) für die Anordnung einer Beweisaufnahme die sog. Beweisgebühr und
c) für ein auf Grund streitiger Verhandlung ergehendes End- oder Zwischenurteil die sog. Urteilsgebühr.

Mit der Erhebung der Prozeßgebühr ist die gesamte richterliche Tätigkeit — einschließlich Versäumnis-, Anerkenntnis- und Verzichtsurteil und Vergleich — abgegolten mit alleiniger Ausnahme der Beweisanordnung und der auf Grund streitiger Verhandlung erfolgenden Urteilsfällung. Abweichend von dieser Regel wird in Ehesachen und ähnlichen Streitigkeiten auch das nichtstreitige Urteil mit der Urteilsgebühr besteuert, wenn der Kläger verhandelt hat, dagegen sind andererseits die Zwischenurteile der §§ 135, 387 ZPO. von der Erhebung der Urteilsgebühr überhaupt ausgeschlossen.

Der Vergleich bewirkt den Fortfall einer bereits entstandenen Beweisgebühr

Jede der drei genannten Gebühren darf grundsätzlich nur einmal erhoben werden, nur für Vorbehaltsurteile u. ähnl., dann für Zwischenurteile gem. § 71 ZPO. ist eine weitere Urteilsgebühr möglich.

Die Prozeßgebühr fällt fort, wenn die Klage vor der Terminsbestimmung zurückgenommen wird, sie ermäßigt sich auf ein Viertel, wenn dies erst nach diesem Zeitpunkt, aber vor der mündlichen Verhandlung geschieht.

In der Berufungsinstanz erhöhen sich die Gebühren um die Hälfte, in der Revisionsinstanz auf das Doppelte. Unter gewissen Voraussetzungen ermäßigt sich die Prozeßgebühr in den genannten Instanzen im Falle der Zurücknahme oder Verwerfung des Rechtsmittels als unzulässig

B.

Auch auf dem Gebiete des übrigen Verfahrens — Mahn-, Zwangsvollstreckungs-, Arrest-, Aufgebotsverfahren u. dgl. — ist eine wesentliche Vereinfachung der Gebührenberechnung eingetreten. Fast durchgehends wird das Verfahren einschließlich der Entscheidung durch eine einzige, einheitliche Gebühr abgegolten, die in der Regel mit der Antragstellung anfällt und endgültig unvermindert bestehen bleibt. Grundsätzlich werden in diesem Verfahren nur noch Viertels- und halbe Gebühren angesetzt.

Einzelheiten.

§ 20.

Im Prozeßverfahren wird die volle Gebühr (§ 8) erhoben:

1. für das Verfahren im allgemeinen (Prozeßgebühr),
2. für die Anordnung einer Beweisaufnahme (Beweisgebühr),
3. für ein auf Grund streitiger Verhandlung ergehendes End- oder Zwischenurteil (Urteilsgebühr).

Allgemeines (vgl. auch Motive).

1. Das Gesetz hält im ordentlichen Prozeßverfahren an der Erhebung dreier Gebühren fest, hat aber die jetzige Verhandlungsgebühr durch eine allgemeine Prozeßgebühr ersetzt, durch welche die gesamte richterliche Tätigkeit mit Ausnahme der Beweisanordnung und der auf Grund streitiger Verhandlung erfolgenden Urteilsfällung abgegolten wird.

Ausschlaggebend für die Ersetzung der Verhandlungsgebühr durch eine allgemeine Prozeßgebühr waren in erster Linie praktische Erwägungen (vgl. Motive zu § 81). Ihre innere Rechtfertigung findet die Neuregelung aber auch darin, daß die durch die Gebühr abzugeltende staatliche Tätigkeit viel weniger in der regelmäßig nur kürzere Zeit beanspruchenden streitigen Verhandlung als in der Vorbereitung des Richters zu der Verhandlung und in der bereits mit der Klageeinreichung einsetzenden büromäßigen Bearbeitung der Angelegenheit liegt.

Die Einführung der Prozeßgebühr findet ihre Ergänzung in der Umgestaltung der bisherigen Entscheidungsgebühr in eine auf die kontradiktorischen Urteile beschränkte Urteilsgebühr.

2. Für die Anordnung einer Beweisaufnahme wird grundsätzlich die volle Gebühr erhoben. Die Bestimmung des früheren § 22 Abs. 1 hat im Gesetze keine Aufnahme mehr gefunden. Stellt sich eine angeordnete Beweisaufnahme nachträglich als nicht erforderlich heraus, so bietet event. der § 6 Abs. 1 eine ausreichende Handhabe zur Behebung von ausnahmsweise hervortretenden Härten. (S. a. § 23.)

3. Die bisherige gebührenrechtliche Bevorzugung des Anerkenntnisses und des Verzichts ist nicht mehr aufrecht erhalten, ebensowenig die privilegierte Behandlung des Vergleiches — abgesehen von § 23 —. In allen diesen Fällen bleibt es bei der Erhebung der vollen Prozeßgebühr, ohne daß für das Anerkenntnisurteil usw. eine weitere Gebühr, etwa eine Entscheidungsgebühr, anfallen würde. Der Ausgleich für die Beseitigung der besonderen Vergleichsgebühren liegt nunmehr in der gebührenrechtlichen Bevorzugung des Sühneverfahrens nach § 510 c ZPO. Vgl. § 36 RGKG.

4. Die bedingten Endurteile fallen unter die allgemeine Vorschrift des § 20 Ziff 3, werden also mit der Urteilsgebühr belegt. Daß für das Läuterungsurteil, auch wenn es auf Grund erneuter streitiger Verhandlung ergeht, keine weitere Urteilsgebühr entsteht, folgt aus § 25 Abs. 1 RGKG.

5. Die bisherige Begünstigung der Urkunden- und Wechselprozesse ist in Wegfall gekommen, ihre Besteuerung erfolgt in gleicher Weise, wie die der ordentlichen Prozesse. Wegen des Nachverfahrens vgl. § 25 Abs. 2. Hienach wird für die im Nachverfahren auf Grund streitiger Verhandlung ergehende Entscheidung die Zulässigkeit einer zweiten Urteilsgebühr nicht ausgeschlossen. Dagegen gilt das Urkunden- und Wechselverfahren mit dem Nachverfahren insoweit als eine Instanz, als die Prozeß- und Beweisgebühr nur einmal zur Hebung gelangen dürfen.

6. In ähnlicher Weise liegt bei dem Zwischenstreit über die Zulässigkeit der Nebenintervention mit dem Hauptverfahren insoweit eine Instanz vor, als durch die Prozeßgebühr des Hauptprozesses die Verhandlung über die Nebenintervention mit abgegolten wird und nur

eine Beweisgebühr — sei es für den Hauptprozeß allein, sei es für die Nebenintervention allein oder sei es für beide — in Ansatz kommen kann. Dagegen ist die Erhebung einer weiteren vollen Urteilsgebühr für das Zwischenurteil des § 71 ZPO. nicht ausgeschlossen. Vgl. § 25 Abs. 3 RGKG.

7. Die vollen Gebühren werden nunmehr auch dann erhoben, wenn der Akt ausschließlich betreffen sollte

prozeßhindernde Einreden (ZPO. § 274);

die Unzuständigkeit des Gerichts, die Unzulässigkeit des Rechtsweges, den Mangel der Parteifähigkeit, der Prozeßfähigkeit, der Legitimation eines gesetzlichen Vertreters oder der erforderlichen Ermächtigung zur Prozeßführung, sofern dieselben **von Amts wegen berücksichtigt sind** (GVG. § 17 Abs. 2, ZPO. §§ 40, 56);

die Entlassung des Beklagten aus dem Rechtsstreite (ZPO. §§ 75—77), oder die Übernahme des Rechtsstreites durch den Rechtsnachfolger (ZPO. § 266);

die Aufnahme eines unterbrochenen oder ausgesetzten Verfahrens (ZPO. §§ 239—250);

die Zulässigkeit der Wiedereinsetzung in den vorigen Stand, der Berufung, Revision oder der Wiederaufnahme des Verfahrens oder die Zurücknahme eines Rechtsmittels (ZPO. §§ 238, 515 Abs. 3, §§ 535, 566, 589). Vgl. § 30 RGKG.;

den Einspruch (ZPO. §§ 341, 345, 346, 700), sowie die gegen ein Versäumnisurteil eingelegten Rechtsmittel (ZPO. § 513 Abs. 2, § 566);

die Erteilung der Vollstreckungsklausel, sofern sie im Wege der Klage beantragt oder angefochten wird (ZPO. §§ 731, 738, 742, 744, 745 Abs. 2, §§ 749, 768) oder Einwendungen gegen die Zwangsvollstreckung, welche den Anspruch selbst betreffen, oder die Zulassung der Zwangsvollstreckung aus dem Urteil eines ausländischen Gerichts oder aus einem Schiedsspruch (ZPO. §§ 722, 1042);

die Unzulässigkeit des schiedsrichterlichen Verfahrens oder die Aufhebung eines Schiedsspruchs (ZPO. § 1046).

8. Von besonderen Vorschriften über das Versäumnisverfahren sieht das Gesetz ab. Demnach gelangen hier nach den allgemeinen Vorschriften die Prozeßgebühr und für ein auf Grund des Einspruchs ergangenes kontradiktorisches Urteil die Urteilsgebühr zur Erhebung. In dem Falle, daß Einspruch nicht erhoben wird, bleibt es also wie bisher bei der Erhebung „einer" vollen Gebühr. Wird das Verfahren infolge Einspruchs streitig, so verringert sich allerdings nach dem jetzigen Gesetze die Gesamtgebühr regelmäßig um eine (die jetzige Verhandlungs-) Gebühr und in gewissen Fällen, nämlich dann, wenn weitere Versäumnisurteile ergehen, außerdem auch um die gemäß § 32 Abs. 2 des alten Gerichtskostengesetzes zur Hebung kommenden weiteren Entscheidungsgebühren. Wenn auch allgemeine prozeßpolitische Gesichtspunkte an sich für eine stärkere gebührenmäßige Belastung, namentlich der weiteren Versäumnisurteile sprechen mögen, so darf anderseits nicht übersehen werden, daß die Fälle mehrfacher Versäumnisurteile doch von so geringer Zahl sind, daß sie eine Sonderregelung und die damit verbundene Komplizierung der Vorschriften nicht rechtfertigen dürften. Zudem bietet der § 39 die Möglichkeit, die säumige Partei mit der Verzögerungsgebühr zu belegen. (Motive.)

9. Für die Bewertung der Verfahren über Anträge auf Anordnung eines Arrestes oder einer einstweiligen Verfügung ist § 32 maßgebend.

Besonderheiten.

A. Prozeßgebühr.

10. Die Prozeßgebühr fällt an sich mit Stellung des Antrages an (§ 74) und ist das Entgelt für die gesamte Tätigkeit im Verfahren im allgemeinen, sei es des Richters, sei es des Gerichtsschreibers; im ordentlichen Prozeßverfahren ist daneben nur noch Raum für die Beweisgebühr der §§ 20 Nr. 2, 24 und für die Urteilsgebühr auf Grund streitiger Verhandlung gem. §§ 20 Nr. 3, 21, 25 Abs. 2 u. 3.

Weder das Anerkenntnis- oder Verzichts- oder Versäumnisurteil, noch der Vergleich, weder die Verhandlung über die Zulässigkeit der Nebenintervention noch das Einspruchsverfahren gegen ein Versäumnisurteil oder das Verfahren nach Abstandnahme vom Urkunden- und Wechselprozeß geben beispielsweise Anlaß zu einer Erhöhung oder Wiederholung der Prozeßgebühr.

Wegen der aus Anlaß der Prüfung der örtlichen und sachlichen Zuständigkeit anfallenden Gebühren vgl. § 31 Anm. 6, 7, 8. Hienach wird das auf Grund nicht streitiger Verhandlung ergehende diesbezügliche Urteil der §§ 505, 697 ZPO., dann selbst der auf Grund streitiger Verhandlung ergehende Verweisungsbeschluß des § 697 ZPO. durch die Prozeßgebühr abgegolten.

11. a) Die Prozeßgebühr erhöht sich (beachte aber auch § 28!) im Falle der Erweiterung des Klageantrages, wenn der Streitgegenstand infolge derselben in eine andere Wertsklasse zu stehen kommt. Bleibt der Streitgegenstand in derselben Wertsklasse, so ist der Anfall einer weiteren Prozeßgebühr zufolge des Grundsatzes des § 14 Abs. 2 nicht möglich.

b) Die Prozeßgebühr erhöht sich weiter im Falle der Erhebung einer Widerklage, sofern für diese beim Vorliegen der Voraussetzungen des § 13 eine besondere Gebühr geschuldet ist, um den nach Zusammenrechnung der beiden Gegenstände noch anfallenden Mehrbetrag (vgl. jedoch Anm. 11 a Schlußsatz).

c) Die Prozeßgebühr erhöht sich in gleicher Weise wie zu Anm. 11 b im Falle der wechselseitig eingelegten, nicht in getrennten Prozessen verhandelten Rechtsmittel mit der Einreichung des zweiten Rechtsmittels.

12. a) Die an sich mit Stellung des Antrages angefallene Prozeßgebühr wird nicht erhoben im Falle der Klagezurücknahme vor Bestimmung des Termins zur mündlichen Verhandlung, § 29 Abs. 1.

b) In gleicher Weise wird die nach § 31 Abs. 2 nur zur Hälfte angefallene Prozeßgebühr nicht erhoben, wenn der Antrag auf Terminsbestimmung (also wohl auch die Klage!) oder der Einspruch vor Bestimmung des Termines zurückgezogen wird.

13. a) Die Prozeßgebühr ermäßigt sich auf ein Viertel, wenn die „Klage" erst nach dem in Anm. 12 bezeichneten Zeitpunkt, jedoch vor der mündlichen Verhandlung zurückgenommen wird. § 29 Abs. 2.

b) Die gem. § 28 erhöhte Prozeßgebühr der Rechtsmittelinstanz ermäßigt sich auf die Hälfte der einfachen Gebühr des § 8 in den Fällen des § 30. Vgl. die dortigen Anm.

c) Des weiteren ermäßigt sich die nach § 31 Abs. 2 nur zur Hälfte erhobene Prozeßgebühr in entsprechender Anwendung des § 29 Abs. 2 auf ein Viertel der vollen Gebühr, wenn die in Anm. 12 b bezeichnete Zurücknahme der „Klage" erst nach der Terminsbestimmung, aber vor der mündlichen Verhandlung erfolgt.

14. In der Praxis wird häufig der Ansatz einer Viertels- oder halben Prozeßgebühr neben einer vollen notwendig werden, wenn beispielsweise eine Klage oder ein Rechtsmittel nur wegen eines Teiles des Streitgegenstandes zurückgezogen, im übrigen aber durchgeführt wird. In diesen Fällen ist gem. § 14 zu verfahren (vgl. die dortigen Ausführungen in Anm. 1).

B. Beweisgebühr.

15. Mot. Neben der Gebühr für die Anordnung einer Beweisaufnahme kommt für die Beweisaufnahme selbst keine weitere Gebühr zur Erhebung. Wie die Fassung des Nr. 2 des § 20 ergibt, kommt die Beweisgebühr nicht zum Ansatze, wenn eine Beweisaufnahme ohne eine darauf gerichtete Anordnung des Gerichts stattfindet, z. B. bei Vorlegung von Urkunden in der mündlichen Verhandlung im Falle des § 420 ZPO.; daran wird auch nichts geändert, wenn der Vorsitzende den Prozeßgegner des Produzenten zur Erklärung über die Echtheit der Urkunde auffordert. Dagegen wird im Falle einer Vernehmung von Zeugen oder Sachverständigen über die Echtheit die Beweisgebühr auch dann zu erheben sein, wenn dieselben zum Termin gestellt sind und sofort gehört werden.

16. a) Voraussetzung für die Erhebung der Beweisgebühr ist, daß eine Anordnung des Gerichts vorliegt, nach welcher über eine zwischen den Parteien streitige Tatsache Beweis erhoben werden soll. In der Regel erfolgt diese Anordnung durch Beweisbeschluß (§ 359 ZPO.). Ausnahmsweise wird man den Anfall der Beweisgebühr aber auch dann zulassen müssen, wenn ein der Form des § 359 a. a. O. nicht entsprechender Beschluß vorliegt oder wenn das Gericht sonstwie in schlüssiger Weise deutlich zu erkennen gibt, daß seine Absicht war, eine Beweisaufnahme vorzunehmen. So kann u. U. die sofortige Vernehmung von mitgebrachten Zeugen — § 358 ZPO. —, die Abnahme einer Schriftprobe von einer Partei, um die bestrittene Echtheit einer Urkunde durch Schriftenvergleichung prüfen zu können, ohne förmlichen Beschluß den Anfall der Beweisgebühr begründen. Die Frage, ob beim Mangel eines Beschlusses, der auf Beweiserhebung gerichtet ist, die Beweisgebühr anfällt, ist sehr bestritten (vgl. JW. 1897, 532; 1899, 6 gegen RGZ. 10, 371; JW. 1888, 100; 1891, 274). Es empfiehlt sich daher, in allen hier einschlägigen Fällen den Ansatz der Beweisgebühr zu unterlassen, wenn nicht deutlich erkennbar zutage tritt, daß über zwischen den Parteien streitige Tatsachen Beweis eingeholt werden wollte. In manchen Fällen wird (namentlich beim Einzelrichter) sogar eine aktenmäßige Äußerung des Gerichts herbeizuführen sein, wenn der rechnungsführende Beamte dem Akte nicht schon anderweit die Absicht der Beweisanordnung offensichtlich entnehmen kann.

b) Die Beweisanordnung hat — abgesehen von § 24 RGKG., § 501 ZPO. — grundsätzlich eine streitige mündliche Verhandlung zur Voraussetzung. Anordnungen vor der mündlichen Verhandlung, soweit sie nicht offensichtlich auf § 501 ZPO. beruhen, haben also nur informatorische Bedeutung und bewirken den Anfall der Beweisgebühr nicht. Auch die Anordnung auf Grund des § 501 ZPO. zieht ihrerseits nur dann den Ansatz der Beweisgebühr nach sich, wenn die Beweisaufnahme tatsächlich vor der mündlichen Verhandlung stattgefunden hat. (S. noch § 24 Anm. 2.)

c) Eine bedingt für den Fall des Widerrufs eines Vergleiches erlassene Beweisanordnung ist gebührenpflichtig. BayFinBl. 1914, 112.

17. Der Beweisanordnungsbeschluß muß verkündet sein; seine schriftliche Abfassung allein genügt nicht — auch dann nicht, wenn der Entwurf unterschrieben ist —, um den Anfall der Gebühr des § 20 Nr. 2 zu begründen. Diese Feststellung ist z. B. von Bedeutung, wenn vor der Verkündung im Termine selbst die Klagezurücknahme erfolgt.

18. Eine Beweisanordnung ist auch regelmäßig zu erblicken in der **Beiziehung anderer** (sei es bei dem gleichen Gericht oder einer anderen Behörde befindlicher) **Akten**, mit denen irgendeine strittige Parteibehauptung bewiesen werden soll (RGZ. 12. 2. 03 JW. 124). Hat das Gericht schon vor dem ersten Termin die Akten beigezogen, so fällt die Beweisgebühr an, sobald eine Partei zum Beweis einer vom Gegner bestrittenen Behauptung darauf Bezug nimmt und das Gericht die Akten verwertet.

Dies gilt entsprechend auch für die Beweissicherungsakten, ohne daß es darauf anzukommen hätte, wo dieselben erwachsen sind. Insbesondere ist aber in der Anordnung der Vorlegung bzw. Erholung solcher Akten — wie das RG. am 1. 10. 90, JW. 1890 S. 374 Nr. 12 ausgesprochen hat — stets ein Beweisbeschluß zu erblicken.

19. In den Fällen der Anmerkung 18 empfiehlt es sich jedoch, von Fall zu Fall eine genaue Prüfung anzustellen. Werden die Akten vom Gericht nur zum Zwecke der Information erholt oder vom Gerichtsschreiber ohne weiteres der Klage beigelegt (Vormundschaftsakten, Nachlaßakten usw.), also nicht zum Beweis streitiger Tatsachen verwendet, dann fällt keine Beweisgebühr an. Im Zweifel wird auch hier die Erholung einer richterlichen Äußerung zu den Akten von Bedeutung sein.

20. Die Anordnung eines Augenscheins ist immer eine Beweisaufnahme, gleichviel ob der betr. Beschluß von Amts wegen (§ 144 ZPO.) oder auf Parteiantrag ergangen ist. Ist der Augenschein oder die Vernehmung von Sachverständigen nur zum Zwecke der Feststellung der Höhe des Streitwerts angeordnet, so erwächst keine Beweisgebühr. Vgl. § 19.

21. Die Beweisanordnung kann auch die Vorlage von Geschäftsbüchern bezwecken. Ordnet das Gericht dagegen nur an, daß Rechnungsauszüge u. dgl. dem Gerichte einzureichen sind, so hat diese Anordnung in der Regel nur informatorischen Charakter und den Anfall der Gebühr nicht zur Folge. Wohl aber kann der Inhalt dieser Auszüge usw. streitig werden und zur Erlassung eines Beweisbeschlusses führen.

22. Die Aufforderung an den Gegner, sich über die Echtheit einer freiwillig vorgelegten Urkunde zu erklären, wie die Vorlegung dieser Urkunde überhaupt, ist noch keine Beweisanordnung (s. Mot.). Eine solche ist aber dann gegeben, wenn über die Echtheit der Urkunde, über deren Auslegung usw. Beweis notwendig wird.

23. Eine Beweisanordnung kann auch über formelle Prozeßvoraussetzungen, z. B. über die Rechtzeitigkeit der Einlegung eines Rechtsmittels, die formgerechte Zustellung usw. notwendig werden.

24. Die Frage des Anfalls der Beweisgebühr ist, wie vorstehend ausgeführt, je nach Aktenlage zu entscheiden; die Beweisanordnung wird in den meisten Fällen deutlich (durch die Erlassung von Beweisbeschlüssen) nach außen in die Erscheinung treten und nur ausnahmsweise zu tiefgründigerem Aktenstudium bzw. zu (für den Rechnungsbeamten) informatorischen Feststellungen des Gerichts im Akte Veranlassung geben.

25. Was die Höhe der anzusetzenden Beweisgebühr anbelangt, so ist zu untersuchen, ob sich die Beweisanordnung auf den ganzen Streitgegenstand oder nur einen Teil desselben erstreckt. Je nach dem Ausgange dieser Prüfung ist unter Beachtung der §§ 14, 25 RGKG. die Gebühr der Höhe nach zu berechnen.

26. Eine Beweisgebühr ist nicht anzusetzen, wenn das Gericht Anordnung über die Ermittelung ausländischen Rechts trifft. OLG. München v. 30. 12. 09, OLG. 1, 127.

27. Der Umstand, ob eine Beweisaufnahme tatsächlich stattgefunden hat, ist grundsätzlich für den Anfall der Gebühr ohne Bedeutung. (Ausnahmebestimmung in § 24 RGKG. für den Fall einer Anordnung auf Grund des § 501 ZPO.) Nur beim Vorliegen der besonderen Voraussetzungen des § 6 Abs. 1 ist eine Handhabe zur Beseitigung von Härten gegeben.

28. Die bereits entstandene Beweisgebühr fällt fort, wenn der Rechtsstreit durch einen vor Gericht abgeschlossenen oder dem Gericht mitgeteilten Vergleich erledigt wird. Vgl. § 23 und die dortigen Ausführungen.

29. Eine Ermäßigung der Beweisgebühr hat das Gesetz überhaupt nicht vorgesehen. Nur kann beim Vorliegen der besonderen Voraussetzungen des § 6 Abs. 1 zur Beseitigung von Härten eine ganze oder teilweise Niederschlagung der Gebühr eintreten (vgl. Anm. 2).

C. Urteilsgebühr.

30. Nur die auf Grund streitiger mündlicher Verhandlung ergehenden End- oder Zwischenurteile begründen grundsätzlich den Anfall der Urteilsgebühr des § 20 Nr. 3.

Ausnahmen von dieser Regel bestehen nach zwei Richtungen:

a) Trotz vorausgegangener diesbezüglicher streitiger Verhandlung fallen die gem. §§ 135, 387 ZPO. (Streit unter Rechtsanwälten über Zurückgabe von Hand zu Hand überlassener Urkunden, Entscheidung über die Rechtmäßigkeit der Zeugnisverweigerung erlassenen Zwischenurteile nicht unter § 20 Nr. 3 (vgl. § 22).

b) Auch mangels streitiger Verhandlung fallen die in § 21 RGKG. aufgeführten Urteile (vgl. die dortigen Ausführungen) unter die Bestimmung des § 20 Nr. 3.

31. Streitig im Sinne des § 20 Nr. 3 RGKG. ist eine Verhandlung schon dann, wenn und insoweit in derselben von beiden Parteien einander widersprechende Anträge gestellt worden sind. Es ist nicht etwa notwendig, daß außer der Stellung dieses Antrages noch weiteres Material zum Zwecke der Begründung desselben vorgetragen und das Streitverhältnis in tatsächlicher und rechtlicher Beziehung von den Parteien erörtert — also förmlich im Sinne des § 137 ZPO. streitig verhandelt — wird.

Wenn also beispielsweise trotz Geständnisses der Klagebehauptungen Antrag auf Klageabweisung gestellt, so ist für das ergehende Urteil die Urteilsgebühr geschuldet.

32. Grundsätzlich ist als Urteil im Sinne des § 20 Nr. 3 jedes anzusprechen, das nicht auf Grund eines Anerkenntnisses (im Gegensatz zum Geständnis), Verzichts (§§ 306, 307 ZPO.) oder als Versäumnisurteil (§§ 330ff.) usw. ergangen ist; es muß nur die Voraussetzung erfüllen, daß es auf der streitigen mündlichen Verhandlung beruht, ein Ergebnis derselben darstellen.

Zuweilen wird sich die Voraussetzung des § 20 Nr. 3 nur an Hand der Entscheidungsgründe feststellen lassen; deren Heranziehung ist nicht nur zulässig, sondern im gegebenen Falle sogar Pflicht des gebührenbewertenden Beamten.

33. War die Verhandlung nur wegen eines Teiles der Klage- oder Widerklageansprüche streitig, dann kann auch nur insoweit die Urteilsgebühr anfallen. Ist ein Urteil teils als Anerkenntnis-, teils als streitiges Endurteil ergangen, dann ist es teils durch die Prozeßgebühr abgegolten, teils mit der Gebühr des § 20 Nr. 3 zu belegen.

In gleicher Weise ist zu verfahren, wenn das Urteil nur bezüglich der Nebenforderungen oder bezüglich der Kosten eine streitige Verhandlung zur Grundlage hat.

In beiden Fällen darf nur — unter Beachtung der §§ 14, 15 RGKG. — hinsichtlich der streitigen Ansprüche die Urteilsgebühr angesetzt werden.

34. Unter den Begriff „Endurteile" im Sinne des § 20 Nr. 3 fallen auch die Teilurteile und die bedingten Endurteile (vgl. hiezu auch Anm. 4).

Die „Zwischenurteile" entscheiden nur über ein selbständiges Angriffs- oder Verteidigungsmittel (prozeßhindernde Einreden usw.) oder über einen Zwischenstreit (Zurückweisung einer Nebenintervention z. B.), ohne auf den Rechtsstreit selbst materiell einzugehen. Vgl. auch § 30 Anm. 3, § 31 Anm. 6, 7 und 8.

Hinsichtlich der Gebührenerhebung gelten alle diese Urteile gleichmäßig als gebührenpflichtig gem. § 20 Nr. 3, nur ist bei ihrer Bewertung zu beachten, inwieweit sie auf den Streitgegenstand des Prozesses Bezug haben.

Beispiel: A klagt gegen B auf Rückzahlung von sechs Darlehen zu je 5000 Mk. Der Bürge C tritt zugunsten des B wegen „eines" dieser Darlehensbeträge als Nebenintervenient dem Rechtsstreit bei. Über den Antrag des A, diese Nebenintervention zurückzuweisen, ergeht nach streitiger Verhandlung unter den Parteien und dem Nebenintervenienten Zwischenurteil. Dieses ist mit der vollen Urteilsgebühr des § 20 Nr. 3 zu besteuern, diese darf aber nur aus 5000 Mk. Streitwert berechnet werden.

35. Die Urteilsgebühr fällt erst mit der „Verkündung" der Entscheidung an. Die Ausführungen in Anm. 17 gelten in gleicher Weise auch hier.

§ 21.

Die Urteilsgebühr wird auch für Urteile erhoben, die in Ehesachen, in Rechtsstreitigkeiten, welche die Feststellung des Rechtsverhältnisses zwischen Eltern und Kindern zum Gegenstande haben, in den vor die Landgerichte gehörigen Entmündigungssachen und in dem Verfahren über die gegen eine Todeserklärung erhobene Anfechtungsklage auf Grund nicht streitiger Verhandlung ergehen, sofern der Kläger verhandelt hat.

A. Unter § 21 fallen die nachstehend unter Anmerkung 1 a, b, 2 a, c, 3, 4 bezeichneten Sachen:

1. a) Ehesachen, d. s. Rechtsstreitigkeiten, welche die Scheidung, Nichtigkeit oder Anfechtung einer Ehe oder die Feststellung des Bestehens oder Nichtbestehens einer Ehe zwischen den Parteien oder die Herstellung des ehelichen Lebens zum Gegenstande haben. § 606 ZPO. Unter Scheidung im Sinne des § 21 RGKG. ist auch die Aufhebung der ehelichen Gemeinschaft zu verstehen. § 639 ZPO.

b) § 21 ist auch einschlägig, wenn zu einem Urteil der bezeichneten Art eines ausländischen Gerichts die Zulässigkeit der Zwangsvollstreckung durch ein Vollstreckungsurteil ausgesprochen werden soll. § 722 Abs. 1 ZPO.

c) Keine Ehesachen sind Verlöbnisklagen nach §§ 1298 ff. BGB., Befreiung von Ehehindernissen, Unterhaltsklagen nach §§ 1360 ff., selbst wenn ein Scheidungsgrund miterörtert wird, Verfahren nach §§ 1357, 1379, 1402 BGB., Gütertrennungsklagen § 1418 BGB., Eheeinsprüche. Vgl. Neumiller, ZPO. § 606 Vorbemerkung.

2. a) Rechtsstreitigkeiten betr. Feststellung des Rechtsverhältnisses zwischen Eltern und Kindern, d. s. Rechtsstreitigkeiten, die die Feststellung des Bestehens oder Nichtbestehens eines Eltern- und Kindesverhältnisses zwischen den Parteien oder die Feststellung des Bestehens oder Nichtbestehens der elterlichen Gewalt der einen Partei über die andere zum Gegenstande haben, z. B. Kindsunterschiebung, Streit über den Geburtstag (wegen Volljährigkeit), Gültigkeit einer Adoption oder Legitimation, uneheliche Mutterschaft, Verwirkung der elterlichen Gewalt.

b) Nicht aber fallen unter § 21 uneheliche Vaterschaft, § 644 ZPO., Streit über Namen, Kindsherausgabe, Ruhen der elterlichen Gewalt, Prozeß über Kindschaft zwischen den Eltern selbst oder mit einem Dritten einschl. Enkel (s. z. B. § 77 GewUVG.). Solche Klagen sind gewöhnliche Feststellungsklagen nach § 256 ZPO. Vgl. Neumiller § 640 ZPO.

c) Klagen auf Anfechtung der Ehelichkeit eines Kindes oder Anfechtung der Anerkennung der Ehelichkeit durch den Ehemann der Mutter — § 641 ZPO. —, Prozesse zwischen Kind und Vater (s. d) auf Feststellung der Unehelichkeit wegen Ehenichtigkeit u. dgl. fallen unter § 21 RGKG.

d) Dagegen fallen die letztgenannten Prozesse mit Dritten einschl. der Mutter oder Geschwistern lediglich unter § 256 ZPO. und damit auch nicht unter § 21 RGKG.

e) Kind und Mutter können bei Lebzeiten des Vaters überhaupt nicht auf Unehelichkeit klagen, nach dessen Tod aber wie jeder Dritte nur, wenn das Anf.Recht nicht durch Ablauf der Jahresfrist verloren ist, aber auch hier nur in der Form des § 256 ZPO. Klagen der ebengenannten Art (auch die unzulässigen!) fallen daher nicht unter § 21 RGKG.

3. Vor die Landgerichte gehörige Entmündigungssachen: Anfechtung des die Entmündigung aussprechenden Beschlusses (§§ 664, 645, 684 ZPO.), Klage auf Wiederaufhebung der Entmündigung nach Ablehnung des Antrages auf Wiederaufhebung durch das Amts- bzw. Beschwerdegericht, §§ 679, 684 ZPO.

4. Anfechtungsklage (Landgericht!) auf Aufhebung der Todeserklärung oder Berichtigung des Zeitpunktes des Todes, § 973 ZPO.

B. § 21 ist auch in zweiter Instanz anwendbar, wenn der Rechtsmittelbeklagte personengleich mit dem Beklagten der ersten Instanz ist oder wenn der Beklagte der ersten Instanz das Rechtsmittel wegen einer von ihm erhobenen, unter § 21 fallenden Widerklage eingelegt hat. Voraussetzung ist jedoch, daß der Rechtsmittelkläger tatsächlich verhandelt hat.

C. Urteilsgebühren, die deshalb anfallen, weil das Gericht prozessual zu Unrecht eine Streitsache der im § 21 genannten Art angenommen hat, können nur auf dem Wege des § 6 niedergeschlagen werden. Der Gerichtsschreiber hat das Vorliegen der prozessualen Voraussetzungen bei der Bewertung nicht selbständig zu prüfen, sondern sich an den in dieser Beziehung vom Gericht — wenn auch ev. zu Unrecht — eingenommenen Standpunkt zu halten.

§ 22.

Die Zwischenurteile gemäß §§ 135 und 387 der Zivilprozeßordnung gelten nicht als Urteile im Sinne des § 20 Nr. 3.

§ 135 ZPO. betrifft die Mitteilung von Urkunden von Hand zu Hand seitens der Rechtsanwälte bzw. das auf Antrag nach vorgängiger mündlicher Verhandlung ergangene Zwischenurteil auf unverzügliche Rückgabe derselben. Gleich der streitigen mündlichen Verhandlung ist auch das Zwischenurteil selbst durch die Prozeßgebühr des § 20 Nr. 1 abgegolten.

Das gleiche gilt für das über die Rechtmäßigkeit der Zeugnisverweigerung nach Anhörung der Parteien ergehende Zwischenurteil des § 387 ZPO. Vgl. noch § 20 Anm. 30 a.

§ 23.

Wird ein Rechtsstreit durch einen vor Gericht abgeschlossenen oder dem Gericht mitgeteilten Vergleich erledigt, so fällt eine bereits entstandene Beweisgebühr fort.

1. Die Beweisgebühr des § 20 Nr. 2 entsteht mit der Verkündung des Beschlusses betr. die Anordnung einer Beweisaufnahme und wird mit diesem Zeitpunkt — d. i. also der Entscheidung im Sinne des § 74 Abs. 1 — auch sofort fällig.

2. § 23 regelt den einzigen Fall, in welchem die angefallene und fällige Beweisgebühr wieder fortfällt, nach erfolgter Zahlung also zu erstatten ist.

3. § 23 bleibt in seiner Wirkung auf diejenige Instanz beschränkt, in welcher der Vergleich abgeschlossen wurde.

4. Daß der außergerichtliche Vergleich seinem vollen Umfange nach dem Gerichte mitgeteilt werde, kann als Voraussetzung der Wirkung des § 23 nicht verlangt werden. Es genügt, wenn von einer der Parteien die Tatsache des Abschlusses eines außergerichtlichen Vergleiches zur Kenntnis gebracht wird, dies um so mehr, als der Vergleich formfrei ist und in vielen Fällen sogar nur mündlich abgeschlossen wird.

5. Der rechnungsführende Beamte hat keinen Anlaß, Zweifel in die Richtigkeit der mitgeteilten Tatsache des Abschlusses eines außergerichtlichen Vergleiches zu setzen, wenn das Prozeßgericht selbst keine gegenteiligen Feststellungen getroffen hat.

Hat die eine oder andere oder haben beide Parteien in doloser Weise den Abschluß eines Vergleiches behauptet, so zieht diese Handlungsweise strafrechtliche Folgen und die Wiedereinhebung der hinterzogenen Beweisgebühr nach sich.

6. § 23 bewirkt auch den Fortfall der nach § 24 angefallenen Beweisgebühr.

§ 24.

Für eine auf Grund des § 501 der Zivilprozeßordnung getroffene Anordnung des Gerichts wird die Beweisgebühr nur dann erhoben, wenn auf Grund der Anordnung vor der mündlichen Verhandlung eine Beweisaufnahme stattgefunden hat.

1. Die Beweisgebühr kommt im Falle des § 24 also abweichend von der Regel des § 20 Nr. 2 nicht mit der Anordnung gemäß § 501 ZPO., sondern erst dann zur Entstehung, wenn auf Grund dieser Anordnung die Beweisaufnahme auch tatsächlich vor der mündlichen Verhandlung stattgefunden hat. Die Voraussetzungen sind also beispielsweise gegeben, wenn der gem. § 501 Abs. 1 ZPO. angeordnete Augenschein oder die Begutachtung durch Sachverständige schon vor der mündlichen Verhandlung vorgenommen wird.

2. Erledigt sich die nach § 501 getroffene Anordnung in der mündlichen Verhandlung selbst durch Beweisaufnahme, dann ist der Regelfall des § 20 Nr. 2 gegeben. Kommt es überhaupt zu keiner Beweisaufnahme, so ist die Anordnung als durch die Prozeßgebühr abgegolten zu betrachten und nicht besonders zu besteuern.

3. Auf die nach § 24 anfallende Beweisgebühr findet der § 23 entsprechende Anwendung. Vgl. die dortigen Ausführungen.

§ 25.

Jede der im § 20 bezeichneten Gebühren wird in jeder Instanz rücksichtlich eines jeden Teiles des Streitgegenstandes nur einmal erhoben.

Ist ein Urteil unter Vorbehalt der Entscheidung über die Aufrechnung (Zivilprozeßordnung § 302), unter Vorbehalt der Geltendmachung von Verteidigungsmitteln (Zivilprozeßordnung § 540) oder im Urkunden- oder Wechselprozeß unter Vorbehalt der Rechte des Beklagten (Zivilprozeßordnung § 599) erlassen worden, so wird durch die Gebühr für diese Entscheidung eine weitere Urteilsgebühr in derselben Instanz nicht ausgeschlossen.

Für Zwischenurteile gemäß § 71 der Zivilprozeßordnung wird die Urteilsgebühr besonders erhoben.

1. Bezüglich der Auslegung des Begriffes „Beendigung der Instanz" wird auf die Ausführungen in § 14 Anm. 2 und in Art. VIII des Gesetzes zur Änderung des Gerichtskostengesetzes vom 21. 12. 1922 RGBl. 1923 S. 1 Bezug genommen. (Siehe S. 10ff.)

Im Sinne des § 25 ist zweifellos die weitgehendste Auslegung des Begriffes „Instanz" zuzulassen im Gegensatz zu § 75, bei welchem die Beendigung der Instanz und damit die Fälligkeit der Kosten schon mit Verkündung des den Streitstoff endgültig und vollständig erledigenden Urteils gegeben ist. (Siehe auch § 26.)

2. Während im § 14 der Grundsatz zum Durchbruch kommt, daß verschiedene Wertsteile, die nacheinander Gegenstand desselben „Aktes" wurden, zusammenzufassen sind zu einer einheitlichen Gebühr, falls dies für den Zahlungspflichtigen günstiger ist, stellt § 25 in ähnlicher Weise fest, daß eine Gebühr gleicher Gattung aus ein und demselben Streitgegenstand oder Teil dieses Streitgegenstandes innerhalb der gleichen Instanz nur einmal zur Erhebung gelangen darf.

So fällt beispielsweise für eine weitere Beweisanordnung zum gleichen Streitgegenstand oder Streitgegenstandsteil nicht noch eine Beweisgebühr an. Ebensowenig wird dann, wenn das erste Urteil nur über den „Grund" des Anspruchs entscheidet, für das zweite Urteil, das zum gleichen Streitgegenstand die Höhe des Anspruchs bemißt oder für das Läuterungsurteil, das dem bedingten Endurteil folgt, eine weitere Urteilsgebühr möglich.

Ein neuer Rechtsstreit beginnt regelmäßig mit der Zustellung einer Klageschrift (bzw. eines Zahlungsbefehls), gleichviel ob die Klage einen neuen oder einen schon früher geltend gemachten Anspruch betrifft. Danach sondern sich für die Gebührenerhebung die Wiederaufnahme des Verfahrens von dem durch rechtskräftiges Endurteil geschlossenen Rechtsstreite (ZPO. § 578), das landgerichtliche von dem amtsgerichtlichen Verfahren in Entmündigungssachen (ZPO. §§ 664, 679, 684 und 686), die Anfechtung eines Ausschlußurteiles von dem Aufgebotsverfahren (ZPO. § 957), sowie die Geltendmachung von Einwendungen in der Zwangsvollstreckung, welche den durch das Urteil festgestellten Anspruch selbst betreffen, von dem vorausgegangenen Verfahren (ZPO. § 767) ab. (Vgl. auch Motive z. RGKG. v. 18. 6. 78.)

3. Zur gleichen Instanz (§ 25 Abs. 1) gehören beispielsweise:

die Ergänzung eines Urteils, soweit der Antrag nicht zurückgewiesen wird (§ 26),

das weitere Verfahren vor dem anderen Gericht zusammen mit dem bisherigen Verfahren im Falle der Verweisung des Rechtsstreits an ein anderes Gericht (§ 27 Abs. 1),

das weitere Verfahren vor dem Gericht der unteren Instanz zusammen mit dem früheren Verfahren vor diesem Gericht im Falle der Zurückverweisung an die untere Instanz (§ 27 Abs. 2),

das Verfahren betr. die bestrittene Rechtsbeständigkeit eines gerichtlichen Vergleiches (nicht aber die mangels Fortsetzbarkeit notwendige Feststellungsklage!) vor dem Prozeßgericht.

4. Wird in der Sache ein Gericht höherer Ordnung tätig, so liegt eine „neue Instanz" vor. In der **Rechtsmittelinstanz** gilt jedes (wenn auch denselben Rechtsstreit betreffende) Verfahren als eine Instanz (es sei denn, daß in „einer" Sache gegen „zwei" erstinstanzielle Urteile Rechtsmittel eingelegt oder ein Urteil von beiden Parteien angefochten ist **und** die Rechtsmittel zur gleichzeitigen Verhandlung und Entscheidung verbunden wurden); denn hier ist nur die angefochtene Entscheidung dem höheren Richter als Streitstoff zugeführt. Mit der Entscheidung hierüber ist die betr. Instanz beendigt. S. § 28 Anm. 7.

Zu Abs. 2 sagen die Motive: Im Falle der vorbehaltenen Entscheidung über die zur Aufrechnung gestellte Gegenforderung (ZPO. § 302) handelt es sich im Grunde um Entscheidungen über verschiedene Streitstoffe; es erscheint daher gerechtfertigt, die zweimalige Erhebung der Urteilsgebühr vorzusehen. Das gleiche gilt, wenn im Verfahren vor dem Berufungsgericht das Urteil infolge Zurückweisung nachträglich vorgebrachter Verteidigungsmittel oder Zurückweisung der Aufrechnungseinrede (ZPO. §§ 279, 529) gemäß § 540 das. unter Vorbehalt der Geltendmachung von Verteidigungsmitteln ergangen ist. Die gleiche Regelung gilt auch für die im Nachverfahren gemäß § 600 ZPO. ergehenden Entscheidungen und für das über die Zulässigkeit der Nebenintervention entscheidende Zwischenurteil.

5. Abweichend von dem Grundsatz in § 25 Abs. 1 wird in den vorgenannten Fällen der Ansatz von zwei Urteilsgebühren nach § 20 Nr. 3 möglich. Doch ist bei jedem einzelnen Ansatz zu prüfen, welcher Streitgegenstand jeweils für die betr. Entscheidung in Frage kommt. Die beiden Wertsgegenstände brauchen sich nicht notwendig zu decken.

Die Motive — s. oben Anm. 4 — begründen den doppelten Gebührensatz damit, daß es sich im Fall des Abs. 2 immer um zwei verschiedene Streitstoffe handelt. Beide müssen aber nicht naturnotwendig immer streitig im engsten Sinne des Wortes sein. Man denke z. B. an den Fall, daß bei Klage über 1000 Mk. der Beklagte zwar diese 1000 Mk. anerkennen kann, aber gleichwohl Klageabweisung beantragt, weil er mit einem gleich hohen Betrag aufrechnet. Hier ist der erste Streitstoff gar nicht streitig im „engen" Sinne des Wortes. Das ergehende Urteil ist aber trotzdem nicht das Ergebnis eines Anerkenntnisses und kann demzufolge auch nicht als solches kostenrechtlich behandelt werden. Im Urteil des § 302 nimmt das Gericht auch immer eine entscheidende Stellung dergestalt ein, daß es prüft, inwieweit die anerkannte Klageforderung und die Gegenforderung rechtlich zusammenhängen. Bejaht es diesen Zusammenhang, dann ist für ein Vorbehaltsurteil kein Raum.

6. Wegen der Zwischenurteile im allgemeinen vgl. Anm. 34 zu § 20. Das im Streitfalle über die Zulässigkeit der Nebenintervention ergehende Zwischenurteil ist mit der vollen Gebühr des § 20 Nr. 3 zu besteuern. Die Erhebung dieser Urteilsgebühr ist neben den sonst anfallenden Urteilsgebühren als „besondere" Urteilsgebühr erklärt, kann also neben der regelmäßigen Urteilsgebühr des § 25 Abs. 1 und neben der weiteren des § 25 Abs. 2 angesetzt werden. In diesem — an sich selten eintretenden Falle — ist also der Anfall von drei Urteilsgebühren in einem Prozesse möglich.

7. Der Streitwert der Nebenintervention deckt sich regelmäßig mit dem der Hauptsache, mag auch das wirtschaftliche Interesse des Nebenintervenienten von dem der Parteien abweichen. SächsOLG. 38, 203; Sörgel 1917, 303. Zu beachten sind aber die Fälle (vgl. Beispiel in § 20 Anm. 34), in denen sich die Nebenintervention nur auf „einen Teil" des Streitgegenstandes erstreckt.

§ 26.

Wird die Ergänzung eines Urteils beantragt (Zivilprozeßordnung § 321), so findet, soweit der Antrag nicht zurückgewiesen wird, die Bestimmung des § 14 Anwendung; soweit der Antrag zurückgewiesen wird, wird die volle Gebühr (§ 8) erhoben.

1. § 321 trifft zu, wenn in dem Endurteil über einen vom Kläger durch die Klage oder Klagerweiterung oder vom Beklagten mit der Widerklage geltend gemachten Haupt- oder Nebenanspruch oder über den Kostenpunkt ganz oder zum Teil nicht entschieden ist (s. ferner Anm. 2 am Ende). Das Verfahren betreffend die Berichtigung eines Urteils gemäß § 319 ZPO. ist nicht besonders gebührenpflichtig.

2. Ist die Annahme des Antragstellers, daß ein „übergehen" vorliegt, richtig, und ist der Antrag des § 321 gestellt, so wird nach Prüfung der prozessualen Zulässigkeit (Zurückweisung s. Anm. 4) über den nicht erledigten Teil des Rechtsstreits von neuem verhandelt, eventuell Beweis erhoben und entschieden. Eine besondere Gebühr dafür, daß dies in einem Nachverfahren geschieht, wird nicht erhoben. Vielmehr wird der ganze Rechtsstreit nach der Ergänzung so besteuert, als wenn von vornherein über den übergangenen Teil mitverhandelt und entschieden worden wäre. Die beiden Urteile sind als Teilurteile anzusehen; es kommt § 14 zur Anwendung, nach welchem (Abs. 1) zunächst die Prozeß-, Beweis- und Entscheidungsgebühr von dem durch das erste Verfahren betroffenen Streitgegenstandsteil und von dem durch das Ergänzungsverfahren betroffenen je einzeln zu berechnen ist. Die Gesamtsumme wird dann eventuell auf den Betrag ermäßigt, der sich ergibt, wenn eine Prozeß-, eine Beweis- und eine Entscheidungsgebühr bezüglich des Gesamtbetrags der Wertsteile zu berechnen gewesen wäre.

Handelt es sich um **Nebenforderungen** oder um den **Kostenpunkt**, so sind, weil sie neben dem Hauptanspruch nicht zur Geltung kommen — § 4 ZPO., § 15 RGKG. — neue Gebühren nicht zu erheben, es sei denn, daß die Beweis- oder Urteilsgebühr nach §§ 20 Z. 2, 20 Z. 3 aus dem Hauptanspruch bzw. aus dem betr. Wertsteile überhaupt nicht zum Anfall gekommen ist. Die Prozeßgebühr wird regelmäßig nicht beeinflußt werden können. Dasselbe gilt, wenn die Erklärung der vorläufigen Vollstreckbarkeit (§ 716), der Vorbehalt zurückgewiesener Verteidigungsmittel (§ 540), der Vorbehalt der Geltendmachung der Rechte (§ 599), der Vorbehalt der Entscheidung über die Aufrechnung (§ 302) oder der Antrag auf Gewährung einer Frist zur Räumung (§ 721) übergangen waren.

3. Im Falle der Zurücknahme des Antrages kommt je nach dem Zeitpunkt derselben nur der Anfall einer — unter Berücksichtigung des § 14 bemessenen — weiteren Prozeßgebühr (§§ 29 Abs. 2, 20 Nr. 1) oder Beweisgebühr (§ 20 Nr. 2) in Frage.

4. a) Wird der Antrag zurückgewiesen, so kommt neben den im erledigten Rechtsstreit erhobenen Gebühren für das ganze weitere Verfahren ohne Rücksicht auf dessen Umfang noch eine volle Gebühr nach § 8 zur Erhebung. Diese Gebühr trägt den Charakter einer Verfahrensgebühr und besteuert die gesamte richterliche Tätigkeit einschließlich der Entscheidung.

b) Für die Frage der Berechnung des Streitwerts ist von Bedeutung, daß für die Gebührenerhebung — ohne daß dies ausdrücklich ausgesprochen ist — nach der Art der Besteuerung ein besonderer Rechtsstreit vorliegt. Der Streitgegenstand ist unabhängig von § 14 und losgelöst vom vorhergehenden Verfahren der Bewertung zu unterstellen. § 25 findet keine Anwendung. Wird also beispielsweise der Ergänzungsantrag betr. die bei der Entscheidung übergangenen Zinsen zurückgewiesen, so bilden diese, da sie losgelöst von der dazugehörigen Muttersache Gegenstand des besonderen Verfahrens sind, für sich allein den Gegenstand des Streites.

§ 27.

Wird ein Rechtsstreit an ein anderes Gericht verwiesen, so bildet das weitere Verfahren vor dem anderen Gerichte mit dem bisherigen Verfahren im Sinne des § 25 Abs. 1 eine Instanz.

Wird eine Sache zur anderweitigen Verhandlung an das Gericht der unteren Instanz zurückverwiesen, so bildet das weitere Verfahren mit dem früheren Verfahren vor diesem Gerichte im Sinne des § 25 Abs. 1 eine Instanz.

Zu Abs. 1.

1. Das Gesetz hat hier insbesondere folgende Fälle im Auge:

ZPO. § 505: Die Klage ist zu Unrecht an ein bestimmtes Amtsgericht gebracht; dieses verweist den Rechtsstreit an das zuständige Amts- oder Landgericht durch Beschluß.

Hat der Kläger die Verweisung an das zuständige Gericht nicht beantragt oder ist die Verweisung an ein anderes Gericht nicht möglich, weil z. B. das „andere G." ein Gewerbe-, Kaufmannsgericht oder Verwaltungsgericht ist oder ist das Landgericht örtlich und sachlich unzuständig, so wird die Klage (wegen Unzuständigkeit des Gerichts) durch Urteil abgewiesen. Das Verfahren vor dem unzuständigen und dem zuständigen Gericht unterliegt hier getrennter Gebührenberechnung.

ZPO. § 506: Die Klage ist mit Recht vor das Amtsgericht gebracht, das erst im Laufe des Prozesses (z. B. infolge Klagerweiterung oder Widerklage) unzuständig wird. Das Amtsgericht verweist auf Antrag einer Partei den Rechtsstreit an das Landgericht.

ZPO. § 697: Es ist ein Zahlungsbefehl wegen eines Anspruchs erlassen, der zur Zuständigkeit der Landgerichte gehört. Nach Widerspruch erklärt sich das Amtsgericht auf Antrag einer Partei vor deren Verhandlung zur Hauptsache oder, falls der Antrag auf Verweisung schon in dem Gesuch um Erlassung des Zahlungsbefehls gestellt war oder mit dem Widerspruch verbunden wurde, ohne vorgängige mündliche Verhandlung durch Beschluß für unzuständig und verweist den Rechtsstreit an das Landgericht. Über die Kosten wird in dem Verweisungsbeschluß nicht entschieden.

Weiter sind hier einschlägig:

§ 508 ZPO., der in seinem Abs. 3 für den Fall des Einspruchs gegen ein Versäumnisurteil ausdrücklich auf die §§ 505, 506,

§ 700 ZPO., der für den Fall des Einspruchs gegen einen Vollstreckungsbefehl auf § 697 ZPO. Bezug nimmt und

§ 27 der Bundesratsverordnung zur Entlastung der Gerichte vom 9. 9. 1915 (RGBl. S. 562), die die Vorschrift des § 505 ZPO. im Verfahren vor den Landgerichten für entsprechend anwendbar erklärt.

2. Der Verweisungsbeschluß ist gebührenrechtlich durch die Prozeßgebühr abgegolten. Das die Zulässigkeit des Einspruchs in den Fällen der §§ 508, 700 ZPO. betreffende Verfahren ist je nach seinem Verlaufe mit den vollen Gebühren des § 20 RGKG. zu besteuern unbeschadet der Wirkungen des § 25 a. a. O.

3. Erfolgt in den vorgenannten Fällen die Unzuständigkeitserklärung durch ein die Instanz beendigendes Urteil, so findet auf dieses Verfahren gleichfalls § 20 RGKG. ohne Einschränkung Anwendung.

4. Bezüglich der Behandlung des Kostenpunktes im Falle der Verweisung des Rechtsstreits an das Gericht eines anderen Bundesstaats nach § 505 ZPO. vgl. die Vereinbarung der Bundesregierungen, gültig seit 1. 7. 1911, abgedruckt im bayer. JMBl. 1911, 214.

Diese Vereinbarung ist auch heute noch entsprechend auszuführen.

Zu Abs. 2.

1. Das Gesetz hat hier insbesondere folgende Fälle im Auge:

ZPO. § 538: Nach Erledigung der Berufung ist eine weitere Verhandlung der Sache erforderlich (z. B. wenn durch das angefochtene Urteil ein Einspruch als unzulässig verworfen oder wenn durch das angefochtene Urteil nur über prozeßhindernde Einreden entschieden ist usw.). Zu diesem Behufe wird die Sache an das Gericht erster Instanz zurückverwiesen.

ZPO. § 539: Das Berufungsgericht findet, daß das Verfahren erster Instanz an einem wesentlichen Mangel leidet, hebt deshalb das erstinstanzielle Urteil einschließlich des mangelhaften Verfahrens urteilsmäßig auf und verweist die Sache an das Gericht erster Instanz zurück.

ZPO. § 565: Das Revisionsgericht verweist im Falle der Aufhebung des Urteils die Sache unter gewissen im Gesetz bestimmten Voraussetzungen an das Berufungsgericht oder einen anderen Senat dieses Gerichts zurück.

2. Unter § 27 Abs. 2 fallen aber auch alle anderen nur irgendwie möglichen Fälle der Fortsetzung des Rechtsstreits bei dem unteren Gericht nach Erledigung des Rechtsmittels gegen ein von diesem Gericht erlassenes Urteil.

3. Im Falle der Fortsetzung des Rechtsstreits vor dem Gericht der unteren Instanz ist jedoch in den Fällen, in denen es sich um ein unter Vorbehalt der Entscheidung über die Aufrechnung (§ 302 ZPO.), unter Vorbehalt der Geltendmachung von Verteidigungsmitteln (§ 540 ZPO.) oder im Urkunden- und Wechselprozeß unter Vorbehalt der Rechte des Beklagten (§ 599 ZPO.) erlassenes, angefochtenes Urteil handelt, zu beachten, daß nach § 25 Abs. 2 gegebenenfalls eine weitere Urteilsgebühr in derselben Instanz nicht ausgeschlossen ist.

§ 28.

In der Berufungsinstanz erhöhen sich die im § 20 bestimmten Gebühren um die Hälfte, in der Revisionsinstanz auf das Doppelte.

1. Im Gegensatz zum bisherigen § 49 RGKG. erhöht sich jetzt nur noch die im § 20 bestimmte „volle" Prozeß-, Beweis- und Urteilsgebühr. Alle sonst vorkommenden gebührenpflichtigen Geschäfte werden ohne Rücksicht auf die Instanz einheitlich bewertet. (S. Anm. 4.)

2. Die Bewertung einer aus Anlaß der Wiederaufnahme des Verfahrens (§§ 578 ff., 584 ZPO.) im ausschließlichen Gerichtsstande des Berufungs- oder Revisionsgerichts erhobenen Klage richtet sich ebenfalls nach § 28, so daß also die bei der Einreichung der Klage zu erhebende Prozeßgebühr um die Hälfte bzw. das Doppelte zu erhöhen ist.

3. Vgl. §§ 520 Abs. 3, 554 Abs. 7 ZPO. Beide Bestimmungen beruhen auf den gleichen Erwägungen, die zur jetzigen Fassung des § 74 RGKG. Anlaß gegeben haben. Die Berufung sowohl als auch die Revision werden bei Nichtzahlung der Prozeßgebühr als unzulässig im Beschlußwege verworfen. S. § 30 (1/2 der einfachen Gebühr des § 8).

4. Vgl. auch § 32 Abs. 4 und die dort bestimmte Erhöhung der Gebühren für das Verfahren auf Antrag eines Arrestes usw. in der Berufungsinstanz (Anm. 11 zu § 32). S. a. Geb.-übersicht.

5. Die Berufungsinstanz wird regelmäßig nur beschritten werden, wenn in der Vorinstanz ein auf Grund streitiger Verhandlung ergangenes End- oder Zwischenurteil gem. §§ 20 Nr. 3, 25 Abs. 2, 3, 26 Satz 1 RGKG. vorliegt. In allen diesen Fällen ist in der Vorinstanz eine Urteilsgebühr erhoben.

Es gibt aber auch Fälle der Berufungseinlegung, die ein nichtstreitiges Urteil — z. B. ein Anerkenntnis- oder Verzichtsurteil, ein zweites Versäumnisurteil gem. § 345 ZPO. — betreffen, in denen also in der Vorinstanz eine Urteilsgebühr überhaupt nicht angesetzt werden konnte.

6. Wegen der „Berufungseinlegung" gegen ein Urteil, das über einen Antrag auf Anordnung eines Arrestes oder auf Erlassung einer einstweiligen Verfügung entscheidet, s. Anm. 11 zu § 32. Das diesbezügliche Verfahren vor dem Berufungsgericht fällt nicht unter die §§ 20, 28 RGKG.

7. Die Rechtsmittelinstanz kann in ein und derselben Sache mehrmals beschritten werden. Vgl. hierher § 25 Anm. 4. Dort ist auch der Begriff „Instanz" erläutert, soweit er hier einschlägig ist; mehrere Instanzen liegen auch dann vor, wenn das erste Rechtsmittel wegen eines Formmangels zurückgenommen oder als unzulässig verworfen, dann aber form- und fristgerecht wiederholt wurde.

§ 29.

Die Prozeßgebühr wird nicht erhoben, wenn die Klage vor Bestimmung des Termins zur mündlichen Verhandlung zurückgenommen wird.

Sie ermäßigt sich auf ein Viertel der Gebühr, wenn die Klage nach diesem Zeitpunkt, jedoch vor der mündlichen Verhandlung zurückgenommen wird.

1. Der Entwurf des Gesetzes hatte einen Fortfall der Gebühr bei Zurücknahme der Klage nur für den Fall in Aussicht genommen, daß dies vor der Bestimmung des Termines zur mündlichen Verhandlung erfolgt (vgl. hierher auch §§ 30, 31 Abs. 2 Satz 3).

Die Reichstagskommission hat jedoch dem Gesetze noch den Abs. 2 beigefügt, und damit eine Ermäßigung hinsichtlich der bereits — nach § 74 mit Stellung des Antrages (Klage) — fälligen und regelmäßig wohl auch erhobenen Prozeßgebühr für den Fall angeordnet, daß die Klagezurücknahme zwar nach Terminsbestimmung, aber doch vor der mündlichen Verhandlung erfolgt.

Damit wird die Anwendung des § 89 betr. Kostenentrichtung durch Marken wesentlich erschwert.

2. Im Falle der Zurücknahme hinsichtlich eines Teiles des Streitgegenstandes kommt § 29 nur „insoweit" zur Anwendung. Auf die sich in diesem Falle berechnenden Gebühren sind die Bestimmungen des § 14 — insbesondere auch Abs. 2 — anzuwenden. Bleibt trotz der teilweisen Klagezurücknahme der zur Durchführung des Prozesses übrige Streitgegenstand noch in der gleichen Wertsklasse, so bewirkt die Anwendung des § 14 Abs. 2 den Wegfall der nach § 29 Abs. 2 grundsätzlich geschuldeten Prozeßgebühr. Vgl. § 14 Anm. 1 c.

3. Wird die Klage nur hinsichtlich einer Nebenforderung zurückgenommen, so tritt in Anwendung des § 9 RGKG. § 4 ZPO. eine Ermäßigung nicht ein.

4. Erfolgen zeitlich nacheinander mehrere Zurücknahmen, so ist grundsätzlich jede derselben gesondert für sich der Wirkung des

§ 29 zu unterstellen. Für die Probe nach § 14 Abs. 2 kommt nur der im Zeitpunkt der Bestimmung des Termines noch anhängige Streitgegenstand in Betracht.

Beispiele:

a) Streitgegenstand: 100000 Mk. Klagezurücknahme vor Terminsbestimmung wegen 8000 Mk., nach Terminsbestimmung, aber vor mündlicher Verhandlung nacheinander wegen 9000 Mk., 13000 Mk. und 6000 Mk. Versäumnisurteil wegen des Restes.

Es fallen endgültig an:

¼ Prozeßgebühren gem. § 29 Abs. 2 aus:	
9000 Mk. mit	125 Mk.,
13000 Mk. mit	175 „
6000 Mk. mit	100 „
$^1/_1$ Prozeßgebühren gem. § 20 Nr. 1 aus 64000 Mk. =	2800 „
Summa	3200 Mk.

Die 8000 Mk. bleiben bei der endgültigen Bewertung außer Betracht, weil insoweit die Prozeßgebühr nicht erhoben wird, also fortfällt. § 29 Abs. 1.

Die volle Prozeßgebühr aus 92000 Mk. würde 4000 Mk. betragen, es bleiben also — weil günstiger — die Einzelansätze bestehen. § 14 Abs. 2 RGKG. Falsch wäre es, die drei ¼ Prozeßgebühren für die Klagezurücknahmen unter sich zusammenzurechnen und etwa nur eine ¼ Prozeßgebühr aus 28000 Mk. mit 350 Mk. in dieser Richtung zur endgültigen Erhebung zu bringen.

b) Wäre dagegen der Streitwert nur 28000 Mk. und würde die Klage nach Terminsbestimmung gem. § 29 Abs. 2 nacheinander wegen 9000 Mk., 13000 Mk. und 6000 Mk. zurückgezogen, so wären gem. § 14 Abs. 2 an Stelle der drei Einzelgebühren zu insgesamt 400 Mk. nur 350 Mk. geschuldet. Vgl. § 14 Anm. 1.

5. Der Begriff der „mündlichen Verhandlung" im Sinne des § 29 Abs. 2 setzt irgend eine Erörterung über das an das Gericht gebrachte Parteibegehren voraus; es muß also regelmäßig ein „zur Sache selbst" gestellter Antrag vorliegen. In der Erklärung, daß die Klage zurückgezogen werde, ist kein „Verhandeln" zu erblicken, ebensowenig in einem Vertagungsantrage. Eine „Verhandlung" liegt aber schon dann vor, wenn eine Partei ihre Sachanträge gestellt oder sonstwie etwas vorgebracht hat, was mit der Sache selbst in Zusammenhang steht. Vgl. auch OLG. 11, 340.

6. Weitere Sonderfälle der Gebührenermäßigung bzw. des Fortfalls sind in §§ 30 und 31 Abs. 2 Satz 3 gegeben.

§ 30.

Wird die Berufung oder die Revision durch Beschluß als unzulässig verworfen, so ermäßigt sich die Prozeßgebühr für die Rechtsmittelinstanz auf die Hälfte der im § 8 bestimmten Gebühr. Das gleiche gilt, wenn das Rechtsmittel vor Ablauf der gemäß § 520 Abs. 3, § 554 Abs. 7 der Zivilprozeßordnung bestimmten Frist zurückgenommen wird.

1. Aus den Motiven: Für die Verwerfung der Revision im Falle des nicht rechtzeitigen Nachweises der Vorschußleistung (ZPO. § 554 Abs. 7) wurde nach dem bisherigen § 26 Nr. 5 schon bisher eine halbe Gebühr erhoben. Das jetzige Gesetz hält an diesem Gebührensatze fest. Die gleiche Regelung sieht es für den entsprechenden Fall der Verwerfung der Berufung im Beschlußweg (ZPO. § 520 Abs. 3 in der Fassung des Art. II Nr. 2) vor.

Solange der Rechtsmittelkläger die Möglichkeit hat, durch Nichtbegleichung der Prozeßgebühr die Verwerfung des Rechtsmittels im Beschlußweg und damit die Ermäßigung der Gebühr auf die Hälfte zu erreichen, muß er die gleiche Gebührenersparnis auch durch Zurücknahme des Rechtsmittels herbeiführen können.

2. Mit der Einreichung des Rechtsmittels fällt gem. § 74 Abs. 1 die gem. § 28 zu erhöhende Prozeßgebühr des § 20 Nr. 1 an. Ein Fortfall dieser Prozeßgebühr (abgesehen von den Wirkungen des § 6 Abs. 1) — wie beispielsweise in § 29 Abs. 1 für die Klage oder in § 31 Abs. 2 für das sich an das Mahnverfahren anschließende ordentliche Prozeßverfahren vorgesehen — tritt grundsätzlich nicht ein. § 30 ordnet nur eine Ermäßigung der für die Rechtsmittelinstanz zunächst voll angefallenen Prozeßgebühr für den Fall an, daß das Rechtsmittel

a) durch Beschluß als unzulässig verworfen oder
b) vor Ablauf der gem. §§ 520 Abs. 3, 554 Abs. 7 ZPO. bestimmten Frist zurückgenommen wird.

Die beschlußmäßige Verwerfung der Berufung wegen Unzulässigkeit tritt regelmäßig nur im Falle des § 520 Abs. 3, die der Revision dagegen in den Fällen der §§ 554 Abs. 7, 554 a ZPO. ein.

Erfolgt die Verwerfung durch Urteil — sei es als unzulässig, sei es als unbegründet —, so bleibt die volle Prozeßgebühr geschuldet, daneben kommen beim Vorliegen der sonstigen Voraussetzungen noch die Gebühren der §§ 20 Nr. 2, 3, 28 RGKG. zum Anfall.

3. Über die Wiedereinsetzung in den vorigen Stand bei Versäumnis der gem. §§ 520 Abs. 3, 554 Abs. 7 ZPO. gesetzten Frist, wie auch in den übrigen Fällen des § 554 a ZPO. ist grundsätzlich die beschlußmäßige Entscheidung möglich (vgl. JW. 1906, 756). Dieser Beschluß ist durch die Prozeßgebühr abgegolten. Wird dagegen auf ein Wiedereinsetzungsgesuch selbständig durch Zwischen- oder Endurteil (Abweisung) erkannt, so ist hiefür die Urteilsgebühr des § 20 Nr. 3 geschuldet, wenn streitig verhandelt war.

Wird die urteilsmäßige Entscheidung über das Wiedereinsetzungsgesuch mit der Entscheidung über die Hauptsache selbst verbunden oder ergeht nachträglich in der gleichen Instanz noch eine Entscheidung zur Hauptsache selbst, so ist nach dem Grundsatze des § 25 Abs. 1 nur eine Urteilsgebühr geschuldet. § 25 gilt überhaupt allgemein auch für das Wiedereinsetzungsverfahren.

4. Wird das Rechtsmittel durch Beschluß als unzulässig verworfen, schließlich aber die Wiedereinsetzung in den vorigen Stand bewilligt, so entfällt damit die Anwendbarkeit des § 30 RGKG.

5. Auffallenderweise wird die Prozeßgebühr im Falle des § 30 nicht ermäßigt auf die Hälfte des „nach § 28 erhöhten" Gebührensatzes, sondern auf die Hälfte des „einfachen" Gebührensatzes des § 8.

Diese merkwürdige Regelung erklärt sich daraus, daß nach § 28 RGKG. (abgesehen von § 32 Abs. 4) grundsätzlich nur die „im § 20 bestimmten", d. i. also die vollen Gebühren erhöht sind.

§ 31.

Für das Mahnverfahren wird die Hälfte der Gebühr (§ 8) erhoben.

Wird im Falle der Erhebung des Widerspruchs die Bestimmung eines Termins zur mündlichen Verhandlung beantragt oder gegen einen Vollstreckungsbefehl Einspruch eingelegt, so wird die Prozeßgebühr (§ 20 Nr. 1) nur zur Hälfte erhoben. Das gleiche gilt, wenn in einem im Urkunden- oder Wechselmahnverfahren ergangenen Vollstreckungsbefehle dem Beklagten die Ausführung seiner Rechte vorbehalten war. Wird der Antrag oder der Einspruch vor Bestimmung des Termins zurückgenommen, so wird die Prozeßgebühr nicht erhoben.

1. Aus den Motiven: Auf dem Gebiete des Mahnverfahrens wird nunmehr eine einheitliche, die gesamte gerichtliche Tätigkeit abgeltende Verfahrensgebühr erhoben, von deren Begleichung der Erlaß des Zahlungsbefehls abhängig sein soll (§ 74 Abs. 3). Bei der außerordentlich großen Zahl der Mahnsachen wird hierdurch eine ganz wesentliche Entlastung der Gerichtsschreibereien und Gerichtskassen erreicht.

2. Die Gebühr des § 31 Abs. 1 ist eine „Verfahrensgebühr", die mit Stellung des Antrags „endgültig" anfällt. Sie bleibt also selbst dann geschuldet, wenn der gestellte Antrag sofort oder noch vor der Erlassung des Zahlungsbefehles zurückgenommen oder wenn er zurückgewiesen werden sollte. In letzterem Falle ist es auch ohne jede Bedeutung, wenn die Zurückweisung nur deshalb erfolgt, weil der Zahlungsbefehl in Ansehung eines Teiles des Anspruches nicht erlassen werden konnte.

Die Gebühr des § 30 Abs. 1 gilt das ganze Mahnverfahren ab, also insbesondere auch das Verfahren betr. Vollstreckbarkeitserklärung des Zahlungsbefehls und zwar ohne Rücksicht darauf, ob dieses Verfahren mit Stattgebung oder Abweisung endet oder — wie z. B. nach Behebung von ursprünglichen Mängeln — wiederholt eingeleitet wird.

3. Prozessual sind die Kosten des Mahnverfahrens als Teil der Kosten eines entstehenden Rechtsstreits anzusehen (§ 698 ZPO.). Das RGKG. wird diesem Umstande aber nicht etwa durch die Anordnung der „Anrechnung" der Gebühr des § 31 Abs. 1 auf die Gebühren des § 20 gerecht, sondern dadurch, daß nach § 31 Abs. 2 im Falle des Antrags auf Terminsbestimmung nach Erhebung des Widerspruchs oder des Einspruchs nach erlassenem Vollstreckungsbefehl nur noch eine halbe Prozeßgebühr erhoben wird.

Damit entfallen alle früheren Streitfragen über die Art und Weise der Anrechnung der Zahlungsbefehlsgebühr. Wird der Termin nach Widerspruch gegen den Zahlungsbefehl nur wegen eines Teiles des Streitgegenstandes beantragt oder der Einspruch gegen einen Vollstreckungsbefehl nur wegen eines solchen Teiles erhoben, dann ist die halbe Prozeßgebühr nur aus diesem Teil zu berechnen.

Die Streitsache ist hinsichtlich der Berechnung des kostenrechtlichen Streitwertes so anzusehen, als ob sie überhaupt nur wegen dieses Teiles rechtshängig geworden wäre. Ist die Terminsanberaumung also beispielsweise **nur** wegen der Zinsen **ohne** die dazu gehörige Muttersache beantragt — z. B. weil nach Zustellung des Zahlungsbefehls die Hauptsache bezahlt wurde —, so ist für das anschließende Prozeßverfahren der **Zinsbetrag**, soweit er bis zur Zustellung des Zahlungsbefehls angelaufen war, **Streitgegenstand**. Nur aus diesem Betrag ist dann die halbe Prozeßgebühr und ev. noch die volle Beweis- und Urteilsgebühr des § 20 Nr. 2 und 3 geschuldet.

4. Durch die Verfahrensgebühr des § 31 Abs. 1 sind nach dem allgemein geltenden Grundsatze des RGKG. alle Schreib- und Postgebühren, die im Mahnverfahren ordnungsgemäß erwachsen, abgegolten, also nicht etwa besonders in Rechnung zu stellen.

5. Im Falle des rechtzeitigen Widerspruchs ist die Klage als mit Zustellung des Zahlungsbefehls bei **dem Amtsgericht** erhoben anzusehen, das den Befehl erlassen hat. Termin zur mündlichen Verhandlung ist nur **auf Antrag** einer Partei zu bestimmen. Dieser Antrag bedingt den Anfall der halben Prozeßgebühr. § 74 Abs. 1. Wird er schon in dem Gesuch um Erlassung des Zahlungsbefehls — also gewissermaßen bedingt — gestellt, so fällt die halbe Prozeßgebühr naturgemäß **erst mit der Erhebung des Widerspruchs** an.

6. Ist ein Anspruch erhoben, der zur Zuständigkeit der **Landgerichte** gehört, so hat das Amtsgericht, soferne eine Partei vor der Verhandlung zur Hauptsache darauf anträgt, durch **Beschluß** sich für unzuständig zu erklären und den Rechtsstreit an das Landgericht zu verweisen.

Ist dieser Antrag auf Verweisung schon in dem Gesuche um Erlassung des Zahlungsbefehles gestellt oder mit dem Widerspruch verbunden, so kann die Entscheidung über den Antrag **ohne vorgängige mündliche Verhandlung** erfolgen. Wird die Verweisung **beschlossen**, so gilt der Rechtsstreit mit der Zustellung des **Beschlusses** als bei dem Landgericht anhängig. Vor dem Amtsgericht fällt in diesem Falle außer der **Verfahrensgebühr** des § 31 Abs. 1 keine weitere Gebühr an, weil keine Terminsbestimmung beantragt war.

Kommt es aber zu einer Terminsbestimmung — gleichviel ob vor dem Amts- oder dem Landgerichte —, so fällt eine „halbe" Prozeßgebühr an. Diese kann sich dann nur noch infolge Klagezurücknahme vor der mündlichen Verhandlung auf ein Viertel der vollen Gebühr ermäßigen.

7. Das Amtsgericht hat seine sachliche und örtliche Zuständigkeit **von Amts wegen** zu prüfen. Trotz der Bestimmungen der §§ 38 ff. ZPO. über Prorogation hat das Gericht insbesondere festzustellen, ob nicht anderwärts eine ausschließliche sachliche (GVG. § 70 Abs. 2, 3) oder örtliche (z. B. §§ 24, 893 ZPO.) Zuständigkeit begründet ist, die eine Vereinbarung ausschließt. In vollem Umfang hat jedoch die Prüfung der Zuständigkeit erst bei rechtzeitiger Erhebung der Unzuständigkeitseinrede oder beim Ausbleiben des Beklagten im Termin zu erfolgen.

Je nach dem Ergebnis dieser Prüfung und dem Verhalten der beiden Parteien kann die Entscheidung in Form eines Beschlusses, Zwischen- oder Endurteiles erfolgen. Liegt ein Beschluß vor, so ist derselbe durch die Prozeßgebühr abgegolten, sogar dann, wenn sich dieser Beschluß als Ergebnis einer streitigen Verhandlung zwischen den Parteien darstellt und nur deshalb die Beschlußform gewählt werden mußte, weil gleichzeitig die Verweisung an das zuständige Gericht auszusprechen war.

Liegt ein Zwischen- oder Endurteil vor, so ist — abgesehen von der für das Verfahren ohnedies geschuldeten halben Prozeßgebühr — die volle Urteilsgebühr dann geschuldet, wenn sich das Urteil als Ergebnis einer streitigen Verhandlung darstellt, also nicht etwa beispielsweise auf Grund der von Amts wegen angestellten Zuständigkeitsprüfung erlassen wurde. Vgl. §§ 697, 505 ZPO. und die einschlägigen prozessualen Bemerkungen in Steins Kommentar.

8. Die Ausführungen unter Anm. 5 und 7 gelten entsprechend auch für das Verfahren, das sich an die Erhebung des Einspruchs gegen einen Vollstreckungsbefehl anschließt. Doch ist hier zu beachten, daß es in diesem Falle immer zum Anfall der halben Prozeßgebühr vor dem Amtsgericht kommt, weil das Amtsgericht selbst im Falle der Verweisung an das Landgericht gem. § 697 die Zulässigkeit des Einspruchs zu prüfen hat. Ein anschließend hieran ergehendes Urteil (beispielsweise zufolge unzulässigen Einspruchs) zieht die Urteilsgebühr dann nach sich, wenn es eine streitige Verhandlung zur Grundlage hat. Erkennt das Gericht zufolge der ihm zwingend von Amts wegen obliegenden Prüfungspflicht aber ohne streitige Verhandlung durch Urteil auf Verwerfung des Einspruchs als unzulässig, so ist dieses Urteil nicht besonders gebührenpflichtig und durch die Prozeßgebühr abgegolten. S. auch § 20 Anm. 10, 34.

9. Die an sich mit der Stellung des Antrages angefallene halbe Prozeßgebühr wird nicht erhoben, wenn der Antrag auf Bestimmung eines Termines zur mündlichen Verhandlung oder der Einspruch vor der Terminsbestimmung zurückgezogen wird.

Der Antrag auf Terminsbestimmung kann sowohl vom Gläubiger als auch vom Schuldner gestellt werden, demzufolge ist auch die Zurücknahme des diesbezüglichen Antrages **vor** der Terminsbestimmung durch jede der Parteien, soweit sie Antragstellerin ist, möglich.

Nach Terminsbestimmung erwirbt jede der beiden Parteien einen Anspruch auf den Termin. Eine Rücknahme des Terminsantrages durch den Schuldner — nunmehrigen Beklagten — ist also schon an sich nicht denkbar. Eine Rücknahme des Antrages durch den Gläubiger, nunmehrigen Kläger, ist auch nur in der Form denkbar, daß die Klage zurückgenommen wird, § 271 ZPO. Aber selbst in diesem Falle besteht der Termin zur ev. mündlichen Verhandlung über die Kosten noch fort, wenn nicht eine gegenteilige Vereinbarung der Parteien bzw. das Einverständnis des Beklagten vorliegt, §§ 271, 227 ZPO.

Diese Zurücknahme der Klage kann selbstverständlich aber auch schon vor der Terminsanberaumung mit der Wirkung erfolgen, daß nunmehr keine Prozeßgebühr geschuldet wird. § 29 Abs. 1 **RGKG.**

10. Wird, wie in Anm. 9 angedeutet, die Klage nach der Terminsanberaumung zurückgezogen, so ist nach § 29 Abs. 2 RGKG., der zweifellos auch im Falle des § 31 einschlägig ist, nur ein Viertel der vollen Prozeßgebühr endgültig geschuldet. Sollte die halbe Prozeßgebühr des § 31 Abs. 2 schon eingehoben sein, so ist die Hälfte von dieser Hälfte (d. i. also ein Viertel der ganzen Prozeßgebühr) an den Einzahler (§ 74 Abs. 1), gegebenenfalls also auch an den Beklagten, zurückzuvergüten.

11. Die Ausführungen unter Anm. 10 gelten entsprechend auch für den Fall, daß die Klage nach erhobenem Einspruch gegen den Vollstreckungsbefehl zurückgezogen wird. Erfolgt sie nach dem Zeitpunkt des § 29 Abs. 1, aber vor der mündlichen Verhandlung, so ist grundsätzlich nach § 29 Abs. 2 die Prozeßgebühr nur zu ein Viertel der vollen Gebühr geschuldet. Der ev. bereits eingehobene Mehrbetrag von einem weiteren Viertel ist also gegebenenfalls an den Einspruchskläger (Beklagten) zu erstatten, falls gem. § 74 Abs. 1 durch ihn die Zahlung erfolgt ist.

12. Wird dagegen der Einspruch nach der Terminsbestimmung zurückgezogen, so bleibt die halbe Prozeßgebühr des § 31 Abs. 2 endgültig geschuldet.

§ 32.

Die Hälfte der Gebühr (§ 8) wird erhoben für das Verfahren über Anträge auf Anordnung eines Arrestes oder einer einstweiligen Verfügung. Die Gebühr erhöht sich auf die volle Gebühr, wenn durch Urteil entschieden wird (Zivilprozeßordnung § 922 Abs. 1, §§ 925, 936).

Die im Abs. 1 bestimmten Gebühren werden auch erhoben für das Verfahren über Anträge auf Abänderung oder Aufhebung eines Arrestes oder einer einstweiligen Verfügung gemäß § 926 Abs. 2, §§ 927, 936 der Zivilprozeßordnung.

Im Falle des § 942 der Zivilprozeßordnung gilt das Verfahren vor dem Amtsgericht und dem Gerichte der Hauptsache als ein Rechtsstreit.

In der Berufungsinstanz erhöhen sich die Gebühren um die Hälfte.

A. Absatz 1.

1. Die Erledigung eines Antrages auf Erlassung eines Arrestes oder einer einstweiligen Verfügung erfolgt entweder

a) ohne vorgängige mündliche Verhandlung durch Beschluß oder

b) auf Grund mündlicher Verhandlung durch Endurteil.

Es ist aber auch eine Kombination zu a und b möglich, die regelmäßig dann eintritt, wenn gegen einen Beschluß, durch welchen ein Arrest oder eine einstweilige Verfügung erlassen ist, Widerspruch erhoben wird oder ausnahmsweise auch dann gegeben ist, wenn im Falle des § 942 ZPO. über die Rechtsmäßigkeit der vom Amtsgericht der belegenen Sache wegen Dringlichkeit erlassenen einstweiligen Verfügung (Beschluß) von dem Gericht der Hauptsache zu entscheiden ist (Urteil!).

Entsprechend dieser prozessualen Sachlage bestimmt das RGKG., daß grundsätzlich für das ganze Verfahren eine mit Stellung des Antrages fällig werdende Verfahrensgebühr in Höhe einer halben Gebühr erhoben wird. Diese Gebühr bleibt auf jeden Fall endgültig geschuldet, ohne daß es darauf anzukommen hat, ob der Antrag vor der Entscheidung ganz oder teilweise zurückgenommen oder ob er zurückgewiesen wird, ob nur der dingliche Arrest oder nur der persönliche Sicherheitsarrest oder beide nebeneinander verhängt werden. Diese Verfahrensgebühr wird ergänzt durch eine weitere Verfahrensgebühr, welche die Erlassung (Verkündung) eines Urteils voraussetzt, also nur in diesem Falle tatsächlich entsteht. Kommt es nicht zur Verkündung des Urteils, so bleibt es bei der halben Gebühr des § 32 Abs. 1 Satz 1 als Verfahrensgebühr. Der Sprachgebrauch des § 32 Abs. 1 entspricht nicht ganz dem praktischen Bedürfnis, richtiger wäre wohl, statt von einer Erhöhung — ähnlich wie bei § 31 — von der Erhebung einer weiteren Gebühr zu sprechen. Dieser Umstand macht sich besonders dann bemerkbar, wenn es nur wegen eines Teiles des Streitgegenstandes zur Erlassung des Urteils kommt. (S. Anm. 3.)

Wird auf einen Arrestantrag beispielsweise vorgängige mündliche Verhandlung für erforderlich erachtet und Termin hiezu bestimmt, so ist im Falle der anschließend hieran erfolgenden Antragszurücknahme die Hälfte der Gebühr (Satz 1) geschuldet und zwar ohne Rücksicht darauf, ob die Zurücknahme vor der Verhandlung oder im Termine — sogar nach Beweisanordnung und Beweisaufnahme — erfolgt. Dieser Gebührensatz ändert sich auch dann nicht, wenn der Arrest durch Beschluß erlassen und die Terminsansetzung erst infolge Widerspruchs notwendig wurde. Eine Änderung der mit Stellung des Antrags angefallenen halben Gebühr tritt, wie schon gesagt, nur in dem einzigen Falle ein, daß durch verkündetes Urteil entschieden wird, andernfalls ist weder eine Erhöhung noch eine Ermäßigung dieses Gebührensatzes denkbar, insbesondere auch dann nicht, wenn etwa der Antrag vor der Terminsbestimmung zurückgezogen werden sollte.

2. Nach dem klaren Wortlaute des Gesetzes — vgl. § 20 Nr. 3 gegen § 32 Abs. 1 — ist nicht Voraussetzung des Anfalls der vollen Gebühr, daß das erlassene Urteil ein auf Grund streitiger Verhandlung ergehendes ist; es genügt vielmehr auch ein auf Versäumnis, Anerkenntnis oder Verzicht erlassenes, während dagegen die Aufnahme eines Vergleiches den Anfall der vollen Gebühr nicht bewirken kann.

3. Erstreckt sich die urteilsmäßige Erledigung aus irgendeinem Grunde (teilweise Antragszurücknahme, Widerspruch wegen eines Teiles des Anspruchs usw.) nur auf einen Teil des durch Stellung des Antrages anhängig gewordenen Anspruches, dann tritt für den durch Urteil erledigten Teil die endgültige Bewertung in der Weise ein, daß aus dem einen Teile die Hälftegebühr, aus dem durch Urteil entschiedenen Teile die volle Gebühr, jede für sich gesondert errechnet, erhoben wird. Ist also zunächst für den ganzen Anspruch ein Beschluß vorausgegangen und dafür — mit der Erhebung des Widerspruchs ist nicht ohne weiteres zu rechnen — die halbe Gebühr eingehoben worden, so erübrigt nur eine nachträgliche Berichtigung des früheren Ansatzes und die Nacherhebung des sich ergebenden Differenzbetrages.

Beispiel: Arrestbeschluß wegen 10000 Mk. Widerspruch wegen 5000 Mk. Urteilsmäßige Bestätigung. Erhoben sind bereits: Hälftegebühr aus 10000 Mk. mit 250 Mk. Mit Verkündung des Urteils sind geschuldet: Volle Gebühr aus 5000 Mk. mit 300 Mk. und halbe Gebühr aus 5000 Mk. mit 150 Mk., insgesamt also 450 Mk. Nachzuerheben sind also: 200 Mk., nicht etwa nur halbe Erhöhung aus 5000 Mk. mit 150 Mk.

4. § 31 Abs. 2 RGKG. läßt sich hier nicht entsprechend anwenden, da im § 31 der Verfahrensgebühr eine selbständige Prozeßgebühr gegenübersteht, während in § 32 zwei Verfahrensgebühren in Frage kommen, von denen die eine dem Wesen nach allerdings mehr den Charakter einer Entscheidungsgebühr trägt.

5. § 14 Abs. 2 RGKG. trifft auf § 32 nicht zu, da er in seiner Wirkung ausschließlich auf die Prozeß-, die Beweis- und Urteilsgebühr beschränkt ist, das Verfahren des § 32 aber im Gegensatz zur altrechtlichen Regelung von dieser Besteuerungsart losgelöst wurde.

Aus dem gleichen Grunde ist eine Verbindung des Arrestverfahrens mit dem Verfahren des Hauptprozesses selbst ohne jeden Einfluß auf die Gebührenbewertung. Das Arrestverfahren ist auch in diesem Falle „gesondert“ zu besteuern; § 25 kann nicht angewendet werden.

B. Absatz 2. (Vgl. auch § 34 Nr. 2 Anm. 6 p.)

6. Jedes durch § 32 Abs. 2 besteuerte Verfahren, wie überhaupt jeder Antrag nach § 32, stellt kostenrechtlich einen besonderen Rechtsstreit vor. § 35 Abs. 1 RGKG. Die Aufzählung in § 32 Abs. 2 ist eine erschöpfende und schließt eine entsprechende Anwendbarkeit aus. Es fallen unter Abs. 2 folgende Verfahren:

a) Die Hauptsache ist nicht anhängig. Das Arrestgericht ordnet auf Antrag beschlußmäßig ohne vorgängige mündliche Verhandlung an, daß die Partei, welche den Arrestbefehl erwirkt hat, binnen einer zu bestimmenden Frist Klage zu erheben habe. § 926 Abs. 1 ZPO.

Wird dieser Anordnung nicht Folge geleistet, so ist auf Antrag die Aufhebung des Arrestes durch Endurteil auszusprechen.

Das Verfahren nach § 926 Abs. 1 ZPO. ist durch die Gebühr des § 32 Abs. 1 RGKG. bereits abgegolten, die Bewertung nach § 32 Abs. 2 kommt also erst in Frage, wenn der Aufhebungsantrag gestellt wird. Findet er seine Erledigung vor Erlassung des Urteils (Endurteil, Anerkenntnis- oder Verzichtsurteil) durch Zurücknahme, Vergleich usw., so ist nur die Hälfte der Gebühr geschuldet, wird ein Urteil verkündet, so ist mit diesem Zeitpunkt die erhöhte, d. i. die volle Gebühr geschuldet.

b) Der Arrest ist erlassen ev. sogar bestätigt. Wegen veränderter Umstände (Erledigung des Arrestgrundes, Erbieten zur Sicherheitsleistung usw.) beantragt der Schuldner dessen Aufhebung (nicht etwa nur des Vollzugs des Arrestes, vgl. § 34 Nr. 2 Schluß). Die Entscheidung ist durch Endurteil zu treffen. § 927 ZPO. Auch hier ist grundsätzlich immer eine halbe Gebühr geschuldet, die sich im Falle der Verkündung eines Urteils (gleichviel welcher Art — Versäumnis, Anerkenntnis, Verzicht oder auf Grund streitiger Verhandlung —) auf die volle Gebühr erhöht.

c) Die unter 6a und b gemachten Ausführungen treffen in gleicher Weise zu, wenn es sich um die Aufhebung einer einstweiligen Verfügung handelt. Dagegen ist für das Verfahren über Anträge nach § 942 ZPO. § 32 Abs. 2 in keiner Weise einschlägig. Vgl. Anm. unter C.

7. Betrifft das Verfahren des § 32 Abs. 2 nur einen Teil der durch den erlassenen Arrest oder durch die erlassene einstweilige Verfügung betroffenen Ansprüche, so gelten die Ausführungen bei Anm. 3 in gleicher Weise auch hier.

C. Absatz 3.

8. a) Das Amtsgericht (nicht Hauptsachegericht!) der belegenen Sache hat wegen Dringlichkeit (§ 942 Abs. 1) eine einstweilige Verfügung erlassen und gleichzeitig von Amts wegen eine Frist gesteckt, innerhalb welcher der Gegner zur mündlichen Verhandlung über die Rechtmäßigkeit der einstweiligen Verfügung vor das Gericht der Hauptsache zu laden ist. § 942 Abs. 1 ZPO.

b) Das Amtsgericht (nicht Hauptsachegericht!) der belegenen Sache — Dringlichkeit ist hier nicht gefordert — hat eine einstweilige Verfügung erlassen, auf Grund deren eine Vormerkung oder ein Widerspruch gegen die Richtigkeit des Grundbuches oder des Schiffsregisters eingetragen werden soll. § 942 Abs. 2 Satz 1.

Auf Antrag des Gegners hat das gleiche Gericht dann eine Frist nach Abs. 1 a. a. O. bestimmt. § 942 Abs. 2 ZPO.

c) Nach fruchtlosem Ablaufe der unter 8a und 8b bestimmten Fristen ist die erlassene einstweilige Verfügung vom Amtsgericht der belegenen Sache wieder aufzuheben. § 942 Abs. 3 ZPO.

d) Sämtliche Entscheidungen können ohne mündliche Verhandlung erfolgen. § 942 Abs. 4 ZPO.

9. a) Hier ist nun zunächst festzustellen, daß die Entscheidung des § 942 ZPO. immer ein Beschluß ist, sogar dann, wenn sie auf Grund einer vorgängigen streitigen mündlichen Verhandlung erfolgt; es kann also hier einzig und allein der Anfall einer halben Gebühr in Frage kommen (§ 32 Abs. 1).

b) Dagegen gelten für das sich beim Gericht der Hauptsache abwickelnde Verfahren die allgemeinen Regeln mit dem Abmaße, daß die Entscheidung nur durch Urteil (Versäumnis, Anerkenntnis, Verzicht oder auf Grund streitiger Verhandlung) erfolgen kann. Das Verfahren vor dem Gericht der Hauptsache zieht also immer, wenn es zur Verkündung eines Urteils kommt, die Erhöhung der halben Gebühr — die nach Anm. 9a angefallen ist — auf die volle Gebühr nach sich.

c) Von größter Bedeutung ist der Umstand, daß beide Verfahren — also das vor dem Gericht der belegenen Sache zusammen mit dem vor dem Gericht der Hauptsache — für die Bewertung nur einen einzigen Rechtsstreit bilden. Für beide Verfahren zusammen fällt also regelmäßig nur eine halbe Gebühr an, die sich erst im Falle der Urteilsverkündung auf die volle Gebühr erhöht.

d) Die in Anm. 3 aufgestellten Grundsätze für die Bewertung von Anspruchsteilen gelten in gleicher Weise auch hier.

10. Hat das Hauptsachegericht die einstweilige Verfügung bestätigt, so bildet das anschließend hieran sich ergebende Verfahren über Anträge auf Abänderung usw. einen besonderen Rechtsstreit. §§ 35 Abs. 1, 32 Abs. 2 RGKG.

D. Absatz 4.

11. a) Hier muß zunächst der Regelfall ins Auge gefaßt werden, daß gegen eine Entscheidung des erstinstanziellen Gerichtes über einen Arrestantrag usw., d. i. also gegen das betr. Endurteil nach den allgemeinen Regeln das Rechtsmittel der Berufung eingelegt wird. Fällt auch dieses Berufungsverfahren unter § 32 oder wird es nach § 20 besteuert? Findet § 520 Abs. 3 ZPO. hier Anwendung? Die Berufung gegen das Arresturteil folgt, wie Gaupp-Stein sagt, zwar den Regeln der §§ 511 ff. ZPO., im übrigen setzen sich die „Eigentümlichkeiten des Arrestverfahrens" aber auch hier fort. Das Berufungsverfahren ist also nach wie vor ein „besonderes" Verfahren, kein „ordentliches" Prozeßverfahren. Damit entfällt die Anwendbarkeit des § 20 RGKG., der nur das ordentliche Prozeßverfahren besteuert, weiter aber auch die Anwendbarkeit des § 520 Abs. 3 ZPO., weil bei dieser Art von Berufung keine Prozeßgebühr anfällt. Letzteres wohl auch ganz mit Recht! Warum sollte das Arrestverfahren, das in erster Instanz nicht von der vorherigen Erlage der Gebühr abhängig ist, bezüglich dessen in erster Instanz im Falle der mündlichen Verhandlung abweichend vom ordentlichen Prozeßverfahren der Termin ohne vorherige Gebührenzahlung angesetzt werden muß, in zweiter Instanz in dieser Hinsicht eine Ausnahme machen? Eine derartige Maßregel verträgt sich nicht mit der Dringlichkeit, die einem solchen Antrage schon naturgemäß innewohnt.

b) Als Gericht der Hauptsache kann (vgl. §§ 919, 943 Abs. 2 ZPO.) für das nach § 32 RGKG. besteuerte Verfahren auch das Gericht der Berufungsinstanz in Frage kommen. Dieses Gericht ist jedoch in diesem Falle nicht als erstinstanzielles anzusprechen. Dies geht schon daraus hervor, daß z. B. sein Urteil hinsichtlich des Arrestverfahrens und des Verfahrens betr. Erlassung einer einstweiligen Verfügung unanfechtbar ist. Soweit nämlich das Landgericht in Frage kommt, ist es kein erstinstanzielles Urteil, soweit das Oberlandesgericht in Betracht steht, schließt § 545 Abs. 2 die Revision aus. Vgl. Steins Komm. z. ZPO. § 922 Anm. IV Z. 3. JW. 10, 153.

Die Erhöhung der Gebühren des § 32 tritt also nach Abs. 4 grundsätzlich schon dann ein, wenn eine derartige Gebühr überhaupt in der Berufungsinstanz zum Ansatz kommt.

E. Streitwert.

12. Zu dieser Frage hat erst jüngst das OLG. Nbg., Beschw.-Reg. 410/22, in bemerkenswerter Weise und erschöpfend Stellung genommen. Die betr. Entscheidung sei deshalb hier auszugsweise angeführt: Autoverkauf. Zahlung mit zwei Schecks. Einer wurde eingelöst, der zweite über 300 000 Mk. wurde verweigert. Wegen dieser 300 000 Mk. und 10 000 Mk. Kostenanschlag erließ das LG. Nbg. dinglichen Arrest in das Vermögen des Schuldners. Streitwert wurde dabei von Amts wegen auf 100000 Mk. festgesetzt. R.-A. Dr. H. legte hiegegen Beschwerde ein (eigenen Namens), verlangte die Festsetzung des Streitwertes auf 300000 Mk. und stützte sich dabei auf die Anmerkungen des R.-A. Dr. Friedländer zu der in JW. 1922, 508/9 abgedruckten Entsch. d. OLG. Düsseldorf. Nach dieser Entscheidung ist für die Anordnung des dinglichen Arrestes der Wert des Streitgegenstandes gem. § 3 vom Gerichte nach freiem Ermessen festzusetzen, wogegen Dr. Friedländer unter Berufung auf § 6 den Wert des Streitgegenstandes hiebei dem Betrag der Forderung gleichgeachtet wissen will, für die der Arrest begehrt wird.

Das OLG. setzte den Streitwert auf 150000 Mk. fest. Es trat ausdrücklich der Anschauung des LG. Nbg. und der herrschenden Rechtsprechung, insbesondere der Begründung des OLG. Düsseldorf, bei und führte unter anderem aus: Eine ausdrückliche Bestimmung über den Wert des Streitgegenstandes für Anordnung eines Arrestes findet sich im Gesetz nirgends. Auszugehen ist daher von der Grundregel für die Höhe des Streitwertes, die sich in § 3 ZPO. findet: Der Wert des Streitgegenstandes wird von dem Gericht nach freiem Ermessen festgesetzt, wobei das Begehren des Klägers ohne Rücksicht auf die wirtschaftliche Bedeutung maßgebend ist, die er seinem Antrag beimißt. Von der Regel des § 3 enthält § 6 ZPO. eine unechte Ausnahme. Hienach wird der Streitwert bestimmt: Durch den Wert einer Sache, wenn deren Besitz — das Wort im weitesten Sinn genommen — und durch den Betrag einer Forderung, wenn deren Sicherstellung oder ein Pfandrecht Gegenstand des Streites ist — und zwar im letztgenannten Falle mit dem Abmaße, daß der Wert des Gegenstandes des Pfandrechtes maßgebend ist, wenn dieser Wert geringer ist als die Forderung, für die das Pfandrecht begehrt wird. Von den drei Fällen des § 6 kann ersichtlich nur der zweite Fall: Sicherstellung einer Forderung, hier in Betracht kommen. Allein auf die Anordnung eines Arrestes paßt auch diese Bestimmung nicht, weil der Anspruch auf Sicherstellung einer Forderung sich begrifflich nicht mit dem Arrestbegehren deckt, so wenig als sich das Arrestbegehren mit dem Arrestanspruch deckt, d. h. mit der Geldforderung, wegen welcher Arrest verlangt wird. Der Arrest bezweckt nur die Sicherung der künftigen Zwangsvollstreckung — s. §§ 916, 917 ZPO. —, während die Geltendmachung des Arrestanspruchs den Zwangsvollstreckungstitel für die Forderung bezielt. Die Bestimmungen über Arrest — wie die über einstweilige Verfügung, die in ähnlicher Weise nur der Sicherung einer Individualleistung oder der Regelung eines einstweiligen Zustandes in Beziehung auf ein streitiges Rechtsverhältnis dienen — finden sich denn in der ZPO. unter den Bestimmungen über die Zwangsvollstreckung — §§ 916 ff. —. Wie die einstweilige Verfügung, für deren Streitwert nach unbestrittener Rechtslehre und Rechtsprechung § 3 maßgebend ist, so bedeutet auch der Arrest, wie das OLG. Düsseldorf mit Recht hervorhebt, nur eine präparative oder provisorische Maßnahme, eine Vorbereitung der künftigen Zwangsvollstreckung.

Beachtlich ist ferner die schon berührte Ausnahme nach § 6 Satz 2 ZPO., wonach nicht die Höhe der Forderung, sondern der geringere Wert des Gegenstandes des Pfandrechtes maßgebend ist, wenn ein Pfandrecht Gegenstand des Streites ist. Wenn unter Sicherung einer Forderung in § 6 Satz 1 auch der Arrest inbegriffen sein sollte, hätte der Gesetzgeber ganz sicher eine ähnliche Ausnahmebestimmung für den Fall getroffen, daß das greifbare Vermögen des Schuldners geringer ist als die Forderung, für welche die Anordnung des Arrestes begehrt wird, weil hier die gleiche Erwägung einschlägt wie im Falle des § 6 Satz 2.

Aus der gegenteiligen Meinung kann aus diesen Erwägungen nur so viel für richtig erachtet werden, daß die Forderung des Gläubigers die Höchstgrenze des Streitwertes bildet. Im übrigen ist die Höhe der Verlustgefahr des Gläubigers und damit der Wert der Arrestsicherung von entscheidender Bedeutung.

13. Arrestwiderspruch. Der Streitwert ist nach freiem Ermessen festzusetzen. Als Höchstgrenze gilt der Wert der noch bestehenden Arrestforderung. Colmar 28. 7. 15. Sörgel 1917, 301.

14. Widerspruch gegen einstweilige Verfügung. Maßgebend ist das Interesse des Antragsgegners an der Beseitigung, jedoch niedriger zu bewerten als der gesicherte Anspruch, zumal wenn er schon vor dem Widerspruch befriedigt und die Verfügung dadurch bereits gegenstandslos geworden war. OLG. 33, 173. Sörgel 1917, 303.

§ 33.

Die Hälfte der Gebühr (§ 8) wird erhoben:

1. für das Verfahren über Anträge auf Sicherung des Beweises,
2. für das Verfahren über Anträge auf Entmündigung oder auf Wiederaufhebung einer Entmündigung, soweit die Amtsgerichte zuständig sind,
3. für das Verteilungsverfahren,
4. für das Verfahren der Zwangsvollstreckung zur Erwirkung von Handlungen und Unterlassungen gemäß §§ 887, 888, 890 der Zivilprozeßordnung,
5. für das Verfahren über Anträge auf Abnahme des Offenbarungseides einschließlich der Anträge auf Erzwingung der Eidesleistung,
6. für das Aufgebotsverfahren sowie für das Verfahren über Anträge auf Anordnung der Zahlungssperre gemäß § 1020 der Zivilprozeßordnung,
7. für das Verfahren bei Ernennung oder Ablehnung eines Schiedsrichters, bei Erlöschen eines Schiedsvertrags oder bei Anordnung der von den Schiedsrichtern für erforderlich erachteten richterlichen Handlungen.

Allgemeines.

1. Die gesamte gerichtliche Tätigkeit wird durch eine Gebühr, die sog. Verfahrensgebühr, abgegolten. Diese Gebühr ist also in allen

Fällen sofort mit Stellung des Antrages entstanden und fällig (§ 74 Abs. 1) und bleibt endgültig geschuldet, wenn auch das Verfahren durch Zurücknahme u. dgl. ein vorzeitiges Ende finden sollte. Auf den Umfang des Verfahrens kommt es also in keiner Weise an.

Dagegen ist (vgl. § 35 Abs. 1) jedes Verfahren der im § 33 bezeichneten Art ein besonderer Rechtsstreit für die Gebührenbewertung.

Besonderheiten.

§ 33 Nr. 1.

2. Wie schon unter Anm. 1 ausgeführt, ist jedes Verfahren ein besonderer Rechtsstreit. Die Gebühr entsteht mit der Stellung des Antrages. Stellt ein und dieselbe Partei einen zweiten und dritten Antrag, so fällt für jeden derselben mit der Einreichung die Gebühr des § 33 besonders an. Dabei kommt es nicht darauf an, ob alle diese Anträge in einem Beschlusse oder sonstwie verbunden der endgültigen Erledigung zugeführt werden (vgl. noch Anm. 7). Das gleiche gilt entsprechend auch für den Fall, daß der Gegner seinerseits ebenfalls einen Antrag auf Vernehmung von Zeugen und Sachverständigen stellt.

3. Eine Ausnahme von dem Grundsatz unter Anm. 2 wird je nach Aktenlage nur dann vorliegen, wenn der Antragsteller seinen Antrag im gleichen Streitpunkt nur irgendwie ergänzt oder wenn der Gegner nicht einen förmlichen Antrag stellt, sondern bei dem Gerichte beispielsweise nur anregt, den einen oder anderen Sachverständigen — neben den gem. § 487 Z. 3 auf Antrag der Partei geladenen — von Amts wegen zuzuziehen. §§ 144, 372 ZPO.

4. Die Erhebung der Gebühr des § 33 Nr. 1 schließt im späteren ordentlichen Prozeßverfahren die Erhebung der Beweisgebühr des § 20 Nr. 2 nicht aus. Vgl. § 20 Anm. 18.

Als Streitwert wird in der Regel der für den betr. (wenn auch erst anhängig zu machenden) Rechtsstreit selbst maßgebende Streitgegenstand anzunehmen sein, soweit sich der Gegenstand der Beweissicherung mit demselben befaßt. Dem Umstand, daß das Interesse der Parteien an der Beweissicherung in der Regel geringer sein wird, als ihr Interesse am Hauptprozeß, ist im RGKG. schon dadurch Rechnung getragen, daß die Gebühr nur mit dem halben Satze erhoben wird, während sonst die Beweisaufnahme (vgl. z. B. § 24) eine volle Gebühr nach sich zieht. S. auch OLG. 19, 50 (Entsch. d. KG. v. 19. 4. 1909). S. a. Sörgel 1921, 167.

5. Vgl. hierher auch § 14 Binnenschiffahrtsges. v. 20. 5. 98, RGBl. S. 868, und § 11 Abs. 1 Flößereiges. v. 15. 6. 95, RGBl. S. 343, einschlägig im Falle einer Beweisaufnahme aus Anlaß eingetretener Unfälle. S. Art. IV des AndGes. v. 21. 12. 22, RGBl. 1923 S. 1.

6. Ein im Beweissicherungsverfahren abgeschlossener Vergleich hat den Charakter einer außergerichtlichen Erledigung. Vgl. § 2 Abs. 3 RGKG.

§ 33 Nr. 2.

7. Betrifft der Antrag bei seiner Stellung von vorneherein mehrere Personen, so liegt nur ein Verfahren im Sinne des § 33 vor. Die einzelnen, nach § 11 zu bestimmenden Werte sind gem.

§ 5 ZPO. zusammenzurechnen. Tritt eine Trennung dieser verbundenen Verfahren ein, so ist jedes der getrennten Verfahren gesondert für sich der Bewertung zu unterstellen und ein ev. Mehrbetrag über die bereits erhobenen Gebühren nachzuholen. Eine Minderung kommt nicht in Frage.

8. Für jedes Verfahren entsteht mit Stellung des Antrages die Gebühr des § 33 endgültig (vgl. Anm. 2). Eine nachträgliche Verbindung wirkt also nicht ermäßigend auf die Gebühr, ebensowenig die Abgabe an das Gericht eines anderen Landes.

9. a) Im Falle der Entmündigung wegen Geisteskrankheit und Geistesschwäche ist der Entmündigte nur dann Kostenschuldner, wenn die Entmündigung tatsächlich erfolgt. Andernfalls trägt die Staatskasse die Kosten. Dem Antragsteller des § 646 Abs. 1 können die Kosten nur zur Last gelegt werden, wenn ihn nach dem Ermessen des Gerichts bei Stellung des Antrages ein Verschulden trifft. § 658 ZPO.

b) Im Falle der Entmündigung wegen Verschwendung oder Trunksucht ist der Entmündigte in gleicher Weise wie bei a nur dann Kostenschuldner, wenn die Entmündigung tatsächlich erfolgt, andernfalls treffen den Antragsteller die Kosten. Vgl. §§ 658, 682 ZPO.

10. a) Wegen der ausschließlich vor die Landgerichte gehörigen Anfechtungs- und Wiederaufhebungsklagen vgl. § 21 Anm. 3.

b) Für das Beschwerdeverfahren gilt § 38.

11. Streitwert: Dieser wird immer nach § 11 Abs. 1 berechnet. Zunächst bestimmt also der Gerichtsschreiber denselben innerhalb der ihm gesetzlich gewiesenen Schranken. § 18 RGKG.

§ 33 Nr. 3.

12. Das Verteilungsverfahren erfolgt von Amts wegen (vgl. §§ 858 Abs. 6, 872 ff., 882 ZPO.). Es tritt ein, wenn bei der Zwangsvollstreckung in das bewegliche Vermögen ein Geldbetrag hinterlegt ist, der zur Befriedigung der beteiligten Gläubiger nicht ausreicht. Nach § 874 Abs. 2 ZPO. ist der Betrag der Kosten des Verfahrens von dem Bestande der Masse vorweg in Abzug zu bringen.

13. Streitgegenstand für die Bewertung ist die Bruttomasse einschließlich der im Falle ihrer Hinterlegung bei der Bank ev. angefallenen Zinsen.

14. Bewertet wird nur das wirkliche Verfahren, das mit der Aufforderung an die Gläubiger gem. § 873 beginnt. Ohne wirkliche Gelderlage ist kein Verteilungsverfahren denkbar. Es ist also beim Anfall einer Gebühr nach § 33 Nr. 3 immer auch eine Masse vorhanden, aus der sie zu entnehmen ist.

15. Einigen sich die Pfandgläubiger über die Verteilung, so wird in der Regel das Verfahren förmlich eingestellt und das hinterlegte Geld abzüglich der Verfahrenskosten hinausgegeben.

16. Auf das Anfechtungsverfahren (Klage nach §§ 878 ff.) finden die Vorschriften über die Bewertung des ordentlichen Prozeßverfahrens unabhängig von der Besteuerung nach § 33 Nr. 3 RGKG. Anwendung.

17. Bei fortlaufenden Bezügen (vgl. § 833 ZPO.) bildet jede hinterlegte Rate ein neues Verfahren im Sinne der §§ 33, 35 Abs. 2, dies um so mehr, als nach § 853 ZPO. das Verteilungsgericht hiebei wechseln kann. Gl. Ansicht Neumiller, ZPO. § 876 Schlußbemerkung.

§ 33 Nr. 4.

18. Wird wegen der gleichen Handlung oder Unterlassung bzw. Duldung einer solchen mehrmals ein Verfahren nach §§ 887, 888, 890 beantragt, so ist so oft die Gebühr des § 33 angefallen, als Anträge gestellt wurden. § 35 Abs. 1. Auf den Ausgang jedes einzelnen dieser besonderen Rechtsstreite im Sinne des § 35 Abs. 1 kommt es nicht an.

19. Zu beachten wäre noch folgendes:

Wird in ein und demselben Verfahren wegen desselben Anspruchs bzw. Gegenstandes gleichzeitig eine Mehrheit von Anordnungen verlangt, beispielsweise die Erlassung des sog. Ermächtigungsbeschlusses nach § 887 Abs. 1 und des sog. Vorschußbeschlusses nach § 887 Abs. 2 oder des Strafbeschlusses nach § 890 Abs. 1 und des nach § 794 ZPO. als Vollstreckungstitel anerkannten Sicherheitsbeschlusses, so ist nur eine Gebühr geschuldet.

20. Wird, weil nicht schon im Hauptsacheurteil enthalten, nur der sog. Drohbeschluß des § 890 Abs. 2 ZPO. erwirkt, so ist dieses Verfahren ein selbständiges im Sinne der §§ 33, 35 Abs. 1 RGKG. Dies erhellt daraus, daß die Erlassung des Drohbeschlusses in diesem Falle einen Zwangsvollstreckungsakt darstellt (RG. 42, 419), eine Verfehlung nach § 890 Abs. 1 ZPO. noch gar nicht erfordert, aber gleichwohl die Grundlage für alle späteren Bestrafungen bilden kann. Von letzteren bildet wieder jede einzelne für sich einen besonderen Rechtsstreit.

21. „Streitgegenstand" ist in allen Fällen nicht etwa die Höhe der zu vollstreckenden (in die Staatskasse fließenden) Geldstrafe oder der Betrag des zu zahlenden Vorschusses oder der zu zahlenden Sicherheit, sondern ausschließlich das Interesse, das der Antragsteller an der zu erwirkenden Leistung hat. Vgl. auch § 893 ZPO. Dieser Wert wird vielfach gleich dem Wert des Hauptanspruches im Prozesse sein, kann jedoch in allen Fällen gem. § 18 vom Gerichtsschreiber zunächst selbständig bestimmt werden.

§ 33 Nr. 5.

22. Unter die Bestimmung des § 33 Nr. 5 fällt jedes Verfahren über Anträge auf Ableistung des Offenbarungseides, ganz gleichgültig, ob die Verpflichtung hiezu auf den Vorschriften des bürgerlichen Rechts (§ 889 ZPO.) oder auf denen der Zivilprozeßordnung (§§ 807, 883) beruht. Es macht auch keinen Unterschied, daß der eine Eid vor dem Prozeßgericht (§ 889 ZPO.), der andere vor dem Vollstreckungsgericht zu leisten ist. Voraussetzung ist nur, daß der Offenbarungseid in einem Verfahren geleistet wird, auf das die Bestimmungen der ZPO. Anwendung zu finden haben. Der vor dem Gerichte der freiwilligen Gerichtsbarkeit geleistete Offenbarungseid scheidet deshalb für § 33 Nr. 5 aus.

23. Das Verfahren einschließlich aller auf die Erzwingung der Eidesleistung gerichteten Anträge bildet einen Rechtsstreit im Sinne der §§ 33, 35 RGKG. Ein neues Verfahren liegt also nur dann vor, wenn das alte durch Eidesleistung oder Zurücknahme oder sonstwie seine Erledigung gefunden hat. Anträge, die nur auf Fortsetzung oder

Beendigung des anhängigen Verfahrens hinzielen, begründen keine neue Gebührenpflicht.

24. Streitwert: Soweit der auf Grund der Bestimmungen des bürgerlichen Rechts zu leistende Offenbarungseid in Frage steht, deckt sich der Streitwert in der Regel mit dem des Hauptprozesses. Vgl. OLG. 4, 266. Soweit es sich um den auf Grund des § 883 ZPO. zu leistenden Eid handelt, ist der Wert der herauszugebenden Sache im Zeitpunkt der Antragstellung entscheidend. Für den gem. § 807 ZPO. zu leistenden Offenbarungseid ist grundsätzlich der Betrag der Forderung — soweit sie zur Vollstreckung steht — maßgebend (a. M. LG. Nbg. 4. 10. 09 BeschwReg. 168/09, das regelmäßig den „ganzen" noch zu Recht bestehenden Anspruch als Streitgegenstand angenommen haben will, wenn der Offenbarungseid auch nur wegen eines Teiles dieses Anspruches beantragt wird). Dazugehörige Früchte, Kosten und Schäden haben gemäß § 4 Abs. 1 ZPO. außer Betracht zu bleiben, Zinsen sind gem. § 15 Abs. 2 RGKG. beizurechnen. S. Anm. 7 zu § 15 Abs. 2. Bestr. — u. E. zu verneinen — ist die Frage, ob die festgesetzten Kosten, wenn sie in Verbindung mit dem Hauptanspruch geltend gemacht werden, einen gebührenpflichtigen Wertsteil bilden. Derartige Kosten fallen zwar nicht unter die im § 4 Abs. 1 ZPO. genannten, vor Erhebung der Klage erwachsenen, wohl aber stehen sie zum Hauptanspruch für das Prozeß- und Zwangsvollstreckungsverfahren in einem noch viel innigeren Zusammenhang als die vor der Klageerhebung entstandenen. Die letztgenannten Kosten fallen gleich den Zinsen an sich unter § 4 Abs. 1 ZPO. Wenn nun bezüglich der Zinsen in § 13 Abs. 2 RGKG. für Akte der Zwangsvollstreckung ausdrücklich eine Ausnahme gemacht wurde, so wäre das gleiche für die vor der Klageerhebung erwachsenen Kosten ebenfalls geschehen, wenn der Gesetzgeber es beabsichtigt gehabt hätte. Wollte er aber schon für diese Art Kosten keine ausnahmsweise von § 4 ZPO. abweichende Behandlung zulassen, so ist ein derartiger Gesetzeswille noch viel weniger für die Prozeßkosten anzunehmen. Diese können nach § 13 Abs. 3 RGKG. immer **nur dann** einen Wertsteil bilden, wenn sie ohne den Hauptanspruch geltend gemacht werden. Dies muß nicht nur für das Prozeß-, sondern auch für das Zwangsvollstreckungsverfahren gelten.

25. Das Offenbarungseidsverfahren auf Antrag von Berufsgenossenschaften behufs Beitreibung rückständiger Unfallversicherungsbeiträge fällt nicht unter § 33 Nr. 5; es ist als Rechtshilfehandlung gebührenfrei.

26. Wegen des Offenbarungseides im Konkursverfahren vgl. § 46.

§ 33 Nr. 6.

27. Das RGKG. ist nur einschlägig, wenn es sich um ein auf Grund der Bestimmungen der ZPO. durchzuführendes Aufgebotsverfahren handelt. Vgl. § 11 EG. ZPO.

28. Die Gebühr fällt für jeden Antrag besonders an. Die in der Praxis aus Gründen der Geschäftsvereinfachung und Kostenersparnis übliche Ansammlung und Verbindung der Anträge hat auf den mit der Stellung des Antrages eingetretenen Gebührenanfall nur den Einfluß, daß eine höhere Gebühr zu erheben ist, wenn die Gebühr aus der gem. § 5 ZPO. zusammengerechneten Wertssumme größer sein sollte als die Summe der angefallenen Einzelgebühren.

29. Die auf Grund des § 1020 ZPO. angeordnete selbständige Zahlungssperre ist ein besonderer Rechtsstreit und als solcher besonders gebührenpflichtig. Die bei Anordnung oder nach Zulassung des Aufgebotsantrages angeordnete unselbständige Zahlungssperre (§ 1019 ZPO.) hat keine besondere Gebühr im Gefolge. Sie ist durch die für das Aufgebotsverfahren selbst angefallene Gebühr mitabgegolten.

30. Die Frage des Streitwerts ist unschwer je nach dem Begehren des Antragstellers zu lösen. Es gelten die Bestimmungen des § 9 RGKG. Nebenforderungen nach § 4 ZPO. bleiben außer Betracht. Bei Wertpapieren entscheidet der Kurswert im Zeitpunkt der Antragstellung, bei nichtvermögensrechtlichen Ansprüchen (Todeserklärung usw.) bestimmt der Gerichtsschreiber zunächst den Wert des Streitgegenstandes gem. §§ 11, 18 RGKG.

31. Das Anfechtungsverfahren gegen ein Ausschlußurteil fällt nicht unter § 33 Nr. 6. Es ist als Rechtsstreit nach §§ 20, 21 besonders zu besteuern. Vgl. § 21 Anm. 4.

32. Bezüglich des Aufgebotsverfahrens für Kriegsverschollene vgl. die BRVO. v. 18. 4. 16, RGBl. S. 296, insbesondere § 18 Abs. 1. Hienach besteht Gebührenfreiheit, nicht aber Freiheit von Auslagen.

§ 33 Nr. 7.

33. Das schiedsrichterliche Verfahren selbst fällt, weil nicht den Bestimmungen der ZPO. unterstehend, auch nicht unter das RGKG.

34. Die Ernennung eines Schiedsrichters ist nur in den Fällen der §§ 1028, 1029, 1030, 1031 ZPO. als „gerichtliche" Handlung gebührenpflichtig. Ernennt aber der Vorsitzende eines bestimmt bezeichneten Gerichtes (einer bestimmten Handelskammer z. B.) auf Grund des Schiedsvertrages — also als Privatperson — den Schiedsrichter, so ist dies keine „gerichtliche" Ernennung.

35. Wegen der Ablehnung des Schiedsrichters vgl. §§ 1032, 41, 42, 406, 1045 ZPO., wegen der Geltendmachung der Ablehnung §§ 1033, 1045 ZPO., wegen der Anordnung von richterlichen Handlungen §§ 1036, 1045 a. a. O.

36. Für die aus Anlaß des schiedsrichterlichen Verfahrens gem. § 1045 ZPO. notwendig werdenden gerichtlichen Verfahren ist der Streitwert nach freiem Ermessen zu bestimmen. Der dem Schiedsspruch selbst unterstellte Anspruch hat dabei Berücksichtigung zu finden, doch ist der gerichtliche Streitgegenstand weit geringer zu bemessen. RGZ. 41, 362; OLG. 19, 166.

§ 34.

Ein Viertel der Gebühr (§ 8) wird erhoben:

1. für das Verfahren über Anträge auf vorläufige Einstellung, Beschränkung oder Aufhebung einer Zwangsvollstreckung gemäß §§ 707, 719, 769, 771 Abs. 3, §§ 785, 786, 805 Abs. 4, § 810 Abs. 2 der Zivilprozeßordnung,

2. für das Verfahren über Anträge auf gerichtliche Handlungen der Zwangsvollstreckung gemäß §§ 791, 822, 823, 825, 829 Abs. 1, §§ 835, 839, 844, 846 bis 848, 857, 858, 885 Abs. 4, §§ 886, 930 Abs. 3, § 934 der Zivilprozeßordnung.

Allgemeines.

1. Die allgemeinen Ausführungen zu § 33 in Anm. 1 gelten entsprechend auch hier mit dem Abmaße, daß nach § 35 Abs. 2 mehrere Verfahren der im § 34 Nr. 2 bezeichneten Art, die denselben Anspruch und denselben Gegenstand betreffen, nur einmal mit der Gebühr des § 34 besteuert werden dürfen. Vgl. die weiteren Ausführungen zu dieser Frage in Anm. 7 und in den Anm. zu § 35.

Die Aufzählung der Fälle in § 34 ist eine erschöpfende. Das Verfahren über Anträge, Einwendungen oder Erinnerungen, welche die Art und Weise der Zwangsvollstreckung oder das bei derselben vom Gerichtsvollzieher zu beobachtende Verfahren oder die von ihm in Ansatz gebrachten Kosten oder die Weigerung desselben betreffen, einen Vollstreckungsauftrag zu übernehmen oder eine Vollstreckungshandlung dem Auftrage gemäß auszuführen — § 766 ZPO. —, bleibt also z. B. ohne Gebühr (Auslagen werden natürlich erhoben!).

Ebensowenig sieht das Gesetz für die in § 770 ZPO. bezeichneten Anordnungen, welche vom Prozeßgericht in dem Urteile, das über die Einwendungen aus §§ 767, 768 ZPO. entscheidet, getroffen werden, eine besondere Gebühr vor. Das gleiche gilt für Entscheidungen von Amts wegen (z. B. §§ 572 Abs. 2, 3, 732 Abs. 2 ZPO.); soweit hier eine andere Gebühr (z. B. über die Beschwerde) anfällt, sind sie durch diese mitabgegolten, soweit eine solche überhaupt nicht zur Erhebung kommt, sind sie von keiner Gebühr betroffen.

2. Für die Berechnung des jeweiligen Streitwerts ist zu beachten, daß es sich um Akte der Zwangsvollstreckung handelt und demzufolge die einzuziehenden Zinsen mitberechnet werden müssen. Der Streitwert für die in § 34 bezeichneten Verfahren wird vielfach von demjenigen, der für das betr. Prozeßverfahren selbst in Frage kommt, abweichen, da § 15 Abs. 2 für letzteres nicht einschlägig ist. Lese anher noch die Anmerkungen zu § 15 Abs. 2 und Anm. 23 zu § 33.

Besonderes.

§ 34 Nr. 1. (Vgl. noch Geb.übers. A I e 3, II c 1.)

3. Die vorläufige Einstellung, Beschränkung oder Aufhebung einer Zwangsvollstreckung kann angeordnet werden:

a) bei dem Antrag auf Wiedereinsetzung in den vorigen Stand oder Wiederaufnahme des Verfahrens (§ 707 ZPO.);

b) wenn gegen ein für vorläufig vollstreckbar erklärtes Urteil der Einspruch oder ein Rechtsmittel eingelegt wird (§ 719 ZPO.);

c) wenn von dem Schuldner Einwendungen gegen den im Urteil festgestellten Anspruch (§ 767 ZPO.) oder gegen die Zulässigkeit der Vollstreckungsklausel im Wege der Klage erhoben werden (§ 768 ZPO.). Die Gebühr wird für den Antrag auf Erlaß einer Anordnung aus § 769 Abs. 1 erhoben — ohne Rücksicht auf die Gebühren für den Rechtsstreit. Das gleiche gilt von der Entscheidung des Vollstreckungsgerichts (Abs. 2). Die im Falle des Abs. 2 des § 769 erforderlich werdende nachträgliche Entscheidung (Bestätigung) des Prozeßgerichts fällt wieder unter § 34 Nr. 1, ist also wieder der Gebühr unterworfen. Eine Anrechnung der neuen Gebühr auf die andere ist ausgeschlossen (§ 35 Abs. 1), da § 35 Abs. 2 schon nach seinem ausdrücklichen Wortlaut auf die Anordnungen des § 34 Nr. 1 keine Anwendung findet (soviele Anträge, soviele Gebühren!).

Fristverlängerungen im Falle des § 769 Abs. 2 sind nicht besonders gebührenpflichtig. Wird jedoch nach dem Ablaufe der Frist eine neue Anordnung des Vollstreckungsgerichts aus Abs. 2 beantragt, so kommt die Gebühr von neuem zum Ansatz.

d) wenn ein Dritter durch Klage behauptet, daß ihm an dem Gegenstande der Zwangsvollstreckung ein die Veräußerung hinderndes Recht zustehe (§ 771 Abs. 3 ZPO.);

e) wenn ein Erbe auf Unzulässigkeitserklärung der Zwangsvollstreckung in das betreffende Vermögen oder Beschränkung derselben auf die zulässigen Maßregeln klagt (§ 785 ZPO.);

f) wenn bei fortgesetzter Gütergemeinschaft von dem überlebenden — nur beschränkt haftenden — Ehegatten und in ähnlichen Fällen von dem beschränkt Haftenden die Unzulässigkeitserklärung der Zwangsvollstreckung in das betreffende Vermögen oder Beschränkung derselben auf die zulässigen Maßregeln geltend gemacht wird (§ 786 ZPO.);

g) wenn ein Dritter, der sich nicht im Besitze der gepfändeten Sache befindet, Klage auf vorzugsweise Befriedigung aus dem Erlöse erhebt (§ 805 Abs. 4 ZPO.);

h) wenn ein Hypothekengläubiger der Pfändung von Früchten, die von dem Boden nicht getrennt sind, widerspricht (§ 810 Abs. 2 ZPO.).

4. Über den Kostenpunkt wird in der Anordnung der Einstellung nicht entschieden. Ergeht später in der Hauptsache Urteil, so umfaßt die da getroffene Kostenentscheidung auch die Kosten der Anordnung (RGZ. 50, 358).

§ 34 Nr. 2.

5. Die nach Nr. 2 zu bewertenden Entscheidungen des Vollstreckungsgerichts (§§ 764, 828) bzw. an dessen Stelle des Prozeßgerichts betreffen:

a) Ersuchen um Zwangsvollstreckung an Behörden im Auslande (§ 791 ZPO.);

b) Ermächtigung des Gerichtsvollziehers zur Erwirkung der Umschreibung eines auf den Namen lautenden Wertpapiers auf auf den Namen des Käufers und zur erforderlichen Erklärungsabgabe an Stelle des Schuldners (§ 822 ZPO.);

c) Ermächtigung des Gerichtsvollziehers, die Wiederinkurssetzung eines außer Kurs gesetzten Inhaberpapiers zu beantragen und die hierzu erforderlichen Erklärungen an Stelle des Schuldners abzugeben (§ 823 ZPO.);

d) Anordnung einer anderweitigen Verwertung einer Pfandsache (§ 825 ZPO.);

e) Pfändung einer Geldforderung (§ 829 Abs. 1 ZPO.);

f) Überweisung einer gepfändeten Geldforderung an den Gläubiger zur Einziehung oder an Zahlungs Statt (§ 835 ZPO.);

g) Überweisung einer gepfändeten Geldforderung, wenn dem Schuldner gem. § 713 Abs. 2 ZPO. nachgelassen ist, die Vollstreckung durch Sicherheitsleistung oder Hinterlegung abzuwenden (§ 839 ZPO.);

h) Anordnung einer andern Art der Verwertung an Stelle der Überweisung (§ 844 ZPO.);

i) Zwangsvollstreckung in Ansprüche, welche die Herausgabe oder die Leistung körperlicher Sachen zum Gegenstande haben (§ 846 ZPO.);

(Anordnung der Herausgabe einer Sache α) an einen Gerichtsvollzieher, wenn ein Anspruch gepfändet ist, welcher eine bewegliche körperliche Sache betrifft — § 847 ZPO.;

β) an einen Sequester, wenn ein Anspruch gepfändet ist, welcher eine unbewegliche Sache betrifft — § 848 ZPO.);

k) Zwangsvollstreckung in andere Vermögensrechte, welche nicht Gegenstand der Zwangsvollstreckung in das unbewegliche Vermögen sind, besonders

Anordnungen der Zwangsvollstreckung in Rechte, welche nur in Ansehung der Ausübung veräußerlich sind (z. B. das Nießbrauchrecht),

Anordnung der Verwaltung bei der Zwangsvollstreckung in Nutzungsrechte,

Anordnung der Veräußerung des Rechts (§ 857 ZPO.);

l) Zwangsvollstreckung in den Anteil an einem im Schiffsregister eingetragenen Schiffe (Schiffspart) (§ 858 ZPO.);

m) Anordnung des Verkaufs von Sachen und der Hinterlegung des Erlöses (§ 885 Abs. 4 ZPO.), mag sie auf Anordnung des Gerichtsvollziehers oder Antrag des Gläubigers erfolgen;

n) Überweisung des Anspruchs eines Schuldners auf Herausgabe einer im Gewahrsam eines Dritten befindlichen Sache (§ 886 ZPO.);

o) Anordnung der Versteigerung einer beweglichen Sache, wenn sie der Gefahr einer beträchtlichen Wertsminderung ausgesetzt ist, oder ihre Aufbewahrung unverhältnismäßige Kosten verursachen würde, und der Hinterlegung des Erlöses (§ 930 Abs. 3 ZPO.);

p) Aufhebung des vollzogenen Arrestes durch das Vollstreckungsgericht gegen Hinterlegung des im Arrestbefehl festgestellten Geldbetrages oder wenn die Fortdauer besondere Aufwendungen erfordert und die Partei, auf deren Gesuch der Arrest verhängt wurde, den nötigen Geldbetrag nicht vorschießt (§ 934 ZPO.).

Vgl. auch § 32 Anm. 6 b.

6. Betreffen jedoch mehrere Verfahren der in § 34 Nr. 2 bezeichneten Art denselben Anspruch und denselben Gegenstand, so kommt im Gegensatz zu § 34 Nr. 1 die Gebühr nur einmal zur Erhebung. Dabei macht es keinen Unterschied, ob die verschiedenen Anträge in einem oder in mehreren Beschlüssen erledigt worden sind. Wird ein Antrag der gedachten Art nach seiner Abweisung wiederholt, so kommt die Gebühr des § 34 Nr. 2 neuerlich zum Ansatz. Vgl. noch § 35 Abs. 2 und die dortigen Anmerkungen.

§ 35.

Jedes Verfahren der in den §§ 32, 33, 34 bezeichneten Art gilt für die Gebührenerhebung als besonderer Rechtsstreit.

Betreffen jedoch mehrere Verfahren der im § 34 Nr. 2 bezeichneten Art denselben Anspruch und denselben Gegenstand, so wird die Gebühr nur einmal erhoben.

1. In den Fällen der §§ 32, 33 und 34 RGKG. (vgl. aber § 35 Abs. 2) begründet jeder neue Antrag als besonderer Rechtsstreit regelmäßig auch den Anfall einer neuen Verfahrensgebühr. Dies gilt selbst dann, wenn der weitere Antrag ganz gleicher Art ist und denselben Anspruch und denselben Gegenstand betrifft (Ausnahme: § 34 Nr. 2).

Beispiele: A beantragt die Entmündigung des Y wegen Verschwendung. B stellt gesondert den gleichen Antrag. A beantragt die Sicherung des Beweises hinsichtlich eines am Bahnhof N. stehenden Wagens Dörrgemüse durch Augenschein und Vernehmung eines vom Gericht zu bestellenden Sachverständigen. B beantragt nach Empfang der Mängelrüge des A das gleiche.

In Sachen A und B gegen C ist C verurteilt, beim Betrieb seiner Dampfsäge zum Schutze der Nachbarschaft stets die Türe und die Fenster des Sägewerks bei Meidung einer Geldstrafe zu schließen. Er handelt diesem Gebot an einem bestimmten Tag zuwider. A stellt selbständig den Antrag auf Verurteilung des C zu einer Geldstrafe. B reicht einen Tag später wegen des gleichen Vorfalls den gleichen Antrag ein.

Mit jeder Antragstellung ist in vorstehenden Beispielen die entsprechende Verfahrensgebühr endgültig besonders angefallen; sie wird auch durch eine später ausgesprochene Verbindung der einzelnen Verfahren nicht mehr beseitigt. Wären die Anträge in einem Schriftsatze oder zu ein und demselben Protokolle gestellt, so wäre nur eine Gebühr angefallen.

2. Die vorstehenden Ausführungen gelten sinngemäß auch dann, wenn es sich um denselben Antragsteller und mehrere Antragsgegner handelt.

Beispiele: A beantragt in einem Protokolle die Entmündigung der Brüder B und C wegen Verschwendung.

A beantragt zum Zwecke der Beitreibung seiner Forderung gegen B in Höhe von 10000 Mk. die Pfändung von sechs Forderungen, die dem B gegen sechs verschiedene Gläubiger in Höhe von je 1000 Mk. zustehen.

In Sachen A gegen B und C sind die beiden Gegner verurteilt bei Ausübung ihres Fischrechts das Betreten des Grundstücks des A bei Meidung einer Geldstrafe zu unterlassen. Beide handeln je an verschiedenen Tagen diesem Gebot entgegen. A beantragt zu einem Protokolle die Verurteilung zu einer Geldstrafe.

Mit Stellung der vorstehenden Anträge ist jeweils nur eine Gebühr angefallen, die aus dem Gesamtwerte der mehreren Anträge geschuldet ist. Eine gesonderte Bewertung des Verfahrens in der Richtung gegen jeden Gegner oder wegen jeder einzelnen zu pfändenden Forderung könnte nur vorgenommen werden, insoweit das Gericht ausdrücklich eine Trennung angeordnet hat.

3. Sind aber im Gegensatze zu Anm. 2 in ein und demselben Antrage oder Protokolle mehrere Anträge aus §§ 32, 33, 34 gestellt, die je unter „verschiedene" der ebengenannten Gebührenvorschriften — sei es nach §, sei es nach Nr. oder Art innerhalb desselben § — fallen, so sind soviele besondere Rechtsstreite zu bewerten als verschiedene Anträge vorliegen.

Beispiele: A beantragt Erlassung eines Arrestbeschlusses und gleichzeitig im Vollzuge dieses Beschlusses die Pfändung einer Forderung. A beantragt in Sachen gegen B wegen Fahrtrechts gem. § 890 ZPO. den Ausspruch einer Geldstrafe und gleichzeitig die Pfändung einer dem B gegen C zustehenden Forderung wegen der festgesetzten Prozeßkosten.

Hier liegen auch ohne Trennung jeweils zwei gesondert zu bewertende Rechtsstreite vor.

4. Eine Ausnahme von der Regel des § 34 Abs. 1 besteht nach Abs. 2 nur für den einzigen Fall, daß es sich um die im § 34 Nr. 2 erschöpfend aufgezählten Verfahren über Anträge auf gerichtliche Zwangsvollstreckung handelt. Hier fällt dann nur eine einzige Gebühr an, wenn das bezeichnete Verfahren denselben Anspruch und denselben Gegenstand betrifft.

Beispiele: Es wird arrestweise eine Forderung gepfändet. Für den später hinsichtlich derselben Forderung und desselben Anspruches ergehenden Überweisungsbeschluß kann keine weitere Gebühr erhoben werden, obwohl eigentlich zwei Anträge und sohin zwei Rechtsstreite (Verfahren) vorliegen. —

Es wird gem. § 847 ZPO. ein Anspruch gepfändet, der eine bewegliche körperliche Sache (einen altertümlichen Schrank z. B.) betrifft. Gleichzeitig wird angeordnet, daß dieser Schrank an einen vom Gläubiger zu bezeichnenden Gerichtsvollzieher herauszugeben sei. Die nach den Vorschriften über die Verwertung gepfändeter Sachen eingeleitete Verwertung zeigt jedoch, daß ein entsprechender Erlös nicht erzielt wird. Antragsgemäß wird deshalb gerichtlich angeordnet (§ 825 ZPO.), daß die Verwertung im Wege des freihändigen Verkaufs erfolgen solle. Auch diese Anordnung führt nicht zum gewünschten Ziel. Daraufhin wird antragsgemäß weiter vom Gericht beschlossen, daß der Schrank nach München zu transportieren und dort bei der nächsten sich bietenden Kunstauktion zu versteigern sei.

Alle diese verschiedenen Anträge, welche jeder für sich unter § 34 Nr. 2 fallen würde, dürfen nur mit „einer" Verfahrensgebühr besteuert werden.

§ 36.

Für das Sühneverfahren gemäß § 510c der Zivilprozeßordnung wird eine Gebühr nicht erhoben. Wird in dem Sühnetermin ein Vergleich aufgenommen, so wird hierfür ein Viertel der Gebühr (§ 8) erhoben. Übersteigt der Streitwert nicht 1000 Mark, so bleibt der Vergleich gebührenfrei.

Wird in einem Rechtsstreit ein Vergleich vor dem Gericht abgeschlossen, so gelangt die im Abs. 1 Satz 2 bestimmte Gebühr zur Erhebung, insoweit der Wert des Vergleichsgegenstandes den Wert des Streitgegenstandes übersteigt.

1. Aus den Motiven: Aus allgemeinen prozeßpolitischen Erwägungen erschien es geboten, das Sühneverfahren gem. § 510c ZPO.

tunlichst gering zu belasten. Das Gesetz sieht demgemäß von einer Gebühr für das Verfahren als solches überhaupt ab und setzt nur eine Gebühr von ein Viertel für den in dem Verfahren aufgenommenen Vergleich fest. Bis zu einem Werte von 1000 Mk. (einschl.) bleibt auch der Vergleich gebührenfrei.

Die Viertelsgebühr wird ferner erhoben, wenn in einem Rechtsstreit ein Vergleich **vor Gericht** abgeschlossen wird, sofern der Wert des Vergleichsgegenstandes den des Streitgegenstandes übersteigt. Durch diese Vorschrift wird eine Lücke des bisherigen Rechtes ausgefüllt, die in der Rechtsprechung nach verschiedenen Richtungen zu Streitfragen Anlaß gegeben hatte.

2. § 36 Abs. 1 hat ausschließlich das durch § 510 c ZPO. geregelte Sühneverfahren im Auge, das vor der Klageerhebung bei dem Amtsgerichte des allgemeinen Gerichtsstandes stattfindet, er ist also nicht einschlägig für die Sühneversuche nach §§ 296, 608 ZPO. Letztere sind nicht besonders gebührenpflichtig und durch die Prozeßgebühr des § 20 Nr. 1 abgegolten.

§ 36 Abs. 2 dagegen führt zurück in das ordentliche Prozeßverfahren und regelt die Bewertung eines Vergleiches, der außerhalb des betr. Rechtsstreits liegende Ansprüche betrifft (vgl. Anm. 5).

3. Streitgegenstand im Sühneverfahren nach § 510 c ZPO. ist die Summe aller Ansprüche, welche im Laufe dieses Verfahrens (sei es durch die Ladung, sei es durch nachträgliches Vorbringen vor oder in dem Termin) geltend gemacht **und** Gegenstand des Vergleiches waren.

Sind von beiden Parteien solche Ansprüche geltend gemacht und durch Vergleich im Wege gegenseitigen Nachgebens beseitigt worden (§ 779 BGB.), so sind dieselben gem. § 5 ZPO. zusammenzurechnen. Diese Summe stellt dann den „Wert des Vergleichsgegenstandes" dar. Auf das, was von den Parteien zur Erfüllung des Vergleiches zu leisten ist, hat es also in keiner Weise anzukommen, maßgebend ist allein der Wert des Rechtsverhältnisses, bezüglich dessen der Streit oder die Ungewißheit beseitigt wurde.

4. Streitgegenstand im ordentlichen Prozeßverfahren ist dagegen nur das Rechtsverhältnis, das den Gegenstand des schwebenden Rechtsstreites bildet.

Voraussetzung ist also, daß der betreffende Anspruch durch Erhebung der Klage oder im Laufe des Prozesses durch Widerklage oder Klageerweiterung rechtshängig geworden ist. Nur auf diese engbegrenzten Ansprüche erstreckt sich der Prozeßvergleich, nur insoweit ist die Beurkundung des Vergleiches durch die Prozeßgebühr des § 20 Nr. 1 abgegolten.

Der Wert des Vergleichsgegenstandes überschreitet „in diesem Falle" nie den Wert des im Rechtsstreit geltend gemachten Streitgegenstandes.

5. Häufig wird nun in der Praxis anschließend an den (bzw. im) Prozeßvergleich der Anm. 4 auch eine Reihe von Ansprüchen der vergleichsweisen Regelung zugeführt, die nicht Streitgegenstand des betreffenden ordentlichen Prozeßverfahrens waren, denselben also überschreiten. In dieser Beziehung sind folgende Unterscheidungen zu machen:

a) Es handelt sich um die gleichzeitig erfolgende vergleichsweise Regelung eines Anspruches, der Gegenstand eines anderen, bei dem gleichen Gericht — wenn auch vor einer anderen Kammer — rechtshängigen Prozesses ist.

b) Es handelt sich bei dem Anspruch um einen solchen, der Gegenstand eines vor einem anderen ordentlichen Gericht rechtshängigen Prozesses ist.

c) Es handelt sich um einen Anspruch, der Gegenstand eines vor einem Sondergericht (Schieds-, Kaufmanns- oder Gewerbegericht usw.) anhängigen Verfahrens ist.

d) Es handelt sich um einen Anspruch, bezüglich dessen überhaupt noch keine anderweitige Geltendmachung vorausgegangen ist.

Ausgehend von dem Standpunkt der Rechtsprechung, die feststellt, daß in den Fällen der Anm. 5 b, c und d kostenrechtlich ein „Akt der freiwilligen Gerichtsbarkeit" vorliegt — RGZ. 36, 404; OLG. 19, 251 —, ist die Gebühr des § 36 Abs. 1 Satz 2 immer dann geschuldet, wenn nicht ausnahmsweise die Voraussetzungen der Anm. 5 a (beim gleichen Gericht rechtshängig) gegeben sind.

6. Der Begriff „Vergleichsgegenstand" im Sinne des § 36 Abs. 2 ist in gleicher Weise auszulegen, wie dies bezüglich des § 36 Abs. 1 in Anm. 3 geschehen ist.

7. Insoweit der Wert des Vergleichsgegenstandes sich mit dem Wert des Streitgegenstandes des betreffenden Prozesses deckt, ist der Vergleich durch die Prozeßgebühr des § 20 Nr. 1 abgegolten, hinsichtlich des über den Prozeßgegenstand hinausgehenden Wertes wird eine mit der Beurkundung des Vergleiches fällig werdende Viertelsgebühr zum Ansatz gebracht.

8. Der durch § 36 Abs. 2 besteuerte Vergleich ist kostenrechtlich genau so behandelt, wie wenn er im Sühneverfahren des § 510 c aufgenommen worden wäre. Von der Erhebung einer weiteren besonderen „Gebühr" kann also ebensowenig wie bei § 36 Abs. 1 gesprochen werden, um so weniger als § 101 des alten RGKG., der dies ermöglicht hätte, im neuen Gesetz gestrichen wurde. Vgl. aber § 2 Abs. 3 und die dortigen Anmerkungen wegen der Stempelpflicht.

§ 37.

Für das durch den Gerichtsschreiber an die Post gerichtete Ersuchen um Bewirkung einer Zustellung (Zivilprozeßordnung § 196) ist die einem Gerichtsvollzieher für den gleichen Akt zustehende Gebühr als Gerichtsgebühr zu erheben, sofern nicht die Zustellung von Amts wegen bewirkt wird.

1. Die Gebühr des § 37 ist in Form einer Gerichtsgebühr zu verrechnen, ohne eigentlich den Charakter einer solchen zu haben. Das Gesetz wollte bewirken, daß die auf Betreiben der Parteien erfolgenden Zustellungen mit den gleichen Kosten belastet werden, wie wenn sie durch den Gerichtsvollzieher ausgeführt worden wären.

Diesem Gedankengang folgend haben die Zustellungskosten im ganzen betrachtet mehr die Natur von Auslagen (vgl. § 72 Nr. 6) und fallen also aus dem Rahmen der sonst für die „Gebühren" maßgebenden

Bestimmungen des RGKG. heraus. Es liegt demnach kein Grund vor, die Erhebung der infolge der Ausführung der Zustellung anfallenden Postgebühren zu unterlassen. (Bestr.)

Wer aber nur die Gebühr allein als geschuldet erachtet, muß diese dann auch folgerichtig gem. § 7 Abs. 1 auf 100 Mk. aufrunden.

2. Auf die Beglaubigung der zuzustellenden Schriftstücke entstehen mangels einer dahingehenden Bestimmung keine Gebühren (§§ 196, 210 ZPO.).

3. Das Anwendungsgebiet des § 37 ist praktisch recht selten. Wegen Fälligkeit s. § 75 Abs. 1.

§ 38.

Für das Verfahren über Beschwerden gemäß § 71 Abs. 2, § 99 Abs. 3 der Zivilprozeßordnung wird die volle Gebühr (§ 8) erhoben. Das gleiche gilt für Beschwerden über die Zurückweisung eines Antrags auf Anordnung eines Arrestes oder einer einstweiligen Verfügung.

Im übrigen wird für das Verfahren in der Beschwerdeinstanz die im Abs. 1 bestimmte Gebühr nur erhoben, soweit die Beschwerde als unzulässig verworfen oder zurückgewiesen wird.

1. Die Bewertung des Beschwerdeverfahrens ist gegenüber dem bis jetzt geltenden Recht wesentlich vereinfacht.

2. Ohne Rücksicht auf den Erfolg werden bewertet:

a) Beschwerden, welche sich gegen die den Antrag auf Zurückweisung einer Nebenintervention betreffenden Entscheidungen (Zwischenurteile) nach § 71 Abs. 2 ZPO.,

b) Beschwerden, welche sich gegen eine ausschließlich den Kostenpunkt des Rechtsstreits (ohne die Hauptsache) betreffende Entscheidung nach § 99 Abs. 3 ZPO.,

c) Beschwerden, welche sich gegen die Zurückweisung eines Antrages auf Anordnung eines Arrestes (§ 922 Abs. 3 ZPO.) oder einer einstweiligen Verfügung (§§ 922, 935, 567 ZPO.)

richten. Nur in diesen Fällen darf auch beim Obsiegen des Beschwerdeführers die Gebühr des § 38 erhoben werden.

3. In allen anderen Fällen dagegen ist grundsätzlich eine Gebühr nur dann geschuldet, wenn das Beschwerdeverfahren mit einer Verwerfung oder Zurückweisung der Beschwerde endet.

4. Die Zurücknahme der Beschwerde ist gebührenfrei, es sei denn, daß es sich um einen der im § 38 Abs. 1 bezeichneten Fälle handelt. Hier ist schon mit Einlegung der Beschwerde die Gebühr endgültig verfallen.

5. Wird die Änderung einer Entscheidung des beauftragten oder ersuchten Richters oder des Gerichtsschreibers verlangt, so ist nach § 576 ZPO. die Entscheidung des Prozeßgerichts nachzusuchen. Erst gegen diese Entscheidung findet dann die Beschwerde statt. Nur dieses letztgenannte Beschwerdeverfahren fällt unter den § 38, während das Verfahren, das sich infolge Anrufung des Prozeßgerichts entwickelt, grundsätzlich mit keiner Gebühr belegt werden darf. Vgl. auch Art. VI § 1 d. Ges. v. 11. 3. 1921, RGBl. S. 229.

6. Kostenschuldner ist in allen Fällen zunächst grundsätzlich derjenige, der das Verfahren der Instanz beantragt hat, also der Beschwerdeführer. § 77 RGKG. Dazu kann nach § 79 als weiterer Schuldner derjenige treten, dem die Kosten des Verfahrens auferlegt usw. sind. Vgl. auch § 82.

7. Streitwert: Der Beschwerdegegenstand ist von Fall zu Fall unter Beachtung der einschlägigen Bestimmungen zu bestimmen. Dabei ist grundsätzlich zu beachten, daß nur das Interesse entscheidend ist, das die beschwerdeführende Partei an der Verfolgung ihrer Beschwerde hat. Legt beispielsweise (vgl. § 32 Anm. 12, § 18 Anm. 4) ein Rechtsanwalt eigenen Namens wegen der Höhe des Streitgegenstands Beschwerde ein, so besteht der Streitgegenstand in dem Unterschiede der Rechtsanwaltsgebühren, der sich unter Annahme des angegriffenen und des erstrebten Gegenstandswertes berechnet.

Entscheidend ist in allen Fällen das Interesse des Beschwerdeführers ohne Rücksicht auf seine sonstige Parteirolle, doch ist der Streitwert der Höhe nach insoferne begrenzt, als er den der Vorinstanz nicht überschreiten darf. Handelt es sich um eine bestimmte Summe, so ist immer diese allein maßgebend.

§ 39.

Ist außer dem Falle des § 335 der Zivilprozeßordnung durch Verschulden einer Partei oder eines Parteivertreters die Vertagung einer mündlichen Verhandlung oder die Anberaumung eines neuen Termins zur mündlichen Verhandlung veranlaßt, oder ist durch nachträgliches Vorbringen von Angriffs- oder Verteidigungsmitteln, Beweismitteln oder Beweiseinreden, welches zeitiger erfolgen konnte, die Erledigung des Rechtsstreits verzögert worden, so kann das Gericht der Partei von Amts wegen eine besondere Gebühr in Höhe der vollen Gebühr (§ 8) auferlegen. Die Gebühr kann bis zu einem Viertel ermäßigt werden.

Gegen den Beschluß findet Beschwerde nach Maßgabe des § 567 Abs. 2 und der §§ 568 bis 575 der Zivilprozeßordnung und des § 4 Abs. 3 dieses Gesetzes statt.

1. Das Gesetz stellt hier eine Ausnahmebestimmung auf. Das Gericht kann von Amts wegen oder auch auf Anregung einer Partei die besondere Gebühr beschließen mit der Folge, daß diese von den Wirkungen des § 25 RGKG. nicht berührt und auch von dem im Prozeß unterlegenen Gegner nicht zu erstatten ist.

2. Der Begriff „Verschulden" ist der richterlichen Auslegung unterstellt. Voraussetzung zur Annahme eines Verschuldens ist keineswegs, daß die Partei absichtlich oder grobfahrlässig die Verzögerung herbeigeführt hat, selbst Rechtsirrtum vermag ein Verschulden zu bilden, nicht dagegen die Verhinderung infolge von Naturereignissen oder anderen unabwendbaren Zufällen.

3. Gegen die Ablehnung der Anregung einer Partei, nach § 39 zu verfahren, ist Beschwerde unzulässig. RGZ. 32, 392.

4. § 39 setzt voraus, daß durch das schuldhafte Verhalten einer Partei oder auch ihres Vertreters eine **Verzögerung** des Rechtsstreits bewirkt wird, sei es dadurch, daß eine begonnene Verhandlung vertagt wird oder daß eine Partei gegen sich hat Versäumnisurteil ergehen lassen, das sie dann mit Einspruch anficht, oder daß eine nochmalige Beweisanordnung (mit neuem Termin) erforderlich wird. Je nach Sachlage trägt die Verzögerungsgebühr also den Charakter einer Prozeß- oder Beweisgebühr; sie kann insbesondere auch in jeder Instanz mehrmals beschlossen werden.

5. Die im Armenrecht streitende Partei ist von der Zahlung der Gebühr des § 39 nicht befreit.

6. Amts- und landgerichtliche Beschlüsse der ersten Instanz unterliegen ohne Einschränkung, solche der Oberlandesgerichte überhaupt nicht der Beschwerde. Gegen die Entscheidungen des Landgerichts als Beschwerdegericht ist eine weitere Beschwerde nicht mehr zulässig (Prozeßkosten!). §§ 567 ff. ZPO., § 4 RGKG. Anm. 11.

7. Die Beschwerde (Abs. 2) unterliegt nicht dem Anwaltszwang.

Dritter Abschnitt.

Gebühren im Konkursverfahren.

§ 40.

Auf die Gebühren im Konkursverfahren finden die Vorschriften des § 8 über die Wertklassen und den Gebührensatz, sowie der §§ 16, 18, 19 dieses Gesetzes und des § 3 der Zivilprozeßordnung über die Wertfestsetzung entsprechende Anwendung.

1. Die §§ 4—9 ZPO. sind nicht anwendbar; die aus dem Hauptanspruch gezogenen Früchte, Nutzungen, Zinsen, und die zur Beitreibung aufgewendeten Kosten — berechnet bis zum Tage der Konkurseröffnung — sind also Hauptforderung. Gegensatz: § 9 RGKG.

2. Den Streitwert bestimmt (berechnet) der Gerichtsschreiber nach seinem Ermessen. Erst auf Antrag oder wenn es das Gericht für angemessen erachtet, findet eine richterliche Festsetzung statt. § 18 RGKG.

3. Vgl. dagegen § 44 RGKG., wo der § 148 KO. für die Wertsberechnung maßgebend ist. Im Gegensatz zu § 40 RGKG. hat für die Wertsberechnung in bürgerl. Rechtsstreitigkeiten § 148 KO. dagegen in § 9 RGKG. Aufnahme gefunden.

§ 41.

Für das Verfahren über den Antrag auf Eröffnung des Konkurses wird die Hälfte der Gebühr (§ 8) erhoben.

1. Diese Gebühr ist bei Stellung des Antrages fällig, hat den Charakter einer Verfahrensgebühr, bleibt auch im Falle der Antragszurücknahme geschuldet und beseitigt die Notwendigkeit der Erhebung eines Gebührenvorschusses. Sie ist regelmäßig neben den nach § 42 anfallenden Gebühren zu erheben; die Möglichkeit der Anrechnung auf diese Gebühren besteht nur für den Fall, daß das Verfahren auf Antrag des Gemeinschuldners eröffnet wird.

2. Wegen des Gegenstandswertes vgl. §§ 40, 43 Abs. 4.

3. Stellen mehrere Gläubiger den Konkursantrag, so ist zu untersuchen, ob der Antrag gemeinsam oder von jedem Gläubiger gesondert gestellt ist (nebensächlich ist, ob die Anträge in einer oder mehreren Entscheidungen erledigt werden). Bei gemeinsamen Anträgen ist nur eine Gebühr, bei gesondert gestellten oder nachträglich getrennten, ursprünglich gemeinsamen Anträgen je eine besondere Gebühr, berechnet nach den Grundsätzen des § 43, angefallen.

§ 42.

Für die Durchführung des Konkursverfahrens wird die dreifache Gebühr (§ 8) erhoben.

Sie ermäßigt sich auf die einfache Gebühr, wenn das Verfahren vor dem Ablauf der Anmeldefrist, und auf die zweifache Gebühr, wenn das Verfahren nach diesem Zeitpunkt gemäß §§ 202, 204 der Konkursordnung eingestellt wird.

Ist das Verfahren auf Antrag des Gemeinschuldners eröffnet worden, so kommt die im § 41 bestimmte Gebühr zur Anrechnung.

1. Die Gebühr des Abs. 1 ist die Regelgebühr. Durch sie ist die ganze vom Konkursgericht **entfaltete Tätigkeit** abgegolten; besondere Gebühren werden also z. B. für Ermittelungen über die Zahlungsunfähigkeit des Schuldners oder für die Anordnung von Sicherungsmaßregeln gemäß § 106 KO. nicht erhoben. Gewisse, durch den Zweck des Konkursverfahrens nicht notwendig gebotene Akte (§§ 44, 45, 47) werden jedoch besonders besteuert. Sie fällt an für die Durchführung des Verfahrens, ist also immer dann geschuldet, wenn das Konkursverfahren „aufgehoben" wird, sei es auf Grund der Schlußverteilung, sei es infolge Zwangsvergleiches.

2. Eine Ermäßigung dieser Gebühr kann (Abs. 2) nur eintreten, wenn das Verfahren seine Erledigung durch „Einstellung" findet, sei es infolge des Antrages des Gemeinschuldners oder mangels einer die Kosten des Verfahrens deckenden Masse. §§ 202, 204 KO. Je nachdem die Einstellung in beiden Fällen vor oder nach dem Ablaufe der Anmeldefrist (vgl. insbesondere auch § 202 Abs. 2 KO.) erfolgt, ist nur die einfache oder zweifache Gebühr des § 8 geschuldet.

3. Die Nachtragsverteilung (§ 166 KO.) bewirkt keine Erhöhung der Gebühr, wohl aber wird sich regelmäßig eine Erhöhung der Aktivmasse (§ 43 RGKG.) und deshalb die Notwendigkeit einer neuerlichen Gebührenberechnung ergeben.

§ 43.

Die in den §§ 41, 42 bestimmten Gebühren werden nach dem Betrage der Aktivmasse erhoben. Massekosten, mit Ausnahme der gerichtlichen Kosten des gemeinschaftlichen Verfahrens und der Gebühren des Konkursverwalters und des Gläubigerausschusses, sowie Masseschulden werden abgesetzt. Gegenstände, welche zur abgesonderten Befriedigung dienen, werden nur in Höhe des für diese nicht erforderlichen Betrags angesetzt.

Ist die Aktivmasse höher als die Schuldenmasse, so wird die Gebühr nach dem Betrage der letzteren erhoben.

Für die Berechnung der Masse ist die Zeit der Beendigung des Verfahrens maßgebend.

Ist der Antrag auf Eröffnung des Konkursverfahrens von einem Gläubiger gestellt, so wird die im § 41 bestimmte Gebühr nach dem Betrage seiner Forderung, sofern jedoch der Betrag der Aktivmasse geringer ist, nach diesem erhoben.

1. Entscheidend ist die Aktivmasse, welche (nach dem Schlußverzeichnis) zur Befriedigung der Konkursgläubiger vorhanden ist. Nicht maßgebend ist die nach dem Inventar sich ergebende Aktivmasse, die sich infolge der Verwertung der Sachen ändern kann.

2. Bei Berechnung der Aktivmasse ist zunächst der Wert des gesamten Vermögens (einschließlich etwaiger bis zum Tage des Aufhebungs- oder Einstellungsbeschlusses angefallener Zinsen) festzustellen.

3. Von dem **Aktivvermögen** sind sodann **abzuziehen:**

als **Massekosten:** a) die Ausgaben für die Verwaltung, Verwertung und Verteilung der Masse (Auslagen — nicht auch Gebühren! — des Konkursverwalters, Auslagen für Schätzung und Versteigerung, für Fortführung des Geschäfts, Reisekosten des Konkursverwalters, Kosten der Verhaftung des Gemeinschuldners zwecks Leistung des Offenbarungseides, Auslagen, nicht aber das Honorar des Gläubigerausschusses!); b) die dem Gemeinschuldner und seiner Familie nach den §§ 129 Abs. 1, 132 Abs. 1 KO. bewilligte Unterstützung;

als **Masseschulden:** die Ansprüche, welche aus Geschäften oder Handlungen des Verwalters entstanden sind (hierunter fallen: Gewährleistungsansprüche aus Verkäufen des Konkursverwalters, Ansprüche aus den vom Verwalter neu eingegangenen Dienstverträgen mit dem Gemeinschuldner oder einem Dritten, die Kosten eines von dem Verwalter geführten Prozesses, die Entschädigungsansprüche, die gegen den Verwalter aus § 833 BGB. geltend gemacht wurden);

die Ansprüche aus zweiseitigen Verträgen, die vor dem Konkurs bereits begründet waren und deren Erfüllung zur Konkursmasse verlangt wurde oder für die Zeit nach der Konkurseröffnung erfolgen mußte. (Hierher gehören z. B. die nach der Konkurseröffnung entstandenen Miet-, Pacht- und Dienstverträge); die Ansprüche aus einer ungerechtfertigten Bereicherung der Masse (§§ 818—821 BGB.); ist die Bereicherung vor Konkursbeginn erfolgt, so ist nur eine einfache Konkursforderung gegeben.

4. Im Nachlaßkonkurs kommen zu den aufgeführten Masseschulden noch andere dazu (s. § 224 KO.).

5. Die gerichtlichen Kosten des gemeinschaftlichen Verfahrens (Gebühren und Auslagen), die an sich Massekosten sind, dürfen nicht in

Abzug gebracht werden. Insoweit jedoch der Konkursverwalter Auslagen für Urkundspersonen (Gerichtsvollzieher usw.) hat, fallen diese unter 3 a.

6. Zu Abs. 2. Für den Fall, daß die Schuldenmasse den Betrag der Aktivmasse nicht erreicht, ist die Gebühr nach dem Betrag der ersteren zu erheben. Maßgebend ist die Summe der gem. § 61 KO. festgestellten Konkursforderungen einschließlich der Kosten, welche dem Gläubiger vor der Eröffnung des Verfahrens erwachsen sind, der Vertragsstrafen, auch wenn diese erst nach der Konkurseröffnung verfallen sind (RGZ. 21, 6; 26, 92), und der bis zur Eröffnung des Verfahrens aufgelaufenen Zinsen.

Die von der Aktivmasse zugelassenen Abzüge (vgl. Anm. 3 und 4) sind bei der Schuldenmasse nicht statthaft.

7. Zu Abs. 4. Unter Forderung im Sinne des Abs. 4 ist der vom Gläubiger geforderte Betrag an Hauptsache, Zinsen, Vertragsstrafen und sonstigen Nebenforderungen, wie sie in Anm. 6 aufgeführt sind, zu verstehen. § 148 KO. hat keine Anwendung zu finden.

Ist der Betrag der gem. Anm. 1—5 berechneten Aktivmasse geringer, so ist dieser für die Berechnung der Gebühr maßgebend.

§ 44.

Für die Anberaumung eines besonderen Prüfungstermins (Konkursordnung § 142) wird nach dem Betrage der einzelnen Forderungen, zu deren Prüfung der Termin bestimmt ist, die halbe Gebühr (§ 8) erhoben. Auf die Wertberechnung findet die Vorschrift des § 148 der Konkursordnung entsprechende Anwendung.

1. Ein besonderer Prüfungstermin liegt dann vor, wenn in ihm nur Forderungen geprüft werden, die in dem allgemeinen Prüfungstermin — sei es infolge zu später Anmeldung, sei es infolge nachträglicher Berichtigung oder Ergänzung der ursprünglichen Anmeldung — nicht geprüft werden konnten; daß in dem „besonderen" Prüfungstermin auch andere (mit der Prüfung von Forderungen nicht im Zusammenhang stehende) Angelegenheiten erledigt werden (wie z. B. im Zwangsvergleichs- oder Schlußtermin), ist für den Anfall der Gebühr des § 44 ohne Belang. War der „allgemeine" Prüfungstermin vertagt worden, so kommt § 44 nicht zur Anwendung.

2. Die Gebühr ist mit der Anberaumung des Termines angefallen, ohne daß es auf den Termin selbst oder dessen Ergebnis anzukommen hätte. Auch die Zurücknahme der Anmeldung nach der Terminsanberaumung vermag keine Gebührenermäßigung herbeizuführen. Vgl. auch § 6 RGKG.

3. Die Berechnung erfolgt für jede Anmeldung nach dem Betrag der einzelnen Forderungen besonders. Die Kosten der besonderen Terminsanberaumung trägt der säumige Gläubiger. § 142 Abs. 3 KO.

4. Als Gegenstandswert maßgebend ist der Wert, den die angemeldete Forderung (einschließlich der bis zur Eröffnung des Verfahrens angefallenen Zinsen, Kosten, sonstigen Nebenforderungen, sowie allenfalls geschuldeter Vertragsstrafen [vgl. § 43 Anm. 6]) mit Rücksicht auf das Verhältnis der Teilungs- zur Schuldenmasse hat. Der Streitwert wird zunächst vom Gerichtsschreiber gem. § 18 RGKG. berechnet. Vgl. im übrigen § 40 Anm. 2; § 148 KO.

Dabei ist zu beachten, daß im Falle eines Zwangsvergleiches die durch den Vergleich gewährte Quote für die Wertsberechnung in keiner Weise maßgebend ist.

5. Berufsgenossenschaften sind von der Zahlung der Gebühr des § 44 befreit (OLG. Colmar 31. 12. 09, DSekrZ. 10, 79).

§ 45.

Für die auf Betreiben des Konkursverwalters erfolgende Zwangsverwaltung oder Zwangsversteigerung eines zur Konkursmasse gehörigen Gegenstandes (Konkursordnung §§ 126, 127) wird die Gebühr nach den Vorschriften über die Gebührenerhebung für Zwangsvollstreckungen besonders erhoben.

1. Die Zwangsverwaltung oder Zwangsversteigerung der zur Konkursmasse gehörigen unbeweglichen Gegenstände sowie der Pfandverkauf beweglicher Sachen (§§ 1235—1240 BGB.) ist nach den Landesgebührengesetzen, die im Wege der Zwangsvollstreckung erfolgende Versteigerung von beweglichen Sachen nach § 34 Nr. 2 RGKG. zu bewerten.

§ 46.

Für das Verfahren zur Abnahme des Offenbarungseids gemäß § 125 der Konkursordnung, einschließlich des Verfahrens über Anträge auf Erzwingung der Eidesleistung (Zivilprozeßordnung § 901), werden besondere Gebühren nicht erhoben.

1. Auslagen werden erhoben (z. B. Haftkosten).

2. Die Gebühr kommt in Wegfall. Ganz gleichgültig ist dabei, ob es sich um einen Antrag seitens des Konkursverwalters oder eines Konkursgläubigers handelt.

3. Das gleiche gilt auch für das Beschwerdeverfahren betr. den über den Widerspruch des Gemeinschuldners ergangenen Beschluß.

§ 47.

Für das Verfahren in der Beschwerdeinstanz gilt, wenn sich die Beschwerde gegen den Beschluß über Eröffnung des Konkursverfahrens (Konkursordnung § 109) richtet, § 38 Abs. 1, im übrigen § 38 Abs. 2 entsprechend.

Im Falle der Beschwerde gegen den Beschluß über Eröffnung des Konkursverfahrens (Konkursordnung § 109) oder den Beschluß über Bestätigung eines Zwangsvergleichs (Konkursordnung §§ 189, 230 Abs. 2, § 236) finden die Vorschriften des § 43 Anwendung.

1. Die sofortige Beschwerde des § 109 KO. steht
a) gegen den Eröffnungsbeschluß nur dem Gemeinschuldner,
b) gegen den abweisenden Beschluß nur demjenigen zu, der den Eröffnungsantrag gestellt hat.

In den nach § 38 Abs. 1 zu behandelnden Fällen des § 47 ist die Gebühr sofort mit Stellung des Antrages gem. § 74 RGKG. geschuldet. Sie wäre an sich auch bedenkenlos sofort zu Soll zu stellen, da ihr Anfall insoweit ein endgültiger ohne Rücksicht auf den Ausgang des Beschwerdeverfahrens ist. Eine eingehendere Betrachtung unter dem Gesichtspunkte des Kostenschuldners ergibt aber, daß hier eine Gesetzeslücke ist. Es fehlt zunächst an einem Schuldner, da nur die Fälligkeit der Gebühr (§ 74 Abs. 1), nicht aber die Kostenschuldnerfrage für § 47 Abs. 1 Satz 1, zus. mit § 38 Abs. 1 eine Regelung im 6. Abschnitt gefunden hat. Es muß also in diesem Falle mit der Sollstellung bis zur Entscheidung der Beschwerde zugewartet werden, d. h. bis zu dem Zeitpunkte, in welchem nach § 79 ein Kostenschuldner entstehen kann. (S. auch § 88.)

Für den Fall der Zurücknahme der Beschwerde aus § 109 KO. ist gleichfalls nur die Fälligkeit der Gebühr (§§ 74 Abs. 1, 75 Abs. 1) im Gesetz geregelt, nicht aber die Schuldnerfrage!

Eine eingehendere Betrachtung der oben unter a und b bezeichneten Fälle zeitigt folgende Ergebnisse:

α) Unterliegt im Falle a der Gemeinschuldner in der Beschwerdeinstanz, so treffen die Kosten zweifellos ihn selbst, siegt er (wird also der Eröffnungsantrag abgewiesen), so hat das Gericht dem Gegner (antragstellenden Konkursgläubiger) die Kosten zu überbürden. Eigentümlich wird dieser Fall aber dann, wenn der Eröffnungsbeschluß auf Antrag des Gemeinschuldners selbst erlassen und von ihm gleichwohl angefochten (bestr.) wird. Auch in diesem Falle werden, vorausgesetzt daß ein entsprechender Ausspruch des Beschwerdegerichts im Kostenpunkt vorliegt, von dem Gemeinschuldner trotz seines Obsiegens die Beschwerdekosten erhoben. § 79 RGKG.

β) Unterliegt im Falle b der Konkursgläubiger, so ist seine Kostenschuld nicht zweifelhaft. Siegt er, so besteht eine Möglichkeit zur Hereinholung der Kosten nur, wenn das Gericht in seiner Entscheidung einen Kostenschuldner bezeichnet. Das kann aber nach konkursrechtlichen Begriffen dann nur der Gemeinschuldner sein. § 79 RGKG.

γ) Ganz ähnlich liegt die Sache dann, wenn der Gemeinschuldner gegen den abweisenden Beschluß sich beschwert. Unterliegt er, so ist über seine Kostenpflicht kein Zweifel, siegt er aber (wird also das Verfahren eröffnet), so fehlt es an einem kostenpflichtigen Gegner. Maßgebend in dieser Hinsicht kann für den gebührenbewertenden Beamten dann ebenfalls nur die richterliche Entscheidung sein. Vielfach wird gerade in solchen Fällen die Anwendung des § 6 RGKG. angezeigt sein.

2. Für alle anderen Beschwerden (ausgenommen Anm. 1) gilt der Grundsatz des § 38 Abs. 2, nach welchem eine Gebühr nur dann erhoben wird, wenn die Beschwerde als unzulässig verworfen oder zurückgewiesen wird. Die Zurücknahme bewirkt hier keinen Gebührenanfall.

3. In den Fällen der §§ 109, 189, 230 Abs. 2, 236 KO., in denen ein Gläubiger als Beschwerdeführer auftritt, ist die Gebühr des § 47 nach dem Betrage seiner Forderung (vgl. Anm. 7 zu § 43), oder wenn der Betrag der Aktivmasse geringer ist, aus dieser zu erheben. Bei der Beschwerde des Gemeinschuldners gegen den Eröffnungs- oder Abweisungsbeschluß, sowie gegen den den Zwangsvergleich bestätigenden oder verwerfenden Beschluß (§§ 109, 189 KO.) ist jedoch der Betrag der Aktivmasse maßgebend, vorausgesetzt, daß nicht die Schuldenmasse (§ 43 Anm. 6) geringer ist.

4. In allen anderen hier nicht ausdrücklich bezeichneten Fällen ist für den Streitwert das Interesse des Beschwerdeführers entscheidend. Die Wertsbestimmung erfolgt grundsätzlich zunächst durch den Gerichtsschreiber. § 18 RGKG.

5. Richtet sich die Beschwerde des Konkursverwalters gegen eine gegen ihn verhängte Ordnungsstrafe, so ist deren Betrag der Berechnung der Gebühr zugrunde zu legen.

§ 48.

Auf die Wiederaufnahme des Konkursverfahrens (Konkursordnung § 198) finden die Vorschriften der §§ 41 bis 47 mit der Maßgabe entsprechende Anwendung, daß für die Durchführung des wiederaufgenommenen Verfahrens die volle Gebühr (§ 8) erhoben wird.

Wird vor der Wiederaufnahme die Anordnung von Sicherheitsmaßregeln beantragt (Konkursordnung § 197 Abs. 2), so wird die Gebühr in Gemäßheit des § 34 nach dem Werte des Gegenstandes, durch welchen die Sicherung erfolgen soll, besonders erhoben.

Die Gebühr für die Anordnung einer Sicherheitsmaßregel wird im Falle der Wiederaufnahme auf die im ersten Absatze bezeichnete Gebühr angerechnet.

1. Für das durch den Antrag des Konkursgläubigers auf Wiederaufnahme des Konkursverfahrens veranlaßte Verfahren wird erhoben ½ Gebühr gem. § 41. Diese Gebühr ist nicht anrechnungsfähig. Vgl. § 42 Abs. 3 RGKG.

2. Hinsichtlich der Durchführung des wiederaufgenommenen Verfahrens tritt an Stelle der dreifachen Gebühr des § 42 Abs. 1 RGKG. die einfache Gebühr.

3. Die Gebühr nach §§ 48 Abs. 1, 41 RGKG. wird berechnet nach dem Betrage der Forderung des Gläubigers, bzw. wenn der Betrag der Aktivmasse geringer ist, nach dieser. § 43 Abs. 4 a. a. O.

4. Die Gebühr für die Durchführung des wiederaufgenommenen Verfahrens dagegen muß berechnet werden aus dem Betrag der Aktivmasse nach Abzug der im § 43 Abs. 1 RGKG. bezeichneten Massekosten und Masseschulden. Dabei ist ein etwaiger neuerlicher Vermögensanfall des Gemeinschuldners aus der Zwischenzeit hinzuzurechnen.

5. Auf die Art der Durchführung des wiederaufgenommenen Verfahrens und die Dauer desselben kommt es für den Gebührenansatz nicht an.

6. Im Falle der Zurücknahme oder Zurückweisung des Antrages auf Wiederaufnahme bleibt die 1/2 Gebühr der §§ 48 Abs. 1, 41 RGKG. gleichwohl geschuldet.

7. Das Beschwerdeverfahren des Konkursgläubigers gegen die Zurückweisung des Antrages und die Beschwerde des Gemeinschuldners gegen den dem Antrag entsprechenden Beschluß wird nach § 47 RGKG. besteuert.

8. Das durch den Antrag gem. § 197 Abs. 2 KO. erforderlich werdende Verfahren wird gem. § 34 mit einer 1/4 Gebühr bewertet. Maßgebend ist hiebei der Wert des Gegenstandes, durch den die Sicherung erfolgen soll. Dabei werden jedoch, entsprechend einer von der Reichstagskommission in Übereinstimmung mit den Regierungsvertretern abgegebenen Erklärung (Prot. v. 11. 4. 78) Sicherungsgegenstände, welche zur abgesonderten Befriedigung dienen, nur in Höhe des für diese nicht erforderlichen Betrages angesetzt. Die Gebühr selbst ist mit Stellung des Antrages angefallen und zwar ohne Rücksicht auf dessen Erfolg. Ihre Anrechnung ist nur im Falle des Abs. 3 zulässig. Schuldner der Gebühr: § 78.

9. Die §§ 44 ff. RGKG. sind auch hier entsprechend anwendbar, z. B. bei Anberaumung eines besonderen Prüfungstermines, beim Offenbarungseidsverfahren usw.

Vierter Abschnitt.

Gebühren in Strafsachen.

§ 49.

In Strafsachen gibt die rechtskräftig erkannte Strafe den Maßstab für die Höhe der Gerichtsgebühren aller Instanzen.

Ist auf Geldstrafe und für den Fall, daß sie nicht beigetrieben werden kann, auf Freiheitsstrafe erkannt, so bestimmt sich die Gebühr nach der Höhe der ersteren. Ist in Anwendung des § 3 des Gesetzes zur Erweiterung des Anwendungsgebiets der Geldstrafe und zur Einschränkung der kurzen Freiheitsstrafen vom 21. Dezember 1921 (Reichsgesetzbl. S. 1604) auf Geldstrafe an Stelle der verwirkten Freiheitsstrafe erkannt, so bestimmt sich die Gebühr nach der Geldstrafe.

Ist neben einer Freiheitsstrafe auf Geldstrafe erkannt, so wird die Gebühr von jeder Strafe besonders berechnet.

Ist auf Einziehung, Verfallserklärung oder Unbrauchbarmachung erkannt, so ist der Wert der Gegenstände, auf die sich die Entscheidung bezieht, im Sinne dieser Vorschrift als Geldstrafe anzusehen. Besteht der Gegenstand nicht in einem Geldbetrage, so setzt das Gericht den Wert fest.

1. Eine Gebühr kann grundsätzlich nur in den Fällen angesetzt werden, in denen eine solche vom Gesetz „ausdrücklich" bestimmt ist, alle im Gesetz nicht als gebührenpflichtig bezeichneten Entscheidungen, Antragszurücknahmen usw. sind gebührenfrei.

2. § 49 bezieht sich nur auf Strafsachen, d. h. also auf Angelegenheiten, die nach den Bestimmungen der StPO. (vgl. § 1 RGKG.) ihre Erledigung finden. Strafsachen, die nach landesgesetzlichen Bestimmungen behandelt werden, gehören nicht hierher.

3. Ebensowenig fällt unter § 49 die Verurteilung von Personen zu einer Ordnungsstrafe (GVG. §§ 56, 96, 178—180; KO. § 84; FGG. §§ 33 ff.), die Verurteilung von Zeugen usw. gem. §§ 50, 69, 77 StPO. Das hierauf bezügliche Beschwerdeverfahren dagegen ist in der Regel nach § 69 zu behandeln. Wegen der Ausnahmen siehe die Anm. zu § 69.

4. „**Rechtskraft**" liegt vor, wenn die Frist zur Einlegung des Rechtsbehelfes oder Rechtsmittels abgelaufen ist oder die Berechtigten auf das Rechtsmittel vor Ablauf der Frist rechtswirksam verzichtet oder dasselbe zurückgenommen haben, ferner wenn ein Urteil prozessual unanfechtbar ist. Stirbt der Verurteilte vor Eintritt der Rechtskraft, so sind keine Kosten zu berechnen. § 75 Abs. 2 RGKG.

5. Jedes Verfahren unterliegt grundsätzlich (bis zur Vollstreckung der Strafe) **einer Pauschgebühr**. Alle Entscheidungen, die in dem Verfahren in der gleichen Instanz ergehen, sind damit abgegolten.

Für jede Instanz kommt der gleiche Gebührensatz in Frage (anders in bürgerl. Rechtsstreitigkeiten, wo sich die Gebührensätze in der Berufungs- und Revisionsinstanz erhöhen); vgl. jedoch § 55 Abs. 2 u. 3.

Hat das Gericht nach der Rechtskraft eines Urteils über einen gebührenpflichtigen Antrag zu entscheiden, so richtet sich auch die Gebühr hierfür nach der Strafe.

6. Für die Gebührenhöhe ist es gleichgültig, ob eine erkannte Strafe ganz oder teilweise als durch die erlittene Untersuchungshaft verbüßt erklärt worden ist.

7. Die im Gnadenwege erfolgte Änderung einer rechtskräftig ausgesprochenen Strafe beeinflußt die Gebühr nicht, doch kann sich der Gnadenakt auch auf die Gebühr (Kosten) miterstrecken.

8. Die von der Verwaltungsbehörde nach § 464 StPO. erhobene Klage ist den Vorschriften über Bewertung einer öffentlichen Klage unterstellt. § 65 RGKG.

9. Die rechtskräftig erkannte Strafe gibt den Maßstab für die Höhe der Gerichtsgebühren aller Instanzen. Der Bewertung ist also die Summe der Strafen zugrunde zu legen, die sich nach endgültiger Erledigung einer Strafsache in der Rechtsmittelinstanz zusammen mit dem nicht angefochtenen Teil des Urteils als „rechtskräftig erkannt" ergibt. Vgl. RG. 18, 369.

In der Praxis und in der Rechtsprechung trifft man vielfach die Anschauung, daß nur die Strafe oder der Teil der Strafe den Maßstab für die Gebührenbewertung abzugeben hat, der den ausschließlichen Gegenstand des Rechtsmittels gebildet hat. Diese Ansicht geht sogar soweit, für die Rechtsmittelinstanz gar keine Gebühr zu erheben, wenn nur die Buße, die Überweisung, die Veröffentlichungsbefugnis usw. der

Prüfung des Rechtsmittelgerichts unterbreitet war. Das neue Gerichtskostengesetz hat eine Reihe von bisherigen Zweifelsfragen durch ausdrückliche Gesetzesbestimmungen beseitigt. Zur gegenwärtigen Frage hat es keine ausdrückliche Stellung genommen, hätte dies wohl aber tun müssen, wenn der Grundsatz des § 49 Abs. 1 im Sinne der vorstehend angedeuteten Praxis Ausnahmen zuließe. Dies ist nicht geschehen, also kann nur der Wortlaut des Gesetzes entscheidend sein. Er läßt nur die vorstehend in Abs. 1 erfolgte Auslegung zu.

10. Liegen dem Beschuldigten dagegen mehrere selbständige strafbare Handlungen zur Last und beschränkt er das Rechtsmittel nur auf die eine oder andere derselben, so ist von diesem Zeitpunkt ab für die Rechtsmittelinstanz eigentlich die Trennung der ursprünglich verbunden verhandelten und entschiedenen Sachen gegeben. In diesem Falle kann also nur der Straffall, der in die Rechtsmittelinstanz gebracht wurde, die Grundlage für die Bewertung dieser Instanz bilden. Vgl. RG. 26, 172; 27, 58. S. § 50 Anm. 2.

11. Wird beispielsweise von dem zu 1000 Mk. Geldstrafe und 3000 Mk. Buße verurteilten Beschuldigten das Urteil ausschließlich wegen der zuerkannten Buße oder wegen der Veröffentlichungsbefugnis erfolglos angefochten, so wird entsprechend den Ausführungen in Anm. 9 für beide Instanzen eine Gebühr von je 200 Mk. erhoben.

12. Betrifft ein Rechtsmittel nur den Ausspruch im Kostenpunkt, die zivilverantwortliche Haftbarkeit eines Dritten für die gegen einen Verurteilten ausgesprochene Geldstrafe, Kosten usw., so hat zufolge Anm. 9 auch hier die rechtskräftig erkannte, einschlägige Strafe den Maßstab für die Bewertung der Rechtsmittelinstanz abzugeben.

13. Die Erläuterungen in Anm. 9 bis 12 gelten in gleicher Weise auch für das von der Staatsanwaltschaft zu Ungunsten des Beschuldigten mit Erfolg eingelegte Rechtsmittel.

14. Nur in dem Falle, daß es sich um die erfolglose Anfechtung der gem. § 56 Abs. 2 RStGB. ausgesprochenen Einschaffung eines freigesprochenen Minderjährigen unter 18 Jahren in eine Erziehungs- oder Besserungsanstalt handelt, fehlt es an einem Maßstab für die Berechnung einer Gebühr in der Rechtsmittelinstanz und damit an der Möglichkeit der Erhebung einer solchen (die Auslagen sind dagegen gem. § 505 Abs. 1 StPO. geschuldet).

15. Ist neben einem Verweise oder einer Straffreierklärung auf Einziehung, Verfallserklärung oder Unbrauchbarmachung erkannt, so entsteht die Frage, ob zwei Gebühren zum Anfall kommen oder nur eine. Nach § 52 Abs. 3 wollte der Gesetzgeber das Verfahren, das mit Verweis oder Straffreierklärung endet, mit einer festen Gebühr von 100 Mk. belegen. Kommt es daneben noch zu einer Einziehung usw., so ist die hiefür anfallende verhältnismäßige Gebühr neben der festen Grundgebühr von 100 Mk. in Ansatz zu bringen. Das gleiche Ergebnis würde ja auch eintreten, wenn statt des Verweises oder der Straffreierklärung auf die Mindestfreiheitsstrafe von 1 Tag erkannt worden wäre.

16. Die Gebühr darf jederzeit — entgegen der bisherigen Regelung — den Betrag der erkannten Geldstrafe überschreiten. Vgl. Motive zu § 7.

17. Von dem verurteilten Beschuldigten können die Gebühren und Auslagen erst mit der Rechtskraft des gegen ihn erlassenen Urteils eingehoben werden. § 75 Abs. 2 und die dortigen Anm.

§ 50.

Im Falle des § 79 des Strafgesetzbuchs bestimmt sich die Gebühr für das neue Verfahren durch den Betrag, um welchen die Gesamtstrafe die früher erkannte Strafe übersteigt.

Im Falle des § 492 der Strafprozeßordnung ist eine besondere Gebühr nicht zu erheben.

1. Zu Abs. 1. übersteigt die Gesamtstrafe die früher erkannte Strafe überhaupt nicht [z. B. 1. Verfahren: 2 Tage Gef., 2. Verfahren: 1 Tag Gef. als Einsatzstrafe, Gesamtstrafe (zusammen mit Verfahren 1) = 2 Tage], so fällt keine Gebühr an. Dieses Ergebnis mag unbefriedigend sein, zumal auch z. B. der straffrei erklärte Beschuldigte 100 Mk. Gebühr (§ 52 Abs. 3) zahlen muß, ist aber mangels einer gegenteiligen Gesetzesbestimmung angesichts des bestimmten klaren Wortlautes des § 50 Abs. 1 nicht zu ändern.

2. Zur Klärung der Frage, welcher Maßstab der Gebührenberechnung zugrunde zu legen ist, diene folgendes: A ist in erster Instanz wegen Körperverletzung zu 8 Monat und wegen Hausfriedensbruches zu 2 Wochen Einsatzstrafe, beide Strafen zurückgeführt auf eine Gesamtgefängnisstrafe von 8 Monat 1 Woche verurteilt, hat gegen dieses Urteil aber nur insoweit erfolglos Revision eingelegt, als er wegen Hausfriedensbruches verurteilt wurde.

Das RG. I. StrS. hat in seiner Entsch. Bd. 26, 172 zu diesem Falle zunächst grundsätzlich dahin Stellung genommen, daß nur die strafbare Handlung, wegen welcher die Rechtsmittelinstanz beschritten wurde, bei der Gebührenberechnung Berücksichtigung finden darf und hat weiterhin ausgesprochen, daß die Einsatzstrafe von 2 Wochen — nicht etwa der Teil der Strafe, um welchen die Gesamtstrafe die außerdem in erster Instanz wegen der Körperverletzung ausgesprochene Strafe von 8 Monaten übersteigt (= 1 Woche) — den Maßstab für die Höhe der Gebühr bildet.

In den Gründen ist festgestellt, daß die bloße Erhöhung der Einsatzstrafe deshalb nicht als Maßstab für die Gebühr der Rechtsmittelinstanz dienen kann, weil beim Vorliegen von mehr als zwei Strafen sich überhaupt nicht ermitteln läßt, um welchen Betrag die Einsatzstrafe für jede einzelne Tat erhöht worden ist. —

Die vereinigten Senate haben in Bd. 27, 62 zur gleichen Frage Stellung genommen und sich dahin festgelegt, daß die Einzelstrafen grundsätzlich — im Gegensatz zur Anschauung des I. StrS. — nur zu dem Betrage bei der Gebührenberechnung in Anrechnung zu bringen seien, um welchen die Einsatzstrafe erweislich erhöht wurde, daß dieser Beweis wohl nur in den seltensten Fällen zu führen sein und deshalb die Anrechnung der vollen Einsatzstrafe die Regel bilden werde.

Die Praxis wird also dann, wenn nur zwei Einsatzstrafen für die Gesamtstrafe in Frage kommen, die Erhöhung der einen Einsatzstrafe also nachweisbar ist, nur diesen übersteigenden Betrag der Berechnung der Rechtsmittelgebühr unterstellen, in allen anderen Fällen (mehr als zwei Straftaten) aber die Einsatzstrafe als die Grundlage betrachten.

3. § 492 StPO. betrifft die nachträgliche Herbeiführung einer Gesamtstrafe durch Gerichtsbeschluß.

4. Ein Monat ist im Zweifel = 30 Tagen zu berechnen.

§ 51.

Betrifft eine Strafsache mehrere Angeschuldigte, so ist die Gebühr von jedem Verurteilten besonders nach Maßgabe der gegen ihn erkannten Strafe zu erheben.

1. Die Anwendbarkeit des § 51 darf nicht auf § 57 ausgedehnt werden.

2. Mehrere Angeschuldigte haften grundsätzlich nicht gesamtschuldnerisch für die Gebühren. Wegen der Auslagen vgl. Anm. 4.

3. Dagegen ist jeder Verurteilte grundsätzlich der Schuldner einer besonderen Gebühr ohne Rücksicht darauf, ob er beispielsweise im Falle der Verurteilung zu einer Geldstrafe diese allein oder gesamtschuldnerisch haftend mit einem oder mehreren anderen Beschuldigten zu vertreten hat. RGRspr. 9, 457; RGStr. 21, 61.

4. a) Nach § 498 Abs. 2 StPO. haften Mitangeklagte, welche in bezug auf dieselbe Tat zu Strafe verurteilt sind, für die Auslagen als Gesamtschuldner mit Ausnahme der durch die Strafvollstreckung oder die Untersuchungshaft entstandenen Kosten. Der Begriff: „in bezug auf dieselbe Tat" setzt nicht unbedingt das Verhältnis zwischen Mittäter und Teilnehmer voraus, es genügt die Einheit des strafrechtlichen Vorganges (z. B. Begünstiger und Hehler, aktive und passive Bestechung, nicht aber gegenseitige Körperverletzung).

b) Werden mehrere Angeklagte wegen verschiedener Straftaten verurteilt, so hat jeder Angeklagte die Auslagen nur insoweit zu vertreten, als sie auf seine Straftat erwachsen sind. Ist bzw. wäre ein Teil der ebengenannten Auslagen in der Richtung gegen jeden der mehreren, nicht nach § 498 Abs. 2 StPO. haftbaren Angeklagten entstanden (z. B. der nämliche Zeuge, der nämliche Sachverständige, der gleiche Augenschein war in der Richtung gegen alle geboten), so haftet jeder der Verurteilten grundsätzlich für den ganzen Betrag. Vgl. RGSt. 21, 164.

Wurde z. B. ein und derselbe Zeuge in mehreren Sachen nacheinander vernommen, so sind die Zeugengebühren entsprechend zu verteilen. Dabei ist jedoch daran festzuhalten, daß zu jeder der mehreren Strafsachen die Reisekosten in vollem Betrage angesetzt (wenn auch nur einmal erhoben) werden dürfen. Bezüglich der übrigen Auslagen für den Zeugen (Zeitversäumnisentschädigung, Aufwand, Nachtlager usw.) ist zu untersuchen, ob durch die Vernehmung in der einen oder anderen Sache ein Mehrbetrag veranlaßt wurde. Ein ev. ermittelter Mehrbetrag geht dann allein zu Lasten der einschlägigen Sache, der übrige Betrag kann bei Verurteilung nach Belieben in jeder der mehreren Sachen (aber nur einmal) eingehoben werden. Sache der mehreren Verurteilten ist es dann, sich unter sich auseinanderzusetzen. Z. B. zu zwei am gleichen Tage getrennt stattfindenden Verhandlungen gegen zwei verschiedene Angeklagte wurde der Landgerichtsrat Y in seiner Eigenschaft als früherer Untersuchungsrichter als Zeuge geladen. Die eine Sache fand am Vormittag, die andere am Nachmittag ihre Erledigung. Die Vernehmung in der zweiten Sache bedingte die Übernachtung und ermöglichte die Rückreise erst am anderen Morgen, bewirkte also ein weiteres Tagegeld und eine Übernachtungsgebühr. In der ersten Sache fand Verurteilung, in der zweiten Freisprechung statt. Zur ersten Sache sind ohne Bedenken die ganzen Fahrtauslagen und ein Tagegeld zu verrechnen. Kopfteilhaftung scheidet aus.

c) Das Gesetz hat ausdrücklich bestimmt, welche Auslagen von der Gesamthaft auszunehmen sind. Es ist unzulässig, weitere Auslagen, mögen sie auch im ausschließlichen Interesse des einen oder anderen Angeklagten erwachsen oder verursacht sein (z. B. Gutachten über den Geisteszustand, Leumundszeugen oder Verteidigungskosten für den von Amts wegen bestellten Verteidiger des einen der mehreren verurteilten Angeklagten) von der Solidarhaftung auszunehmen. Billigkeitsgründe kommen nicht in Frage.

d) Es ist nicht notwendig, daß die Verurteilung der mehreren Angeklagten im nämlichen Urteile erfolgt, es genügt, wenn eine gemeinsame Untersuchung geführt wurde.

e) Die Solidarhaft tritt von Amts wegen ein, braucht also nicht ausdrücklich ausgesprochen zu sein.

f) Im Streitfalle ist über den Umfang der Solidarhaftung nach § 496 Abs. 2 StPO. zu entscheiden.

Vgl. hierher (zu Anm. 4a—f) Löwe Anm. zu § 498 RStPO.

5. § 498 Abs. 2 StPO. gilt nur für die erste Instanz (BayObLG. 1, 124; 3, 328, 330). Mehrere Mitangeklagte, die erfolglos ein Rechtsmittel eingelegt haben, haften nicht solidarisch für die Auslagen desselben. Jeder von ihnen hat die Kosten seines Rechtsmittels zu tragen (vgl. Löwe § 505 Anm. 3c). Anm. 4b gilt entsprechend auch hier.

§ 52.

Für das Verfahren in erster Instanz werden erhoben:

im Falle einer Freiheitsstrafe bis zu einer Woche einschließlich	100	Mark,
von mehr als einer Woche bis zu einem Monat einschließlich	300	"
von mehr als einem Monat bis zu sechs Monaten einschließlich . . .	600	"
von mehr als sechs Monaten bis zu einem Jahre einschließlich	1500	"
von mehr als einem Jahre bis zu zwei Jahren einschließlich	3000	"
von mehr als zwei Jahren bis zu fünf Jahren einschließlich	6000	"
im Falle einer schwereren Strafe . .	10000	"

Ist auf eine Geldstrafe erkannt, so werden 20 vom Hundert des Betrags der erkannten Strafe erhoben.

Ist auf Verweis erkannt oder ist der zur Kostentragung verurteilte Beschuldigte für straffrei erklärt, so beträgt die Gebühr 100 Mark, und ist ausschließlich auf Verlust der bürgerlichen Ehrenrechte überhaupt oder einzelner bürgerlicher Ehrenrechte erkannt, so beträgt die Gebühr 3000 Mark.

1. Soweit auf eine Freiheitsstrafe erkannt ist, beträgt die höchstzulässige Gebühr 10000 Mk., soweit eine Geldstrafe (Einziehung usw.) ausgesprochen ist, ist die Höhe der verhältnismäßigen Gebühr unbeschränkt.

2. Wegen der Bewertung des Falles, daß neben dem Verweis oder der Straffreierklärung auf Einziehung, Verfallserklärung oder Unbrauchbarmachung erkannt ist, vgl. § 49 Anm. 15.

3. Mehrere Verweise ziehen den mehrfachen Ansatz der Gebühr nach sich.

4. Ein Monat ist im Zweifel = 30 Tage zu berechnen.

§ 53.

In dem Verfahren bei amtsrichterlichen Strafbefehlen wird die Hälfte der Sätze des § 52 erhoben.

Hat gemäß § 451 Abs. 1 der Strafprozeßordnung eine Hauptverhandlung stattgefunden oder wird der gegen den Strafbefehl erhobene Einspruch wegen Ausbleibens des Angeklagten in der Hauptverhandlung durch Urteil verworfen (Strafprozeßordnung § 452), so erhöht sich die Gebühr auf die vollen Sätze des § 52.

1. Nur *eine* Gebühr, berechnet mit der Hälfte der Sätze des § 52, ist geschuldet, wenn gegen den Strafbefehl kein Einspruch eingelegt, oder, wenn zwar Einspruch eingelegt, dieser aber bis zum Beginn der Hauptverhandlung zurückgenommen oder durch Beschluß als unzulässig verworfen wird. Hat jedoch die Hauptverhandlung begonnen, so tritt die Erhöhung der Gebühr auf die vollen Sätze des § 52 ein. Wird der Einspruch nach Beginn der Hauptverhandlung als unzulässig oder wegen Ausbleibens des Angeklagten verworfen, so ist immer die volle Gebühr geschuldet.

2. Wegen der Auslegung des Begriffs: „Beginn der Hauptverhandlung" vgl. § 55 Anm. 3.

3. Ist der amtsrichterliche Strafbefehl wegen mehrerer selbständiger strafbarer Handlungen erlassen und wird er nur hinsichtlich einer oder eines Teiles derselben durch Einspruch angefochten und zur Hauptverhandlung gebracht, so wird jedes der beiden Verfahren für sich selbständig der einschlägigen Bewertung unterstellt, ev. unter Berichtigung des vorangegangenen Gebührenansatzes für das Strafbefehlsverfahren. Wird z. B. A wegen je eines Vergehens des Diebstahls und der Hehlerei in *einem* Strafbefehl zu Geldstrafen von 1800 Mk. und 1500 Mk.

(= 330 Mk. Gebühr) verurteilt, und beschränkt er sich bei Einlegung seines Einspruchs nur auf das Verg. der Hehlerei, so werden für den Fall, daß A nach durchgeführter erstinstanzieller Verhandlung wiederum zu 1500 Mk. verurteilt wird, erhoben:

eine $^{5}/_{10}$ Gebühr aus 1800 Mk. mit 180 Mk. und
eine $^{10}/_{10}$ Gebühr aus 1500 Mk. mit 300 Mk.

§ 54.

Im Falle des § 211 Abs. 2 der Strafprozeßordnung wird die Hälfte der Sätze des § 52 erhoben.

1. § 211 Abs. 2 StPO. hat den Fall geregelt, daß der Amtsrichter ohne Zuziehung von Schöffen verhandelt und entscheidet. Die Ermäßigung tritt im Gegensatz zum bisherigen Recht von Amts wegen ein.

§ 55.

Die Sätze des § 52 werden für die Berufungsinstanz sowie für die Revisionsinstanz erhoben, wenn in der Instanz eine Hauptverhandlung stattgefunden hat.

Wird das Rechtsmittel vor Beginn der Hauptverhandlung zurückgenommen oder durch Beschluß verworfen (Strafprozeßordnung §§ 360, 363, 386, 389), so wird ein Viertel der Gebühr erhoben.

Wird das Rechtsmittel nach Beginn der Hauptverhandlung zurückgenommen, oder wird die Berufung wegen Ausbleibens des Angeklagten in der Hauptverhandlung verworfen (Strafprozeßordnung § 370), so wird die Hälfte der Gebühr erhoben.

1. Für die Berufungs- und Revisionsinstanz sieht das Gesetz drei Gebührensätze vor, die volle (Abs. 1), die viertel (Abs. 2) und die halbe (Abs. 3) Gebühr.

Die Anrufung der Entscheidung des Berufungsgerichts gem. § 360 Abs. 2 RStPO. bzw. des Revisionsgerichts gem. § 386 Abs. 2 RStPO. begründet nicht den Anfall einer besonderen Gebühr.

2. Der Ansatz einer Gebühr im Falle des Abs. 1 ist nur möglich, wenn das Rechtsmittel entweder ganz oder teilweise erfolglos war. Maßgebend für die Berechnung der Gebühr für die Rechtsmittelinstanz ist die nach endgültiger Erledigung der Sache „rechtskräftig" erkannte Strafe. Vgl. § 49 Anm. 9ff.

Bei teilweisem Erfolg des Rechtsmittels kann das Gericht „urteilsmäßig"

a) die Gebühr ermäßigen,
b) die entstandenen Auslagen angemessen verteilen.

Je nach Ermessen des Gerichts kann nur die eine oder die andere dieser beiden Maßnahmen, es können aber auch beide nebeneinander getroffen werden.

Während also für die „Gebühr" eine „Ermäßigung" — sei es um einen bestimmten Betrag, sei es um einen bestimmten Bruchteil —

bestimmt werden kann, ist für die „Auslagen" eine angemessene Verteilung vorzunehmen. Letztere kann beispielsweise im Verfahren auf erhobene öffentliche Klage dergestalt erfolgen, daß ein bestimmter Bruchteil der Auslagen oder bestimmt bezeichnete einzelne Auslagenbeträge (einzelne Zeugen, Sachverständige usw.) dem Rechtsmittelführer bzw. dem Staate überbürdet werden. Das Gericht hat also die weitgehendste Möglichkeit die kostenrechtliche Wirkung des Erkenntnisses der Rechtsmittelinstanz der jeweiligen Sachlage anzupassen. S. a. S. 5, Art. III Z. 2. § 505 Abs. 1 StPO.

3. Allgemeines zu Abs. 2 und 3. Die Hauptverhandlung beginnt nach § 242 Abs. 1 StPO. mit dem Aufruf der Zeugen und Sachverständigen. Diesem Aufruf muß natürlich der des Angeklagten bzw. dessen Vorführung vorausgehen. Sind Zeugen usw. nicht geladen, dann beginnt sie mit der Vernehmung des Angeklagten über seine persönlichen Verhältnisse.

Die gleichen Bestimmungen gelten gem. § 365 StPO. auch für die Hauptverhandlung in der Berufungsinstanz. Sind hier Zeugen usw nicht geladen, dann ist der Vortrag des Berichterstatters über die Ergebnisse des bisherigen Verfahrens entscheidend. Doch kann nach Löwe Anm. 1a zu § 365 die Hauptverhandlung auch unbedenklich mit der Erörterung einer etwaigen, die Zulässigkeit oder den Umfang des Rechtsmittels betreffenden Vorfrage beginnen. Ist das Rechtsmittel von einem Dritten eingelegt, so beginnt ev. die Hauptverhandlung auch damit, daß zunächst die Legitimation des Beschwerdeführers erörtert und festgestellt wird.

In der Revisionsinstanz beginnt die Hauptverhandlung mit dem Vortrage des Berichterstatters — § 391 StPO. —, vor dem Schwurgericht gem. § 278 StGB. mit der Bildung der Geschworenenbank.

4. Wird das Rechtsmittel nach Beginn der Hauptverhandlung — also durch Urteil — verworfen (gleichviel ob als unzulässig oder unbegründet), so ist immer die volle Gebühr des § 52 angefallen. Eine Ausnahme macht nur die Verwerfung nach § 370 StPO.

5. In jeder Instanz kann die Verfahrensgebühr nur einmal zum Ansatz kommen, auch wenn mehrmalige Hauptverhandlungen in jeder derselben stattgefunden haben — sei es infolge Vertagung, Aussetzung oder Zurückverweisung an die untere Instanz oder wiederholter Beschreitung der Rechtsmittelinstanz —.

6. Zu beachten ist, daß die Gebühr des § 55 auch dann zu erheben ist, wenn zwar die Revisionsinstanz insoferne mit Erfolg beschritten war, als das angefochtene Urteil aufgehoben und die Sache in die Vorinstanz zu neuerlicher Verhandlung und Entscheidung zurückverwiesen wurde, dort aber die Verhandlung wiederum mit einer (rechtskräftigen) Verurteilung endete. Die gleiche Bewertung hat auch einzutreten, wenn das Rechtsmittel nach der Rückverweisung durch Zurücknahme seine Erledigung findet. Die Kostenfolge des § 505 Abs. 1 StPO. tritt dann von Amts wegen ohne besonderen Ausspruch ein.

7. Wegen der Gebührenbewertung bei teilweiser Anfechtung des Urteils vgl. die Ausführungen zu § 49 Anm. 9ff.

8. Im Falle des § 340 StPO. ist § 55 gleichfalls anwendbar. Gesetzliche Vertreter (Vormünder, Gewalthaber usw.) dürfen jedoch grundsätzlich nicht persönlich in Anspruch genommen werden für Kosten, die sie „in dieser Eigenschaft“ zufolge gerichtlichen Erkenntnisses oder gem. § 505 Abs. 1 StPO. im Falle der Zurücknahme eines Rechtsmittels zu tragen haben. Ihre Haftung ist vielmehr auf das Vermögen des Vertretenen beschränkt. Vgl. OLG. Mchn. 2, 270; RGE. 46, 138; 53, 346. Eine andere Frage ist natürlich die, inwieweit der Inhaber der elterlichen Gewalt auf Grund der §§ 1654, 1368 BGB. zur Kostendeckung herangezogen werden kann. S. hiezu § 88.

§ 56.

Wird ein Antrag auf Wiederaufnahme des Verfahrens als unzulässig oder unbegründet verworfen oder abgelehnt, so wird die Hälfte der im § 52 bestimmten Gebühr erhoben.

Wird die Wiederaufnahme des Verfahrens angeordnet (Strafprozeßordnung § 410), so wird, wenn das frühere Urteil aufrecht erhalten wird, die volle im § 52 bestimmte Gebühr erhoben. Führt die Wiederaufnahme zu einer Aufhebung des früheren Urteils, so gilt für die Gebührenerhebung das neue Verfahren mit dem früheren Verfahren zusammen als eine Instanz.

1. Im Falle des § 401 Abs. 2 StPO. sind die Antragsteller, z. B. der Ehegatte, bzw. die Verwandten oder Geschwister zur Zahlung der Gebühr heranzuziehen. Den Maßstab für die Gebühr bildet die gegen den Verlebten ausgesprochene Strafe, insoweit dieselbe zum Gegenstand des Wiederaufnahmegesuches gemacht wird.

2. Die Gebühren des § 56 Abs. 1 u. Abs. 2 Satz 1 werden neben den sonst nach § 52 bereits geschuldeten Gebühren erhoben.

3. Beantragt der Amts- oder Staatsanwalt die Wiederaufnahme eines durch rechtskräftiges Urteil abgeschlossenen Verfahrens zu Ungunsten des Angeklagten, so kommt eine Gebührenerhebung nur für den Fall in Frage, daß die Wiederaufnahme zu einer Aufhebung des früheren Urteils führt. Das neue Verfahren bildet dann zusammen mit dem früheren Verfahren eine Instanz.

Wird die Wiederaufnahme vom Amts- oder Staatsanwalt zugunsten des Angeklagten beantragt, so hat bei Aufhebung des Urteils in gleicher Weise eine Neubewertung Platz zu greifen, ev. im Falle der Freisprechung eine Erstattung der im ersten Verfahren gezahlten Beträge einzutreten.

§ 57.

Werden in den Fällen der §§ 172 und 173 der Strafprozeßordnung nach Maßgabe der §§ 175 und 504 derselben dem Antragsteller die Kosten auferlegt, so beträgt die Gebühr:

wenn es sich um eine Übertretung handelt 300 Mark,
wenn es sich um ein Vergehen handelt 600 „
wenn es sich um ein Verbrechen handelt 1000 „

Das gleiche gilt im Falle des § 501 der Strafprozeßordnung.

Im Falle des § 174 Abs. 2 der Strafprozeßordnung ist die Hälfte der vorstehenden Sätze zu erheben.

1. Der durch die strafbare Handlung Verletzte hat gegen die Nichterhebung der Anklage durch den Staatsanwalt Beschwerde an dessen vorgesetzten Beamten eingelegt und gegen die ablehnende Entscheidung (gebührenfrei!) gerichtliche Entscheidung beantragt (§ 170 StPO.). Das Gericht verwarf mangels Vorliegens eines genügenden Anlasses zur Erhebung der öffentlichen Klage den Antrag als unbegründet und überbürdete die Kosten des Verfahrens dem Antragsteller (§§ 172, 175 StPO.). Gebühr für diese Entscheidung: § 57 Abs. 1. Die Verwerfung des Antrages als unzulässig ist gebührenfrei.

2. Das Gericht hat den gemäß § 170 StPO. gestellten Antrag für begründet erachtet und die Erhebung der öffentlichen Klage beschlossen. Später wird das Verfahren eingestellt, der Beschuldigte freigesprochen oder außer Verfolgung gesetzt. Dabei können die Kosten des Verfahrens der Staatskasse ganz oder zum Teil dem Antragsteller auferlegt werden (§§ 173, 504 StPO.). Hat der Antragsteller z. B. nur $^{1}/_{5}$ der Kosten zu tragen, so sind von der Gebühr des § 57 auf ihn zu Soll zu stellen, wenn es sich um ein Vergehen handelte, $^{1}/_{5}$ von 600 Mk. = 120 Mk.

3. Es hat jemand gegen einen andern grob fahrlässig oder wissentlich eine falsche Anzeige erstattet. Die Staatsanwaltschaft beantragt nun bei dem Gericht, das für die Eröffnung des Hauptverfahrens wegen der angeblich verübten Straftat zuständig wäre, dem Anzeiger die Kosten des Verfahrens aufzuerlegen. Beschließt das Gericht demgemäß, so hat der Anzeiger u. a. die Gebühr des § 59 Abs. 1 zu zahlen.

Betrifft die falsche Anzeige z. B. ein Vergehen und zwei Übertretungen, so sind nur 600 Mk. Gebühr zu erheben (nicht etwa 600 Mk. + 300 Mk.). (S. auch § 58 Anm. 2 d.)

Nach Eröffnung des Hauptverfahrens hat das erkennende Gericht (Amtsrichter — § 211 StPO. —, Schöffengericht, Strafkammer) wie oben ausgeführt zu prüfen und zu beschließen. (Der Ausspruch im Kostenpunkt gehört nicht in den Urteilstenor, sondern in einen eigenen Beschluß.) Der zu den Kosten verurteilte Anzeiger hat sodann die gem. § 57 erwachsenen Gebühren, ferner alle Auslagen des Verfahrens zu zahlen. Mehrere Anzeiger haften als Gesamtschuldner. Die Beschwerde gegen den Beschluß aus § 501 StPO. ist gem. § 69 gebührenpflichtig.

4. Der durch die strafbare Handlung Verletzte hat gegen die Ablehnung der Erhebung der öffentlichen Klage (s. Anm. 1) gerichtliche Entscheidung beantragt. Das Gericht hat dem Antragsteller die Leistung einer Sicherheit für die durch das Verfahren über den Antrag und durch die Untersuchung der Staatskasse und dem Beschuldigten voraussichtlich erwachsenden Kosten auferlegt. Läuft die hiefür bestimmte Frist fruchtlos ab, so wird der Antrag auf gerichtliche Entscheidung für zurückgenommen erklärt. Ohne daß es eines richterlichen Ausspruches bedarf, ist sodann vom Antragsteller die Gebühr des § 57 Abs. 1 zur Hälfte einzufordern (s. auch Anm. 2). § 174 Abs. 2 StPO.

5. §§ 57 und 66 können nebeneinander angewendet werden.

§ 58.

Wird das Verfahren nach Eröffnung des Hauptverfahrens infolge Zurücknahme des Antrags, durch den es bedingt war, eingestellt, so wird die im § 57 Abs. 1 bestimmte Gebühr erhoben. Das Gericht kann sie bis zu einem Viertel ermäßigen oder beschließen, daß von der Erhebung einer Gebühr abgesehen werde.

1. Erfolgt die Zurücknahme vor Eröffnung des Hauptverfahrens, so fällt eine Gebühr nicht an. Auslagen der im § 72 bezeichneten Art hat der Antragsteller jedoch, soweit sie durch seinen Antrag veranlaßt worden sind, zu ersetzen (§ 502 StPO.).

2. Wegen der Bewertung im Falle der Zurücknahme des Strafantrages durch den amtlichen Vorgesetzten oder den Beamten selbst vgl. die Ausführungen in BayZ. 1916 S. 89 und 282.

Dort ist als Abhandlung bzw. als Inhalt einer landgerichtl. Entscheidung u. a. ausgeführt:

a) § 502 StPO. macht einen Unterschied, ob der Strafantrag von einer Privatperson oder einer Behörde oder einem Beamten usw. gestellt ist, demzufolge trifft er auch auf alle diese Personen zu. Eine scheinbare Ausnahme besteht nur in dem Falle des § 196 StGB. für den Vorgesetzten eines Beamten. In diesem Falle treffen die Kosten nur deshalb den Staat, weil der Staat — vertr. durch den amtlichen Vorgesetzten — Antragsteller war (s. a. BayObLGSt. 3, 262).

b) Mehrere Antragsteller haften im Falle der Zurücknahme des Antrages als Gesamtschuldner für die Gebühr. Haben der Amtsvorstand und der Beamte je den gestellten Strafantrag zurückgezogen, so haften der Staat und der antragstellende Beamte nach außen als Gesamtschuldner, unter sich aber je zur Hälfte (§ 426 BGB.), infolgedessen wird in diesem Falle auf den antragstellenden Beamten nur die Hälfte der Gebühr zu Soll gestellt, wenn „er" sie endgültig zahlt. In der Regel hat aber der Täter sich bereit erklärt, die erwachsenden Kosten im Falle der Antragszurücknahme zu ersetzen (hier ganze Gebühr).

c) Nimmt hinsichtlich der gleichen Handlung nur einer der mehreren Antragsteller den Strafantrag zurück, so erfolgt keine Einstellung und auch kein Ausspruch im Kostenpunkt. Erst im Falle der späteren Zurücknahme des Antrages durch die übrigen Antragsteller tritt die Gesamthaftung aller für die Gebühr in die Erscheinung.

d) Mehrfach ist die Gebühr nur anzusetzen, wenn bei mehreren sachlich konkurrierenden Antragsdelikten der Strafantrag zunächst wegen der einen Handlung und erst später wegen der anderen zurückgezogen wird und mehrfache Einstellungsbeschlüsse erlassen wurden. Die Gebühr ist an die Einstellung geknüpft und diese erfolgt mehrmals.

e) Ist das Reich neben einem privaten Antragsteller kostenpflichtig, so ist die Gebühr vom privaten Antragsteller im ganzen Umfang geschuldet. Das Reich selbst ist nach § 90 von Zahlung der Gebühren befreit. Ist es alleiniger Antragsteller, dann fällt überhaupt keine Gebühr an. Schuldet das Reich als Antragsteller keine Gebühr, dann kann eine solche auch nicht vom Täter übernommen werden.*)

---

*) Letzterer Auffassung ist entgegenzutreten. Das Reich ist nur von „Zahlung" der tatsächlich angefallenen Gebühr „befreit". Übernimmt eine dritte Person für den Fall der Antragszurücknahme alle Kosten, so sind darunter zweifellos auch diejenigen zu verstehen, von deren Zahlung das Reich befreit ist. Der „Anfall" der Gebühr hat tatsächlich stattgefunden. Das gleiche gilt auch für den Zivilprozeß.

f) Anders ist es beim Staat (Land). Hier fällt die Gebühr (s. o.) an und wird nur nicht erhoben, weil der Staat nicht an sich selbst zahlt.

3. Härten in der Auswirkung dieser Grundsätze lassen sich nach § 58 Schlußsatz ohne weiteres beseitigen.

§ 59.

Für das Verfahren auf erhobene Privatklage gelten, sofern der Beschuldigte zu einer Strafe verurteilt wird, unbeschadet der Vorschriften des § 60 Abs. 2 und des § 63, die §§ 49 bis 52, 55, 56.

1. § 59 regelt die Gebührenbewertung für den Fall, daß der Beschuldigte rechtskräftig zu einer Strafe (auch Verweis) verurteilt wird. Die Sache wird dann nach den für das Offizialverfahren geltenden Vorschriften behandelt, insbesondere wird also die Höhe der Gebühr nach §§ 49, 52 berechnet, für den Fall des Ausspruchs einer Gesamtstrafe § 50 angewendet, bei der Beteiligung mehrerer Angeschuldigter die Gebühr von jedem rechtskräftig Verurteilten besonders nach Maßgabe der gegen ihn erkannten Strafe erhoben.

2. Diese Grundsätze gelten insbesondere auch dann, wenn der Beschuldigte erst auf ein Rechtsmittel des Privatklägers der Verurteilung zu einer Strafe zugeführt wird. Vgl. auch § 60 Abs. 2 und die dortigen Anm.

3. a) Für den Fall einer teilweisen Freisprechung und teilweisen Verurteilung im Privatklageverfahren bemerken die Motive ausdrücklich, daß das Gesetz den Gedanken einer Kombinierung und Differenzierung der Gebühren ablehnt. Es gilt vielmehr der Grundsatz, daß entweder nach den Vorschriften über das Offizialverfahren (vgl. § 49) oder nach den besonderen Vorschriften der §§ 60ff. RGKG. zu verfahren ist.

b) Gleich hier sei ein für allemal festgestellt, daß in allen diesen Fällen es Sache der die Ausführungsverordnungen erlassenden Landesjustizverwaltungen sein wird, zu bestimmen, welcher Gebührenstandpunkt eingenommen werden soll, ob der dem Privatkläger, dem Beschuldigten oder dem Fiskus günstigere. Im Zweifel ist im Falle einer teilweisen Verurteilung die Bewertung immer und nur nach den für das Offizialverfahren maßgebenden Grundsätzen vorzunehmen. (S. § 503 StPO.)

c) Insoweit sich Härten ergeben, werden dieselben auf dem Wege des § 68 beseitigt.

4. Hat das Rechtsmittel eines zu einer Strafe verurteilten Beschuldigten keinen oder nur den Erfolg, daß die ausgesprochene Strafe gemindert wird, so bereitet die Anwendung des § 55 keine Schwierigkeiten. Aus der endgültig rechtskräftig gewordenen Strafe wird für beide Instanzen je die Gebühr des § 52 berechnet.

Besteht der teilweise Erfolg des Rechtsmittels darin, daß der Beschuldigte von einem oder mehreren Vergehen freigesprochen wird, wegen anderer aber verurteilt bleibt, so sind beide Instanzen nach den Grundsätzen zu behandeln, wie sie in Anm. 3 niedergelegt sind.

Besteht der teilweise oder beabsichtigte Erfolg des Rechtsmittels darin, daß der Beschuldigte für straffrei erklärt oder überhaupt freigesprochen wird, so ist jede der beschrittenen Instanzen nach § 60 Abs. 1 mit je 1000 Mk. Gebühr zu besteuern.

5. Beschränkt sich die das Rechtsmittel des zu einer Strafe verurteilten Beschuldigten nur auf eine sog. Nebenstrafe, z. B. die Einziehung eines (wertvollen) Stockes, die Veröffentlichungsbefugnis oder auf den Kostenpunkt, so muß auch für das Privatklageverfahren daran festgehalten werden, daß diejenige Strafe die Grundlage für die Höhe der Gebühren aller Instanzen zu bilden hat, die sich nach Erledigung des Rechtsmittels unter Berücksichtigung sämtlicher in der betr. Sache überhaupt ergangenen Entscheidungen als „erkannt" ergibt. (Vgl. § 49 Anm. 9.)

Z. B. Erstinstanzielles Urteil wegen Körperverletzung lautet auf 1000 Mk. Geldstrafe und Einziehung eines Stockes, Wert 5000 Mk. Berufung des Beschuldigten, beschränkt auf die Einziehung. Berufung wird nach Hauptverhandlung verworfen. Der Bewertung wird in beiden Instanzen der Betrag von (1000 + 5000) Mk. = 6000 Mk. zugrundegelegt. Hat die Berufung Erfolg, wird also die Einziehung aufgehoben, so werden beide Instanzen nur aus 1000 Mk. mit je 200 Mk. besteuert.

6. Betrifft das angefochtene Urteil mehrere selbständige strafbare Handlungen, erstreckt sich dagegen das eingelegte Rechtsmittel nur auf die eine oder andere derselben, so sind die Ausführungen zu § 49 Anm. 10 entsprechend auch für das Privatklageverfahren anzuwenden. Der Bewertung in der Rechtsmittelinstanz ist also nur das Erkenntnis für diejenige Handlung zugrundezulegen, wegen welcher die höhere Instanz in Anspruch genommen wurde.

Z. B. a) Erstinstanzielles Urteil erkennt wegen Hausfriedensbruches auf 600 Mk., wegen Beleidigung auf 1000 Mk. Berufung des Beschuldigten wegen der Beleidigung mit dem Erfolge, daß er in zweiter Instanz hiewegen nur zu 300 Mk. Geldstrafe verurteilt wird. Der Bewertung in erster Instanz sind (600 + 300) Mk. = 900 Mk. Geldstrafe, der in zweiter Instanz dagegen nur 300 Mk. Geldstrafe zugrunde zu legen.

b) Erfolgt in zweiter Instanz im Beispiel a Freisprechung, so ist die erste Instanz nach den Grundsätzen des Offizialverfahrens, die zweite dagegen ausschließlich nach §§ 60 ff. zu besteuern. S. § 59 Anm. 3 b.

c) Erstinstanzielles Urteil wegen Körperverletzung und Beleidigung; ausgesprochen werden je 600 Mk. Geldstrafe und Veröffentlichungsbefugnis wegen der Beleidigung. Erfolglose Berufung wegen der Veröffentlichungsbefugnis. In erster Instanz sind (600 + 600) Mk. = 1200 Mk., in zweiter Instanz nur 600 Mk. der Bewertung zugrunde zu legen, wenn auch nur die zu den 600 Mk. Geldstrafe gehörige Nebenstrafe angefochten war.

7. Im Privatklageverfahren kann grundsätzlich keine Instanz beschritten werden, ohne daß irgendeine Gebühr hiefür zum Anfall kommt.

8. Im übrigen gelten die Erläuterungen zu den §§ 49—52, 55 und 56 sinngemäß auch hier.

9. S. auch §§ 83, 84 Abs. 2, 85 Abs. 4 u. 5, 86.

§ 60.

Wird in dem Verfahren auf erhobene Privatklage der Beschuldigte freigesprochen oder für straffrei erklärt, so wird für das Verfahren in jeder Instanz eine Gebühr von 1000 Mark erhoben.

Die im Abs. 1 bestimmte Gebühr kommt für die Berufungsinstanz sowie für die Revisionsinstanz auch dann zur Erhebung, wenn das von dem Privatkläger eingelegte Rechtsmittel auf Grund einer Hauptverhandlung verworfen wird. Wird das Rechtsmittel vor Beginn der Hauptverhandlung zurückgenommen oder durch Beschluß verworfen (Strafprozeßordnung §§ 360, 363, 386, 389, 424), so wird eine Gebühr von 250 Mark erhoben. Wird das Rechtsmittel nach Beginn der Hauptverhandlung zurückgenommen oder die Berufung gemäß § 431 Abs. 3 der Strafprozeßordnung verworfen, so wird eine Gebühr von 500 Mark erhoben.

1. § 60 Abs. 1 regelt die Gebührenbewertung für den Fall, daß im Privatklageverfahren der Beschuldigte — sei es auf Grund des Ergebnisses der Hauptverhandlung vor dem erstinstanziellen oder vor dem Rechtsmittelgericht — freigesprochen oder für straffrei erklärt wird, dahin, daß eine feste Gebühr in Höhe von 1000 Mk. zum Ansatz zu bringen ist, ohne daß es auf die Zahl der in Betracht kommenden Privatkläger oder die Zahl der unter Anklage gestellten strafbaren Handlungen anzukommen hätte.

2. Mit der gleichen Gebühr wird nach § 60 Abs. 2 das vom Privatkläger erfolglos eingelegte Rechtsmittel besteuert und zwar ohne Rücksicht darauf, ob es die vorinstanzielle Freisprechung des Beschuldigten oder die Höhe der gegen denselben ausgesprochenen Strafe oder die Nebenstrafe usw. oder den Kostenpunkt betrifft.

3. Hat das Rechtsmittel des Privatklägers Erfolg, wird also der Beschuldigte rechtskräftig zu einer Strafe verurteilt, so hat die Bewertung gem. § 59 RGKG. zu erfolgen und gelten für diesen Fall die Ausführungen zu § 59 entsprechend auch hier, insbesondere auch insoweit, als sie von der Anfechtung des Urteils wegen einer Nebenstrafe u. dgl. handeln.

Z. B. Privatklage wegen Beleidigung. Urteil: 10000 Mk. Geldstrafe. Berufung des Privatklägers, weil Veröffentlichungsbefugnis nicht zuerkannt wurde. Zweite Instanz entspricht der Berufung. Gebühr für beide Instanzen gem. § 59 RGKG. aus je 10000 Mk.

4. Ist das Rechtsmittel des Privatklägers nur zum Teil verworfen, im übrigen aber erfolgreich, so ist grundsätzlich daran festzuhalten, daß die Bewertung nur erfolgen könnte entweder nach den Vorschriften über das Offizialverfahren (soweit der Beschuldigte zur Strafe verurteilt ist) oder nach den besonderen Vorschriften der §§ 60 ff.

Die Ausführungen in § 59 Anm. 3 gelten in gleicher Weise auch hier, d. h. es erfolgt Bewertung nach §§ 49 ff.

Z. B. Privatklage wegen Körperverletzung und Sachbeschädigung. Freisprechung des Beschuldigten von beiden Vergehen. Unbeschränkte Berufung des Privatklägers. Ergebnis: Verurteilung des Beschuldigten wegen Körperverletzung zu 1000 Mk. Geldstrafe, im übrigen Verwerfung.

der Berufung. Bewertung in beiden Instanzen: Je 200 Mk. Gebühr gem. § 59.

5. Anm. 3 zu § 59 ist entsprechend auch dann anzuwenden, wenn das Rechtsmittel, das wegen mehrerer unter Anklage gestellter strafbarer Handlungen eingelegt war, wegen der einen oder anderen dieser Handlungen zurückgenommen, im übrigen aber durchgeführt wird.

Z. B. Privatklage wegen Körperverletzung und Beleidigung. Freisprechung des Beschuldigten. Unbeschränkte Berufung des Privatklägers. Zurücknahme vor Beginn der Hauptverhandlung wegen der Beleidigung, Durchführung wegen Körperverletzung mit dem Erfolg, daß der Beschuldigte zu 500 Mk. Geldstrafe verurteilt wird. Erhoben werden 100 Mk. nach § 59 für jede Instanz.

6. Härtewirkungen, die sich bei Durchführung des § 60 entsprechend den vorstehenden Ausführungen ergeben können, sind auf dem Wege des § 68 zu beseitigen.

§ 61.

Wird die Privatklage zurückgewiesen oder erledigt sich das Verfahren vor Beginn der Hauptverhandlung durch Zurücknahme der Klage oder Einstellung, so wird eine Gebühr von 250 Mark erhoben. Tritt die Erledigung erst nach Beginn der Hauptverhandlung ein, so beträgt die Gebühr 500 Mark.

Tritt die Erledigung in der Berufungs- oder Revisionsinstanz ein, so kommen für diese Instanz die im Abs. 1 bestimmte Gebühr und für jede der vorausgegangenen Instanzen eine Gebühr von 500 Mark zur Erhebung.

1. § 61 Abs. 1 Satz 1 besteuert die Erledigung der Privatklage
a) bei Zurückweisung,
b) bei Zurücknahme oder Einstellung des Verfahrens vor Beginn der Hauptverhandlung

mit einer festen Gebühr von 250 Mk.

Nach Eröffnung des Hauptverfahrens (§ 423 StPO.) ist eine Zurückweisung der Privatklage nicht mehr möglich.

Die Einstellung des Verfahrens tritt z. B. ein, wenn der Privatkläger oder Beschuldigte vor rechtskräftiger Beendigung der Privatklagesache stirbt, wenn die Staatsanwaltschaft die Verfolgung übernimmt (bestritten!), wenn sich der Mangel des erforderlichen Strafantrages ergibt oder wenn sich die Strafverfolgung aus einem anderen Grunde als unzulässig erweist.

Erfolgt im Falle b die Erledigung erst nach Beginn der Hauptverhandlung, so erhöht sich die Gebühr von 250 Mk. auf 500 Mk. Ergibt sich die Erledigung aber erst in der Berufungs- oder Revisionsinstanz (vgl. z. B. § 431 Abs. 1 StPO.), so wird für diese Instanz einerseits eine Gebühr von 250 Mk. bzw. 500 Mk. angesetzt, andererseits aber die Gebühr für jede der voraufgegangenen Instanzen auf je 500 Mk. gemindert.

2. Die Bemerkungen zu § 55 über den „Beginn der Hauptverhandlung" gelten entsprechend auch hier. Der Strafprozeßordnung ist die Erledigung einer Hauptverhandlung durch Vergleich eigentlich fremd.

Der Vergleich erledigt das Privatklageverfahren regelmäßig auch nur dadurch, daß darin die Zurücknahme der Privatklage ev. auch des Strafantrages vereinbart ist. Diese Zurücknahme bildet dann die Grundlage für die Einstellung des Verfahrens. Der in einer Privatklage abgeschlossene Vergleich bzw. die dazu vom Gerichte eingeleiteten Verhandlungen liegen also „prozessual" immer außerhalb der Hauptverhandlung. Für die Entscheidung der Frage, ob die Zurücknahme oder Einstellung vor oder nach Beginn der Hauptverhandlung stattgefunden hat, sind demnach allein die §§ 242 Abs. 1, 365, 391 StPO. maßgebend. — Gegen den ausgebliebenen Angeklagten kann eine Hauptverhandlung nicht stattfinden, also auch nicht beginnen. S. § 55 Anm. 3.

3. Die Zurücknahme der Privatklage kann auch im Ausbleiben bei einer Hauptverhandlung usw. oder in der Nichteinhaltung einer Frist (§ 431 Abs. 2 StPO.) erblickt werden; nach Verkündung des Urteils zweiter Instanz ist sie nicht mehr möglich.

4. Die in den §§ 59, 60 bezeichneten Gebühren sind grundsätzlich nur dann angefallen, wenn das die Instanz beendigende Urteil, das den Beschuldigten entweder zu einer Strafe verurteilt oder ihn für straffrei erklärt oder ihn freispricht, auch rechtskräftig wird.

Jede andere Art der Erledigung des Privatklageverfahrens dagegen ist — ohne Rücksicht darauf, in welcher Instanz sie stattfindet — nach § 61 RGKG. zu besteuern. Wird z. B. hinsichtlich eines in erster Instanz freigesprochenen Beschuldigten nach Berufung des Privatklägers in zweiter Instanz die Privatklage zurückgezogen, so wird für die erste Instanz nicht der regelmäßig geschuldete Betrag von 1000 Mk., sondern gem. § 61 Abs. 2 nur der ermäßigte Betrag von 500 Mk. zum Ansatz gebracht. Dazu kommt dann noch die entsprechende Gebühr der zweiten Instanz.

5. Im Falle des Todes des Privatklägers oder Beschuldigten vor Erlassung eines Urteils oder vor eingetretener Rechtskraft desselben hat die Bewertung gleichfalls nur gem. § 61 zu erfolgen. Dabei begründet es keinerlei Unterschied, ob der Tod vor oder nach Einlegung eines Rechtsmittels erfolgt ist, da die Gebühr der Vorinstanz durch die Rechtskraft des darin ergangenen Urteils überhaupt bedingt ist.

Wegen der Kostenfrage vgl. § 503 StPO. Bl. f. RA. 64, 523; OLG. I, 10.

6. Im Falle einer Mehrheit von strafbaren Handlungen ist, wie schon bei § 59 Anm. 3 ausgeführt, jede Gebührenkombination ausgeschlossen. Es erübrigt auch hier nur die Erhebung einer einzigen Gebühr, sei es nach den Grundsätzen des Offizialverfahrens, sei es nach den besonderen Vorschriften der §§ 60 ff.

§ 62.

Die in den §§ 60, 61 bestimmten Gebühren werden für das Verfahren auf erhobene Widerklage nur erhoben, wenn es nach Zurücknahme der Privatklage oder Einstellung des Verfahrens über die Privatklage selbständig fortgesetzt wird. Das gleiche gilt, wenn ausschließlich gegen die auf die Widerklage ergangene Entscheidung von dem Widerkläger Berufung oder Revision eingelegt ist.

1. Auf die Widerklage erwachsen grundsätzlich und regelmäßig keine besonderen Gebühren, wenn sie neben der Privatklage herläuft. Eine Ausnahme tritt nur für den Fall ein, daß der Beschuldigte auf erhobene Widerklage zu einer Strafe (auch Verweis) rechtskräftig verurteilt wird. Dann finden gem. § 59 die für das Offizialverfahren getroffenen Bestimmungen der §§ 49 bis 52, 55, 56 Anwendung. § 59 hat in § 62 keine Erwähnung gefunden; die Erhebung der Gebühren des § 59 zufolge der Widerklage ist also auch bei gleichzeitigem Verfahren neben denen der §§ 60, 61 unbeschränkt zulässig. Wird dagegen der Beschuldigte auf erhobene Widerklage freigesprochen oder für straffrei erklärt, so ist für eine besondere Gebühr kein Raum. Ebensowenig bei Zurücknahme oder Zurückweisung der Widerklage.

Beispiele: Privatklage A gegen B und Widerklage B gegen A wegen Beleidigung.

a) B wird zu 1000 Mk., A zu 3000 Mk. Geldstrafe rechtskräftig verurteilt.
Gebühren nach § 59: für B = 200 Mk., für A = 600 Mk.

b) B wird zu 1000 Mk. Geldstrafe verurteilt, A für schuldig, aber straffrei erklärt.
Gebühr nach § 59: für B = 200 Mk.
Mit dieser Gebühr ist auch das Widerklageverfahren abgegolten. § 60 Abs. 1 ist mangels der Voraussetzungen des § 62 nicht anwendbar.

c) B wird für schuldig, aber straffrei erklärt (oder überhaupt freigesprochen), A zu 1000 Mk. Geldstrafe verurteilt.
Gebühr nach § 60: für Privatklageverfahren = 1000 Mk.
Gebühr nach § 59 Abs. 1 für A = 200 Mk.
Beide Gebühren sind nebeneinander zulässig.

2. Auf die Widerklage erwachsen in der ersten Instanz — abgesehen von dem Falle der Verurteilung des Widerbeklagten zu einer Strafe, s. o. Anm. 1 — Gebühren nach §§ 60 und 61 nur, wenn das Widerklageverfahren nach Zurücknahme der Privatklage oder Einstellung des Verfahrens über die Privatklage selbständig fortgesetzt wird. Der Fall der Zurückweisung der Privatklage ist im Gesetz nicht erwähnt, weil bei unzulässiger Privatklage die Zulässigkeit der Widerklage von selbst ausscheidet.

Das Gesetz sagt ausdrücklich, daß die in den §§ 60 und 61 bezeichneten Gebühren beim Vorliegen der genannten Voraussetzungen für das Verfahren auf erhobene Widerklage erhoben werden, ihr Ansatz ist also neben den für das zurückgenommene oder eingestellte Privatklageverfahren geschuldeten Gebühren zulässig.

3. In der Rechtsmittelinstanz werden die im §§ 60 und 61 bestimmten Gebühren für das Verfahren auf erhobene Widerklage nur erhoben, wenn ausschließlich gegen die auf die Widerklage ergangene Entscheidung von dem Widerkläger Berufung oder Revision eingelegt ist.

Hinsichtlich dieses vom Widerkläger ausschließlich im Widerklageverfahren eingelegten Rechtsmittels sind folgende Fälle zu unterscheiden:

a) Der Widerkläger wendet sich gegen die Freisprechung des Beschuldigten auf erhobene Widerklage mit dem Erfolg, daß der Beschuldigte in zweiter Instanz zu z. B. 1000 Mk. Geldstrafe verurteilt wird. Maßgebend sind für die Bewertung nicht die §§ 60, 61, sondern die Vorschriften des § 59 und damit diejenigen für die Bewertung des Offizialverfahrens. Gebühr: für jede der beiden Instanzen = 200 Mk. und zwar neben der für die Privatklage in erster Instanz angefallene Gebühr. Hat die Berufung den Erfolg, daß der Beschuldigte zwar für schuldig, aber für straffrei erklärt wird, dann sind in zweiter Instanz gem. § 60 = 1000 Mk. Gebühr angefallen, während für die erste Instanz für die Widerklage eine besondere Gebühr nicht angesetzt werden darf.

Wird das Rechtsmittel verworfen oder zurückgenommen oder findet das Verfahren durch Einstellung seine Erledigung, so werden für die Rechtsmittelinstanz die nach §§ 60, 61 jeweils einschlägigen Gebühren erhoben, während für die Vorinstanz neben den für die Privatklage angefallenen Gebühren ein Ansatz für das Widerklageverfahren überhaupt unzulässig ist.

b) Wendet sich der Widerkläger mit Erfolg nur gegen die Höhe der ausgesprochenen Strafe, so bildet die endgültig sich als „rechtskräftig erkannt" ergebende Strafe gem. § 59 den Maßstab für die Gebühren aller Instanzen.

Hat sein Rechtsmittel dagegen keinen Erfolg, so fällt nach § 60 Abs. 2 eine Gebühr von 1000 Mk. für die Verwerfung des Rechtsmittels an (vgl. Anm. 3 a Schlußsatz).

c) Betrifft das Rechtsmittel des Widerklägers nur eine Nebenstrafe oder dergl. (z. B. die nicht zuerkannte Veröffentlichungsbefugnis, die unterlassene Einziehung usw.), so ist im Falle des Erfolges zu unterscheiden, ob der Beschuldigte im übrigen in der Vorinstanz entweder zu einer Strafe verurteilt oder zwar für schuldig, aber für straffrei erklärt wurde. Im ersteren Falle gibt die endgültig als rechtskräftig erkannt sich darstellende Strafe (zuzüglich des Wertes eines ev. eingezogenen Gegenstandes usw.) den Maßstab für die Rechtsmittelgebühr. Im anderen Falle ist für die Rechtsmittelinstanz der feste Gebührensatz des § 60 Abs. 1 mit 1000 Mk. maßgebend. Wird neben der Straffreierklärung auf Einziehung u. dgl. erkannt, so ist zwar nach § 49 RGKG. der Wert der betr. Gegenstände im Sinne der kostenrechtlichen Vorschriften als Geldstrafe anzusehen; da aber für das Privatklageverfahren jede Gebührenkombination abgelehnt wird, so ist grundsätzlich und insolange auch in diesem Falle nur die feste Gebühr des § 60 Abs. 1 mit 1000 Mk. zu erheben, als nicht die aus dem Wert der eingezogenen Gegenstände berechnete Gebühr höher ist.

Im Falle der Erfolglosigkeit des Rechtsmittels gilt das zu 3 b Gesagte auch hier.

d) Die Ausführungen zu a—c sind entsprechend auch auf den Fall anzuwenden, daß das Rechtsmittel des Widerklägers ausschließlich den die Widerklage betreffenden Ausspruch im Kostenpunkt betrifft.

4. Legt der „Beschuldigte auf erhobene Widerklage" ausschließlich gegen die auf die Widerklage ergangene Entscheidung ein Rechtsmittel ein, so sind folgende Fälle zu unterscheiden:

a) Legt der im Widerklageverfahren zu einer Strafe verurteilte

Beschuldigte ein Rechtsmittel erfolglos oder nur mit dem Erfolge einer Herabsetzung der vorinstanziell erkannten Strafe ein oder wird dieses Rechtsmittel vor oder nach Beginn der Hauptverhandlung zurückgenommen oder durch Beschluß verworfen oder wird die Berufung wegen Ausbleibens des Angeklagten in der Hauptverhandlung verworfen, so findet grundsätzlich für alle Instanzen aus der endgültig als rechtskräftig verbleibenden ganzen Strafe die Bewertung gem. § 59 statt. (Die gleiche Bewertung tritt übrigens auch dann ein, wenn das Rechtsmittel neben einem in der Privatklagesache selbst vorliegenden Rechtsmittel eingelegt war.)

b) Hat im Falle a das Rechtsmittel den Erfolg, daß der Beschuldigte in der Rechtsmittelinstanz freigesprochen oder für straffrei erklärt wird, so fehlt es eigentlich an einer ausdrücklichen, dem § 62 entsprechenden Gebührenvorschrift (Gesetzeslücke). Nachdem aber die den Beschuldigten im Privatklageverfahren betreffenden Gebührensätze

für den Fall der Verurteilung zu einer Strafe in § 59,
für den Fall der Freisprechung oder Straffreierklärung aber in § 60 Abs. 1

ihren Ausdruck gefunden haben, muß § 60 Abs. 1 im gegebenen Falle als für die Bewertung der Rechtsmittelinstanz einschlägig erachtet werden. Gegenstand derselben ist ausschließlich die auf die Widerklage ergangene Entscheidung infolge Anfechtung durch den Beschuldigten.

c) Ganz die gleiche Auffassung muß auch für den Fall Platz greifen, daß nur der auf Widerklage für straffrei erklärte Beschuldigte wegen des Schuldausspruches oder des Kostenpunktes das Rechtsmittel eingelegt hat. Ohne Rücksicht auf den Erfolg ist auch in diesem Falle für die Bewertung der Rechtsmittelinstanz der § 60 als maßgebend zu erachten (S. 4 b).

d) Betrifft das Rechtsmittel des Beschuldigten auf erhobene Widerklage nur eine Nebenstrafe oder dergl. (Einziehung usw.), so treffen die Ausführungen in Anm. 3 c auch hier entsprechend zu.

5. Härten bei Durchführung der vorstehend aufgestellten Grundsätze sind unvermeidlich. Die Möglichkeit ihrer Beseitigung gibt der § 68 an die Hand.

6. Vgl. noch §§ 84, 86 RGKG.

§ 63.

Wird die Wiederaufnahme eines Privatklageverfahrens von dem Privatkläger beantragt, so wird, wenn der Antrag als unzulässig oder unbegründet verworfen wird, eine Gebühr von 500 Mark erhoben.

Wird die Wiederaufnahme des Verfahrens auf Antrag des Privatklägers angeordnet, so findet, sofern auf eine höhere Strafe erkannt wird, die Vorschrift des § 56 Abs. 2 Satz 2 Anwendung, anderenfalls wird eine Gebühr von 1000 Mark erhoben.

1. Wird der Antrag von dem im Privatklageverfahren zu einer Strafe verurteilten Beschuldigten gestellt, so findet § 56 Anwendung (vgl. § 59).

§ 64.

Sind in einem Privatklageverfahren mehrere Personen als Beschuldigte beteiligt, so werden hinsichtlich einer jeden die in den §§ 60 bis 63 bestimmten Gebühren besonders, jedoch für jede Instanz höchstens der dreifache Betrag der im § 60 Abs. 1 bestimmten Gebühr erhoben.

1. Bei Beteiligung mehrerer Personen als Privat- oder Widerkläger tritt keine Erhöhung der Gebührensätze ein.

2. Erstreckt sich das Privat- oder Widerklageverfahren auf mehrere Beschuldigte, so ist im Falle der Verurteilung derselben zu einer Strafe (auch Verweis) die gem. § 59 nach den Vorschriften über das Offizialverfahren zu berechnende verhältnismäßige Gebühr unbeschränkt so oft zu erheben, als verurteilte Beschuldigte vorhanden sind.

3. Sind die Beschuldigten freigesprochen oder für straffrei erklärt, oder handelt es sich um die Verwerfung oder Zurücknahme eines vom Privatkläger eingelegten Rechtsmittels, die Zurückweisung oder Zurücknahme einer Privatklage usw., das Widerklage- und Wiederaufnahmeverfahren auf Antrag des Privatklägers, so dürfen zwar auch hier die Gebühren der §§ 60—63 hinsichtlich eines jeden der mehreren Beschuldigten besonders in Ansatz gebracht werden, doch darf die Gesamtsumme aller einzelnen gem. §§ 64, 60—63 anfallenden (wenn auch unter sich verschieden hohen) Gebühren den Betrag von 3000 Mk. für die einzelne Instanz nicht überschreiten. § 59 kommt hier nicht in Frage.

4. Sind im Falle der Beteiligung mehrerer Beschuldigter einzelne zu Strafe verurteilt, andere dagegen urteilsmäßig freigesprochen oder infolge Zurückweisung oder Zurücknahme der Privatklage usw. ausgeschieden, so dürfen die nach § 59 anzusetzenden verhältnismäßigen Gebühren unbeschränkt und daneben noch besonders die gem. §§ 60 ff. anfallenden einzelnen Gebühren bis zu einem Gesamthöchstbetrage von 3000 Mk. zu Soll gebracht werden.

5. Als Gesamtschuldner haften mehrere „Privatkläger" sowohl gegenüber dem Staat als auch gegenüber dem Beschuldigten; mehrere Beschuldigte dagegen regelmäßig nur gegenüber dem „Privatkläger" hinsichtlich der diesem erwachsenen notwendigen Auslagen; gegenüber der „Staatskasse" haften die mehreren Beschuldigten nach den „allgemeinen" Bestimmungen der StPO., als Gesamtschuldner also nur im Falle des § 498 Abs. 2 StPO. Vgl. die Ausf. zu § 51 Anm. 4 und S. 5 Art. III.

§ 65.

Die von der Verwaltungsbehörde erhobene Klage (Strafprozeßordnung § 464) ist nicht als Privatklage im Sinne dieses Gesetzes zu erachten.

§ 66.

Werden dem Nebenkläger Kosten auferlegt, so sind die Sätze zu erheben, welche nach Maßgabe der §§ 60, 61, 63, 64 zu erheben sein würden, wenn er als Privatkläger das Rechtsmittel eingelegt oder die Wiederaufnahme des Verfahrens beantragt hätte.

1. Aus den Motiven: Der Gesetzesentwurf zu dem inhaltlich unverändert in das jetzige RGKG. übernommenen alten § 74 geht davon aus, daß der Anschluß eines Nebenklägers an sich auf die Kosten des Verfahrens nicht von Einfluß sein wird; es wird deshalb die Erhebung von besonderen Gebühren nur für den einzigen Fall in Vorschlag gebracht, daß dem Nebenkläger die Kosten eines von ihm eingelegten Rechtsmittels (StPO. § 441) zur Last fallen.

Dagegen liegt ein Bedürfnis, dem unterliegenden Nebenkläger auch in den übrigen Fällen eine Gebühr aufzuerlegen, nicht vor, denn eine Ausdehnung des Verfahrens in erheblichem Umfange wird durch den Anschluß des Nebenklägers, wenn er nicht selbständig Rechtsmittel einlegt, nicht herbeigeführt und die Lage des Angeklagten nicht wesentlich verändert.

Zweifelhaft kann die Frage sein, ob nicht die Entscheidung über den Anspruch einer Buße und die hierauf bezüglichen Rechtsmittel den Ansatz einer besonderen[1]) Gebühr zur Folge haben sollen; der Entwurf hat von einer derartigen Regelung Abstand genommen. —

2. Für den Anschluß, die Zurückweisung oder die Zurücknahme des Anschlusses als Nebenkläger werden Gebühren nicht berechnet — RG. 31, 230 —, wie überhaupt in erster Instanz das durch die zugelassene Nebenklage herbeigeführte Verfahren mit keiner Gebühr belegt werden kann.

3. Dieser Grundsatz gilt gegenüber dem Nebenkläger auch für die Rechtsmittelinstanz, insoweit derselbe weder ein Rechtsmittel eingelegt, noch sich dem von dem Angeklagten oder dem Staatsanwalt eingelegten Rechtsmittel angeschlossen hat.

4. Unter § 66 sind nicht nur diejenigen Fälle zu nehmen, in denen dem Nebenkläger gem. §§ 505 Abs. 1, 437, 441 StPO. die Kosten des erfolglos eingelegten Rechtsmittels ausdrücklich überbürdet sind, sondern auch diejenigen, in denen kraft Gesetzes den Nebenkläger infolge der Zurücknahme seines Rechtsmittels vor oder nach dem Beginn der Hauptverhandlung die Kosten desselben treffen, ihm also kraft Gesetzes auferlegt sind. Die Fälle, in denen diese gesetzliche Folge durch eine ausdrückliche richterliche Entscheidung noch ausdrücklich bestätigt und festgelegt wird, werden sehr selten sein und wohl nur dann eintreten, wenn der Angeklagte zwecks Erstattung der ihm in der Rechtsmittelinstanz erwachsenen Kosten (Verteidigungskosten usw.) einen dahingehenden besonderen Antrag stellt. Vgl. ObLG. Mchn. 7, 115.

5. Wenn dem Nebenkläger die Kosten des von ihm eingelegten Rechtsmittels auferlegt sind, dann ist die Gebühr des § 66 von ihm auch geschuldet, wenn zugleich der Staatsanwalt das Rechtsmittel eingelegt hatte. RG. Beschl. v. 11. 4. 1902 Bd. 35, 188.

Diese Entscheidung lehnt ausdrücklich die Unterscheidung zwischen einem selbständigen und unselbständigen Rechtsmittel des Nebenklägers

[1]) D. h. also weiteren Gebühr (Die Verfasser.).

ab und stellt fest, daß das Rechtsmittel des Nebenklägers in jedem Falle, auch neben dem des Staatsanwalts, einen selbständigen Charakter hat. Auch in diesem Falle ist also die Zurücknahme gebührenpflichtig, wie auch für die urteilsmäßige oder beschlußmäßige Verwerfung des Rechtsmittels die Gebühren nach Maßgabe der §§ 60, 61, 63, 64 geschuldet sind.

6. § 66 trifft inhaltlich seiner Motive nur eine Bestimmung darüber, unter welchen Voraussetzungen dem unterliegenden Nebenkläger eine Gebühr aufzuerlegen ist. Er läßt also die Frage offen, ob eine Gebühr in Ansatz zu bringen ist, wenn der Nebenkläger siegt und der Angeklagte auch die Kosten der Rechtsmittelinstanz zu tragen hat. Im Gegensatz zum übrigen Schrifttum wird der Standpunkt eingenommen, daß in diesem Falle nach der Regel des § 49 Abs. 1 die rechtskräftig erkannte Strafe den Maßstab für die Gebühren aller Instanzen zu bilden hat, somit gegenüber dem Angeklagten für die Rechtsmittelinstanz die entsprechende Gebühr des § 52 zu Soll zu bringen ist.

Z. B. Angeklagter A wird wegen Körperverletzung in erster Instanz freigesprochen. Der schon in dieser Instanz als Nebenkläger zugelassene B legt gegen dieses Urteil Berufung ein mit dem Erfolg, daß A in zweiter Instanz kostenfällig zu 10000 Mk. Geldstrafe verurteilt wird. Ohne Bedenken sind für jede der beschrittenen Instanzen je 2000 Mk. Gebühren zu erheben. Die Sachlage ist rechtlich die gleiche, wie wenn der in erster Instanz freigesprochene Beschuldigte auf erhobene Privatklage zufolge Berufung des Privatklägers oder wenn der im Offizialverfahren freigesprochene Angeklagte auf Berufung des Staatsanwalts in zweiter Instanz zu der genannten Geldstrafe verurteilt worden wäre.

7. Die Gebühr des § 66 fällt auch an, wenn der Nebenkläger im Rechtsmittelwege erfolglos die Zuerkennung einer Buße oder eine Änderung des Ausspruches im Kostenpunkt betreibt. Die Motive stehen dem Ansatz einer Gebühr nur scheinbar entgegen, weil § 66 allgemein die Kosten eines erfolglos eingelegten Rechtsmittels festlegt, während die Motive nur von einer besonderen (weiteren) Gebühr für die Entscheidung über den Bußeanspruch in der ersten und Rechtsmittelinstanz sprechen. Im übrigen sind die Gesetzesmotive erst dann zur Auslegung heranzuziehen, wenn der Wortlaut des Gesetzes zu Zweifeln Anlaß gibt. Dies ist hier nicht der Fall.

8. Hat das Rechtsmittel Erfolg, so gelten die Ausführungen unter Anm. 6 und die Ausführungen zu § 49 Anm. 9 ff. entsprechend auch hier.

9. Die Gebühren des § 66 können neben denjenigen des § 57 zum Anfall kommen, wenn der Nebenkläger und der Anzeiger bzw. Antragsteller der §§ 501, 504 StPO. personengleich sind. S. auch §§ 83 Abs. 1, 84 Abs. 2, 85 Abs. 4, 5, 86.

§ 67.

Für das Verfahren in den Fällen der §§ 477 bis 479 der Strafprozeßordnung beträgt die Gebühr in jeder Instanz 1000 Mark.

1. Aus den Motiven: Wird auf Einziehung, Vernichtung oder Unbrauchbarmachung von Gegenständen selbständig erkannt (StPO. § 477), so wird der Regel nach in Ermangelung eines Kostenpflichtigen eine Gebühr nicht zum Ansatz kommen. Es bedurfte jedoch eines Maßstabes für die Gebührenerhebung in den Fällen, wenn einem der Beschlagnahmeinteressenten (StPO. § 478) die Kosten eines Rechtsmittels (StPO. § 505) oder auch Kosten erster Instanz auferlegt werden. Wird das Verfahren von einem Privatkläger beantragt, so hat derselbe zufolge der allgemeinen Grundsätze über die Verbindlichkeiten des Privatklägers einen Gebührenvorschuß zu zahlen. § 83 RGKG.

2. Das Verfahren kann beantragt werden:
a) durch die Staatsanwaltschaft,
b) durch den Privatkläger.

Als sog. Einziehungsinteressenten sind am Verfahren diejenigen Personen beteiligt, die ein Interesse daran haben, daß die betr. Gegenstände nicht eingezogen werden. RGE. 18, 299.

3. Die Kosten erster Instanz sind in den Fällen 2 a regelmäßig der Staatskasse, in den Fällen 2 b ev. dem Privatkläger zu überbürden. Nur im Falle 2 b wird also bezüglich der ersten Instanz der Anfall der Gebühr des § 67 möglich, setzt aber eine ausdrückliche Verurteilung des Privatklägers zu den Kosten des Verfahrens voraus. Erfolgt eine solche nicht, dann ist der gem. § 83 geleistete Gebührenvorschuß zurückzuzahlen. Der Einziehungsinteressent kommt in dieser Eigenschaft für die Kostentragung in erster Instanz nicht in Betracht.

4. Am Rechtsmittelverfahren können beteiligt sein als Rechtsmittelführer
a) der Staatsanwalt,
b) der Privatkläger,
c) der sog. Einziehungsinteressent, ohne Rücksicht darauf, ob er in erster Instanz schon aufgetreten war.

Die Kosten des Rechtsmittels trägt im Falle der Erfolglosigkeit gem. § 505 Abs. 1 StPO. der Rechtsmittelführer, der Ansatz der Gebühr des § 67 wird sohin regelmäßig nur zu 4 b und c praktisch werden, aber auch hier nur dann, wenn eine ausdrückliche Verurteilung zu den Kosten der Rechtsmittelinstanz vorliegt.

5. Die Kosten eines zurückgenommenen Rechtsmittels treffen kraft Gesetzes denjenigen, der dasselbe eingelegt hat, ohne daß es eines ausdrücklichen Ausspruches bedarf. Vgl. Ausf. zu § 66 Anm. 4. Hat der Privatkläger oder der Einziehungsinteressent sein Rechtsmittel vor oder nach Beginn der Hauptverhandlung zurückgenommen, so muß auch in diesem Falle die volle Gebühr des § 67 angesetzt werden. In § 76 des alten RGKG. war beispielsweise der § 75 a. a. O. ausdrücklich aufgeführt, im jetzigen Gesetze fehlt es an einer entsprechenden Bestimmung. Abhilfe ist nur auf dem Wege des § 68 RGKG. möglich und von Fall zu Fall angezeigt. §§ 60, 61 sind hier nicht einschlägig.

6. Auch im Verfahren gem. §§ 477—479 StPO. ist die Möglichkeit gegeben, daß sich bestimmte Personen der erhobenen öffentlichen Klage als Nebenkläger anschließen. Für diesen Fall sind jedoch auch die Spezialbestimmungen des § 66 RGKG. entsprechend auf das Verfahren anzuwenden. Vgl. die dortigen Anm.

§ 68.

Die in den §§ 60 bis 63, 67 bestimmten Gebühren, kann das Gericht bis auf 100 Mark herabsetzen oder bis auf das Zwanzigfache erhöhen.

1. Motive: Die Arbeit des Gerichts und die allgemeinen Aufwendungen des Staates wie auch die wirtschaftlichen Verhältnisse der Gebührenpflichtigen können in den einzelnen Fällen außerordentlich verschieden sein. § 68 soll die tunlichste Angleichung der Gebühren an die Verhältnisse des Einzelfalles ermöglichen.

2. § 68 ermöglicht es also einerseits, in allen Fällen, in denen der Ansatz der einen oder anderen Gebühr nach dem starren Buchstaben der gebührenrechtlichen Bestimmungen sich als Härte erweisen würde, Abhilfe zu schaffen, will aber auf der anderen Seite bezwecken, daß in den Fällen, in denen der Ansatz der normalen Gebühr in keinem Verhältnisse zur Wichtigkeit, Schwierigkeit, Langwierigkeit der Sache, der ev. Einrissigkeit und wirtschaftlich günstigen Lage der in Betracht kommenden Partei steht, möglichst ausgedehnter Gebrauch von der Erhöhungsbefugnis gemacht wird.

3. § 68 läßt die Herabsetzung bzw. Erhöhung von Gebühren jeder Art zu, wie sie in den §§ 60—63, 67 — nicht aber für § 59 bei Verurteilung des Beschuldigten zu einer Strafe — aufgeführt sind, unterscheidet also nicht zwischen solchen, die außerhalb einer Hauptverhandlung oder infolge einer solchen angefallen sind. Die betreffende Anordnung des Gerichts kann also sowohl in der einschlägigen Entscheidung (Urteil, Beschluß) Aufnahme finden, also auch in Form einer nachträglichen Verfügung des Gerichts ihren Niederschlag finden.

Die gerichtliche Entscheidung des § 68 ist an sich nicht anfechtbar. Ist der Zahlungspflichtige oder die Staatskasse mit der Herabsetzung oder Erhöhung der Gebühr nicht einverstanden oder fühlen sich die genannten Beteiligten dadurch beschwert, daß von der Befugnis des § 68 überhaupt kein Gebrauch gemacht wurde, so erübrigt nur, Erinnerungen gegen den Gebührenansatz nach § 4 zu erheben. Erst gegen die hierauf ergangene Entscheidung besteht die Möglichkeit der Beschwerde nach Maßgabe des § 4 Abs. 2.

§ 69.

Für die Zurückweisung einer Beschwerde wird, sofern sie sich gegen eine Entscheidung der im § 56 Abs. 1 oder im § 63 Abs. 1 bezeichneten Art richtet, die dort bestimmte Gebühr, im übrigen eine Gebühr von 100 Mark erhoben.

Die Gebühr wird von dem Beschuldigten nur erhoben, wenn er rechtskräftig zu einer Strafe verurteilt ist.

1. Die Beschwerdeinstanz wird grundsätzlich mit einer festen Gebühr von 100 Mk. besteuert. Voraussetzung des Anfalls der Gebühr ist jedoch, daß die Beschwerde zurückgewiesen wird. Eine Ausnahme von dieser Regel tritt nur ein:

a) im Falle der Zurückweisung der Beschwerde des Beschuldigten gegen die Entscheidung, welche seinen Antrag auf Wiederaufnahme des Verfahrens als unzulässig oder unbegründet verwirft oder ablehnt,

b) im Falle der Zurückweisung der Beschwerde des Privatklägers gegen die Entscheidung, welche seinen Antrag auf Wiederaufnahme des Privatklageverfahrens als unzulässig oder unbegründet verwirft.

Im Falle a wird gem. §§ 56 Abs. 1, 59 die Hälfte der gem. § 52 geschuldeten verhältnismäßigen Gebühr ohne Rücksicht darauf erhoben, ob es sich um ein Offizial- oder Privatklageverfahren handelt, im Falle b ist eine feste Gebühr von 500 Mk. geschuldet.

Wird zu a und b auf die Beschwerde die Wiederaufnahme des Verfahrens angeordnet, so ist nach § 56 Abs. 2 bzw. § 63 Abs. 2 zu bewerten. Eine Gebühr nach § 69 fällt nicht an; wegen der Auslagen siehe § 6 Abs. 1.

2. Gleichgültig ist, ob die Beschwerde als unzulässig oder als unbegründet zurückgewiesen wurde.

Für die Zurücknahme einer Beschwerde ist mangels einer entsprechenden gesetzlichen Vorschrift eine Gebühr nicht geschuldet, wohl aber sind gem. § 505 Abs. 1 StPO. sonstige Kosten von dem Beschwerdeführer zu tragen, jedoch unbeschadet der auch hier grundsätzlich eintretenden Wirkung des § 69 Abs. 2.

3. § 69 umfaßt alle Beschwerden — ausgenommen natürlich die der §§ 38, 47 —, gleichviel ob sie im Offizial- oder Privatklageverfahren, ob sie vom Beschuldigten oder Privatkläger oder Nebenkläger oder einem Dritten eingelegt sind. Voraussetzung ist nur, daß es sich um eine Beschwerde prozessualer Natur handelt. Hierunter fallen beispielsweise Beschwerden über Ablehnung eines Richters, über Verhaftung, Beschlagnahme, Berechnung der erkannten Strafen, Verwerfung eines Gesuches um Wiedereinsetzung in den vorigen Stand oder eines Antrages auf Wiederaufnahme des Verfahrens, über Verwerfung einer Berufung als unzulässig (§ 363 StPO.), Beschwerden des Antragstellers bzw. Anzeigers im Kostenpunkt in den Fällen der §§ 174 Abs. 1, 175, 501 Abs. 1, 3, 504 Abs. 1 StPO., Beschwerden gegen eine Entscheidung, welche den Verfall einer zur Abwendung einer Untersuchungshaft oder zur Erlangung eines Strafaufschubs bestellten Sicherheit ausspricht (§§ 122, 488 StPO.), Beschwerden gegen Entscheidungen aus § 143 StPO., Beschwerden im Kostenfestsetzungsverfahren § 496 Abs. 2 StPO.

4. Dagegen dürfen Entscheidungen, die auf Grund einer Sonderbestimmung des RGVG. mit Beschwerde angefochten werden (vgl. z. B. §§ 179, 183 GVG.) nicht unter § 69 genommen werden. Sie sind mangels einer ausdrücklichen Gebührenbestimmung überhaupt gebührenfrei. S. § 1 RGKG., BayZ. 1912, 74; 1913, 228; 1915, 62.

Ist in der betr. Sonderbestimmung jedoch erwähnt, daß die Beschwerde nach den Vorschriften der StPO. statthaft ist (vgl. § 56 Abs. 2 GVG. betr. die Verurteilung von Schöffen usw. zu einer Ordnungsstrafe, § 17 Abs. 2 GebO. f. Z. u. Sachv., soweit Zeugengebühren in Strafsachen in Frage kommen), dann sind gem. § 1 auch die Bestimmungen des RGKG. auf die Bewertung der Beschwerde im Falle ihrer Zurückweisung anwendbar.

5. Ebensowenig fallen unter § 69 dienstaufsichtliche Beschwerden jeder Art, sei es an den vorgesetzten Beamten der Staatsanwaltschaft

(§ 170 StPO.), sei es sonstwie an den Amtsvorstand, Beschwerden im ehrengerichtlichen Verfahren usw.

6. Die Gebühr des § 69 muß grundsätzlich von jedem Beschwerdeführer im Falle der Zurückweisung eingefordert werden, ohne daß es darauf anzukommen hätte, ob er als Beschuldigter, Dritter usw. hiervon Gebrauch gemacht hat und ob die Zurückweisung in einer oder in mehreren gesonderten Entscheidungen erfolgt ist. Hinsichtlich der Privatklage ist jedoch an dem Grundsatze (vgl. § 64 Anm. 1) festzuhalten, daß die Beteiligung einer Mehrheit von Privatklägern keine Gebührenerhöhung herbeiführen darf. Haben also beispielsweise Ehemann und Ehefrau wegen einer der Ehefrau zugefügten Beleidigung „eine" Privatklage und gegen den diese Privatklage zurückweisenden Beschluß des Amtsgerichts erfolglos Beschwerde erhoben, so fällt nur „eine" Gebühr an.

7. Von dem Beschuldigten kann die Gebühr des § 69 nur eingelangt werden, wenn er rechtskräftig zu einer Strafe (auch Verweis) verurteilt ist. Wird er freigesprochen oder straffrei, dann ist überhaupt keine Gebühr geschuldet. In allen übrigen Fällen ist die Gebühr sofort mit Erlassung der Entscheidung geschuldet. § 75 Abs. 1.

§ 70.

Für das Verfahren zur Vollstreckung einer über eine Vermögensstrafe, eine Buße oder über Erstattung von Kosten ergangenen Entscheidung (Strafprozeßordnung §§ 495, 496) werden Gebühren nach Maßgabe der Vorschriften des zweiten Abschnitts besonders erhoben.

1. § 70 bezieht sich nur auf die Zwangsvollstreckung der über eine Vermögensstrafe, eine Buße oder über Erstattung von Kosten ergangenen Entscheidung, soweit dieselbe im strafprozessualen Verfahren erwirkt wurde. Er ist also nicht einschlägig hinsichtlich der Kosten, die aus Anlaß der strafprozessualen Erwirkung der Entscheidung selbst anfallen, sondern erstreckt sich ausschließlich auf die Kosten des dieser Erwirkung nachfolgenden Verfahrens, d. h. also des Vollzugs derselben.

Nach § 70 sind somit beispielsweise anwendbar die §§ 33 Nr. 4, 5, 34, 35 RGKG.

Auf die Umstellung der Vollstreckungsklausel auf den Rechtsnachfolger (Erben usw.), auf die Festsetzung der Kosten u. dgl. — § 70 wäre hier ohnedies nicht einschlägig — erwachsen keine besonderen Gebühren.

Fünfter Abschnitt.

Auslagen.

§ 71.

Schreibgebühren werden für solche Ausfertigungen und Abschriften erhoben, die nur auf Antrag erteilt werden, oder die angefertigt werden, weil die Partei es unterläßt, einem von Amts wegen zuzustellenden Schriftsatze die erforderliche

Zahl von Abschriften beizufügen, sowie für Ausfertigungen und Abschriften aller Art in den Fällen der persönlichen oder sachlichen Gebührenfreiheit.

Die Schreibgebühren bleiben jedoch außer Ansatz bei Erteilung von

1. Ausfertigungen von Urteilen, die unter Weglassung des Tatbestandes und der Entscheidungsgründe erfolgen, sowie solchen, die gemäß § 317 Abs. 4 der Zivilprozeßordnung unter Benutzung einer dem Gericht vorgelegten beglaubigten Abschrift der Klage oder des Zahlungsbefehls gefertigt werden;
2. Ausfertigungen vor Gericht abgeschlossener Vergleiche.

Der Abs. 2 kommt bei Erteilung einer zweiten oder weiteren von derselben Partei beantragten Ausfertigung oder Abschrift nicht zur Anwendung.

Die Schreibgebühr beträgt für die Seite, welche zweiunddreißig Zeilen von durchschnittlich fünfzehn Silben enthält, zwanzig Mark, auch wenn die Herstellung auf mechanischem Wege stattgefunden hat. Jede angefangene Seite wird als voll berechnet. Für Schriftstücke, die in fremden Sprachen abgefaßt sind, für Schriftstücke in tabellarischer Form sowie für Verzeichnisse, Listen, Rechnungen, Handzeichnungen und dergleichen kann die Höhe der Schreibgebühr von der Landesjustizverwaltung anderweit bestimmt werden.

Absatz 1.

1. Grundsätzlich sind Ausfertigungen und Abschriften, die von Amts wegen erteilt werden müssen, schreibgebührenfrei. Sie sind nur dann schreibgebührenpflichtig, wenn ihre Erteilung auf Antrag erfolgt.

Wegen der Fälle, in denen tatsächlich angefallene Schreibgebühren außer Ansatz bleiben können, vgl. § 71 Abs. 2 und die dortigen Ausführungen.

2. Unterläßt es eine Partei, einem von Amts wegen zuzustellenden Schriftsatze (Klage oder sonstige Erklärung) die erforderliche Zahl von Abschriften beizufügen, so werden hiefür in gleicher Weise, wie für die auf Antrag erteilten Ausfertigungen usw., die Schreibgebühren verrechnet. Eine Ausnahme macht die Praxis und die Rechtsprechung nur dann, wenn die Klage oder sonstige Erklärung nicht schriftlich eingereicht, sondern zum Protokoll des Gerichtsschreibers erklärt ist. In diesem Falle wird von der Erhebung der Schreibgebühren Umgang genommen, weil die Partei gar nicht die Möglichkeit hatte, diese Abschriften selbst einzureichen und die Anfertigung der Abschriften eigentlich eine von Amts wegen eintretende Folge der Aufnahme des Protokolls ist. (Bestr.) Die bayerische Justizverwaltung hat beispielsweise (vgl. § 14 Abs. 2 GA. f. Gerschr. GA.) in den Dienstanweisungen der letztgenannten

Auffassung ausdrücklich Rechnung getragen und bestimmt, daß in solchen Fällen Schreibgebühren nicht erhoben werden.

Ist die Erklärung einer Partei auf Grund gesetzlicher Vorschrift nicht von Amts wegen zuzustellen oder dem Gegner auszuhändigen, ordnet vielmehr der Richter die Zustellung, weil in seinem Ermessen liegend, an (wie in den Fällen der §§ 888—891 ZPO. oder bei Abgabe einer Erklärung des Beschuldigten im Privatklageverfahren), so sind Schreibgebühren für die auf Veranlassung des Gerichts angefertigten Abschriften nicht zu erheben.

Hat die Partei oder ihr Vertreter in der mündlichen Verhandlung ein Verzeichnis der ihr vom Gegner zu erstattenden Kosten übergeben und erfolgt Kostenfestsetzung auf dem Urteil (§ 105 ZPO.) oder gesondert, so läßt der Gerichtsschreiber die Abschrift des Kostenverzeichnisses anfertigen; hierfür fallen Schreibgebühren nicht an. Wird die Kostenfestsetzung nach Erlaß des Urteils (gesondert — §§ 103, 104 ZPO.) schriftlich beantragt, so ist das Kostenverzeichnis doppelt einzureichen; anzufertigende Abschriften sind schreibgebührenpflichtig. Die den Beteiligten von Amts wegen zuzustellenden Terminsverlegungsbeschlüsse sind stets schreibgebührenfrei; ebenso können von einem unentschuldigt ausgebliebenen, zu den hierauf entstandenen Kosten verurteilten Zeugen für die Neuladung Schreibgebühren nicht erhoben werden. Es fehlt hier wie dort an einem „Antrag" auf „Erteilung" einer Ausfertigung oder Abschrift.

3. Während der Begriff „Abschriften" für Zweifel wohl keinen Raum läßt, streitet man in Schrifttum und Rechtsprechung darüber, was als „Ausfertigung" anzusprechen ist. Die eine Ansicht (DJAmtmZtschr. 1922, 31) möchte den Begriff „Ausfertigung" dahin festlegen, daß darunter alle Schriftstücke zu verstehen sind, die zum Zwecke der Hinausgabe oder Zustellung angefertigt werden, eine gerichtliche Entscheidung, Anordnung, Verfügung, Benachrichtigung, Mitteilung, Aufforderung, einen Befehl, ein Zeugnis oder eine Bescheinigung enthalten und ihrer äußeren Gestaltung nach das Merkmal einer Urkunde zeigen, so auch die Ersuchungsschreiben und die zur Einrückung in die öffentlichen Blätter bestimmten Anzeigen. Eine andere Ansicht (DJAmtmZtschr. 1922, 40) faßt den Begriff wesentlich enger und kommt zu dem Ergebnis, daß beispielsweise ein Notfristzeugnis selbst bei der weitesten Begriffsauslegung weder als Abschrift noch als Ausfertigung betrachtet werden kann, sondern lediglich als eine gesetzlich vorgeschriebene, urschriftliche Beurkundung durch den Gerichtsschreiber.

Die süddeutsche Praxis steht überwiegend — zum Teil unter ausdrücklicher Billigung der Prüfungsstellen — auf dem Standpunkt, daß die Erteilung einer Ausfertigung zwar nicht grundsätzlich das Vorhandensein einer „Urschrift" bei den Akten voraussetze, daß aber gleichwohl Rechtskraft- und Notfristzeugnisse, Widerspruchsbescheinigungen u. dgl. — überhaupt im Gesetz begründete, urschriftliche Beurkundigungen — nicht als Ausfertigungen angesehen werden könnten. Dagegen werden andererseits Urschriften von antragsgemäß erlassenen Haftbefehlen u. ähnl., bedenkenlos als „Ausfertigungen" anerkannt.

Es muß daran festgehalten werden, daß in § 71 nur das

„Schreibwerk“ als solches, soweit es auf Antrag erfolgt, mit der Schreibgebühr belegt werden wollte. Der Antrag muß also „unmittelbar“ die Erteilung der Abschrift, der Ausfertigung bezwecken. Ist die Erteilung nur die notwendige Folge einer beantragten Entscheidung des Gerichts oder des Gerichtsschreibers, stellt sie sich also gewissermaßen als die Verständigung der Partei über das Ergebnis des Antrages dar, so ist sie von Amts wegen erteilt. Dabei ist es gleichgültig, ob die betr. Entscheidung selbst mit einer Gebühr besteuert ist oder nicht.

Beispiele: Forderungspfändung. Der Gläubiger erhält eine Ausfertigung des ergangenen Beschlusses unmittelbar ausgehändigt, um die Zustellung an Schuldner und Drittschuldner bewirken lassen zu können.

Oder: Eine der Parteien beantragt die Erteilung einer Vollstreckungsklausel zu einer übergebenen Urteilsausfertigung, sei es gegen den Gegner oder dessen Rechtsnachfolger oder für sich als Rechtsnachfolgerin usw. Die erteilte Vollstreckungsklausel (aber auch nur diese, nicht auch die Ausfertigung des ihr zugrundeliegenden Titels) ist eine notwendige Folge der „Entscheidung“, die die Zulässigkeit der beantragten Erteilung bejaht hat.

§ 71 will jedwede kleinliche Erhebung von Schreibgebühren vermeiden, er will vereinfachen, was schon daraus hervorgeht, daß er in Abs. 2 sogar geschuldete Schreibgebühren außer Ansatz bringt.

4. Das von Amts wegen angefertigte Schreibwerk war früher (vgl. den alten § 80 b) durch den Auslagenpauschsatz abgegolten, der aus der anfallenden Gebühr prozentual berechnet wurde. War keine Gebühr angefallen, so wurde auch kein Auslagenpauschsatz erhoben: das von Amts wegen notwendig gewordene Schreibwerk blieb dann ohne jedes Entgelt.

Mit dem RG. v. 29. 6. 1921 (RGBl. S. 798) ist der Auslagenpauschsatz weggefallen; sein Wegfall wurde durch die Erhöhung der Gebühren ausgeglichen. In den Fällen des (alten) § 98 RGKG. bestand nun im Gegensatz zur bisherigen Regelung angesichts der Gebühren-(nicht aber Auslagen-)freiheit zunächst keine Möglichkeit, für das von Amts wegen notwendig gewordene Schreibwerk (d. s. Auslagen!) ein Entgelt hereinzuholen. Nur diesem Mißstande wollte das Gesetz nach den Motiven abhelfen. Nur die „bislang“ durch die Pauschsätze abgegoltenen Auslagen sollten wenigstens insoweit, als Ausfertigungen und Abschriften aller Art (nicht etwa auch Postgebühren!) in Frage kamen, gleichwohl in Ansatz gebracht werden können, wenn ein Fall der persönlichen oder sachlichen Gebührenfreiheit vorlag. Die nunmehrige Erhebungsart der schon „bislang“ geschuldeten, durch den Auslagenpauschsatz summarisch abgegoltenen Schreibgebühren konnte sich also nur auf den § 98 alt (§ 90 neu) beziehen.

Aus diesem Gedankengang heraus entstand dann die auch in das jetzige Gesetz übernommene Bestimmung:

> Schreibgebühren werden... erhoben... für Ausfertigungen und Abschriften aller Art in den Fällen der persönlichen oder sachlichen Gebührenfreiheit.

Mit dieser Vorbetrachtung ist aber auch der Schlüssel zur Auslegung dieser Gesetzesbestimmung gegeben: Es wollten nicht Vorgänge „neu“ mit einer Schreibgebühr belegt werden, die schon zur Zeit des

Pauschsatzes nicht von diesem betroffen waren, sondern es wollten nur Schreibgebühren, die bisher vom Auslagenpauschsatz ergriffen waren, infolge Wegfalls desselben auf andere Weise erfaßt werden. Es kann demzufolge auch nicht in Prozeßhandlungen u. dgl., die ohne Gebühr bleiben, weil das Gesetz eine solche schon bisher und neuerlich noch weitergehend nicht vorgesehen hat, nunmehr für Ausfertigungen und Abschriften aller Art die Schreibgebühr zu Soll gebracht werden, sondern es darf dies nur da geschehen, wo es schon bisher geschah, d. i. also in den Fällen der persönlichen und sachlichen Gebührenfreiheit des § 90 (alt § 98).

Schreibgebühren, die beispielsweise anläßlich eines Verfahrens über ein Gesuch um Bewilligung des Armenrechts, ein Ablehnungsgesuch, Einwendungen nach § 766 ZPO., Anträge auf Rückgabe einer Sicherheit in den Fällen der §§ 109, 715 ZPO., Kostenfestsetzung, Anträge auf Erteilung der Vollstreckungsklausel usw. entstehen, dürfen nicht in Ansatz gebracht werden. (Wohl aber sonstige Auslagen!)

Rittmann teilt diese Anschauung nicht (vgl. 4. Aufl. seiner Handausgabe S. 147, DJAmtmZtschr. 1922, 31). Er vertritt vielmehr den Standpunkt, daß es im Falle der „sachlichen" Gebührenfreiheit darauf ankommt, ob die Tätigkeit, für die keine besondere Gebühr bestimmt ist, durch eine andere Gebühr mit abgegolten wird. Ist dies der Fall, so liegt seiner Ansicht nach keine sachliche Gebührenfreiheit im Sinne des RGKG. vor und sind deshalb Schreibgebühren nicht zu erheben. Andernfalls aber werden alle Schreibgebühren angesetzt.

Wir vermögen nach obigen Darlegungen dieser Ansicht nicht zu folgen und weisen noch auf folgendes hin:

Gebührenfreiheit ist die Freiheit von tatsächlich angefallenen Gebühren. Eine solche kennt nur der § 90 (alt § 98). In den Fällen, in denen der Ansatz einer Gebühr überhaupt nicht zulässig ist, in denen also auch eine Gebühr nicht anfallen kann, ist auch für den Begriff „Gebührenfreiheit" kein Raum; in diesen Fällen bedarf es keiner Befreiung, denn sie sind ohnedies ohne Gebühr. Im Sprachgebrauch werden leider diese Begriffe nicht korrekt auseinandergehalten. Gl. Ansicht: Reger in DJAmtmZtschr. 1922, 49.

Absatz 2.

5. Die Schreibgebühren fallen nur dann weg, wenn die beglaubigte Abschrift der Klage oder des Zahlungsbefehles dem Gericht vorgelegt werden. Werden diese Abschriften durch das Gericht gefertigt, so ist die Schreibgebühr für die Abschriften und die Urteilsausfertigung geschuldet. Erfolgt durch den Gerichtsschreiber die Beglaubigung der „vorgelegten" Klagsabschrift oder des Zahlungsbefehls, so wird gleichwohl nur die Schreibgebühr für die Urteilsausfertigung erhoben.

6. Alle vor Gericht abgeschlossenen Vergleiche werden schreibgebührenfrei ausgefertigt, ohne daß es darauf anzukommen hätte, ob der Vergleich im ordentlichen oder in einem sonstigen, der Prozeßordnung entsprechenden Verfahren oder in einer Privatklagesache usw. aufgenommen wurde oder ob er über den Gegenstand des Rechtsstreits hinausgeht (s. § 36).

Absatz 3.

7. Abs. 3 war notwendig, um zu verhindern, daß sich die Parteien auch die für die Zustellung erforderlichen Ausfertigungen kostenfrei verschaffen.

Absatz 4.

8. Die Partei kann also, wenn das Mindestmaß zu ihrem Nachteil nicht eingehalten ist, verlangen, daß sie nur die diesem Normalsatz entsprechenden Schreibgebühren zu entrichten hat. Im Gegensatz dazu kann aber beim Überschreiten des hier gegebenen Maßstabes nicht eine entsprechend höhere Schreibgebühr zu Soll gebracht werden.

9. Strittig ist, ob der Beglaubigungs- oder Ausfertigungsvermerk schreibgebührenpflichtig ist. Die Frage dürfte zu verneinen sein, da andernfalls auch für die Beglaubigung der von der Partei übergebenen Schriftstücke eine Schreibgebühr angesetzt werden müßte (a. M. Gutachten d. KG. v. 2. 11. 05 in PrJMBl. 06, 4). Soweit die Vollstreckungsklausel in Frage kommt, vergleiche Anm. 3.

§ 72.

An baren Auslagen werden ferner erhoben:

1. Postgebühren:
   a) für die auf Antrag erfolgende Übersendung von Ausfertigungen und Abschriften,
   b) für Ladungen von Zeugen und Sachverständigen;
2. Telegraphengebühren und die im Fernverkehre zu entrichtenden Fernsprechgebühren;
3. die durch Einrückung einer Bekanntmachung in öffentliche Blätter entstehenden Kosten;
4. die an Zeugen und Sachverständige zu zahlenden Gebühren;
5. die bei Geschäften außerhalb der Gerichtsstelle den Gerichtsbeamten zustehenden Tagegelder und Reisekosten sowie die Kosten für die Breitstellung von Geschäftsräumen;
6. die an andere Behörden oder Beamte oder an Rechtsanwälte für deren Tätigkeit zu zahlenden Beträge;
7. die Kosten eines Transports von Personen, Tieren und Sachen sowie die Verwahrung von Sachen und der Verwahrung und Fütterung von Tieren;
8. die Haftkosten nach Maßgabe der für die Strafhaft geltenden landesgesetzlichen Vorschriften.

Allgemeines.

1. Der Partei dürfen nur diejenigen Auslagen (Ausgaben des Staates) in Rechnung gestellt werden, die in § 72 ausdrücklich als erstattungsfähig bezeichnet sind. Gleich von vorneherein scheiden also aus: Auslagen des Gerichts für: Papier, Formulare, Heft- und Bindfaden, Siegellack und Oblaten, für Hilfeleistungen bei Hausdurchsuchungen, für Botendienste bei auswärtigen Vernehmungen, für Bergung, Bewachung, Ausgrabung und Wiederbestattung von Leichen, für Verwertung beschlagnahmten Weines (DSekrZ. 12, 157), für das Ausfindigmachen und Ergreifen des Täters (Belohnungen usw.).

Ob die „Auslagen“ bei Gericht oder bei der Staatsanwaltschaft (im Ermittelungs-, Vor- oder Hauptverfahren) erwachsen sind, ist ohne Belang. Voraussetzung des Rückersatzes an die Staatskasse ist nur, daß sie in dem Strafverfahren entstanden sind, in welchem der Angeschuldigte — sei es auch aus andern Rechtsgründen als von der Anklagebehörde angenommen war — verurteilt worden ist. Dies gilt auch dann, wenn die betr. Untersuchung zuerst in der Richtung gegen eine ganz andere Person eingeleitet gewesen war.

2. Bei dem Ansatze von Auslagen gegenüber den Parteien oder dem verurteilten Beschuldigten kommt es nicht darauf an, ob dieselben aus Verschulden eines Gerichtsschreibers, gesetzlichen Vertreters, Rechtsanwalts, Gerichtsvollziehers, Bevollmächtigten usw. oder durch das Ausbleiben eines Zeugen oder Sachverständigen verursacht wurden, es sei denn, daß derartige Kosten ausdrücklich einer anderen Person beschlußmäßig überbürdet sind. Vgl. §§ 102, 380, 409 ZPO., §§ 50, 77, 145 Abs. 3 StPO., § 72 KO.

3. Die Möglichkeit, solche Auslagen unter gewissen Voraussetzungen niederzuschlagen, ist durch § 6 RGKG. gegeben. Vgl. die dortigen Ausführungen.

4. Die Kosten einer polizeilichen Untersuchung (vgl. auch § 1 und die dortigen Ausführungen in Anm. 2) können dem verurteilten Beschuldigten nur ausnahmsweise dann aufgerechnet werden, wenn das Gesetz, gegen das er sich verfehlt hat, ausdrücklich eine solche Erstattungspflicht ausspricht. Vgl.:

§ 16 Abs. 4 RGes. v. 14. 5. 1879 betr. den Verkehr mit Nahrungsmitteln, Genußmitteln und Gebrauchsgegenständen — RGBl. S. 145 —;

§ 14 RGes. v. 5. 7. 1887 betr. die Verwendung gesundheitsschädl. Farben bei der Herstellung von Nahrungsmitteln, Genußmitteln und Gebrauchsgegenständen — RGBl. S. 277 —;

§ 20 RGes. v. 15. 6. 1897 betr. den Verkehr mit Butter, Käse, Schmalz und deren Ersatzmitteln — RGBl. S. 475 —;

§ 29 RGes. v. 3. 6. 1900 betr. die Schlachtvieh- und Fleischbeschau — RGBl. S. 547 —;

§ 32 RGes. v. 7. 4. 1909 betr. Weingesetz — RGBl. S. 393 —.

Voraussetzung für die Sollstellung dieser Auslagen ist aber keineswegs, daß die Verurteilung ausgerechnet wegen einer Verfehlung gegen das betr. Gesetz erfolgt ist. Es genügt vielmehr schon, wenn die betr. Handlung, die den Anlaß zu der polizeilichen Untersuchung gegeben hat, auf Grund der allgemeinen Bestimmungen des StGB. oder sonstiger rechtsbeständiger Verordnungen zur Verurteilung geführt hat.

5. Der Umstand, daß das Verfahren über einen Antrag überhaupt nicht oder nicht besonders gebührenpflichtig ist (vgl. Kostenfestsetzung, Erinnerung nach § 766 ZPO., Hinausgabe einer Sicherheit, Beschwerde usw.) hindert jedoch die Erhebung der unter § 72 fallenden Auslagen nicht. Auch hier gibt nur der § 6 die Möglichkeit, unter den dort näher bezeichneten Voraussetzungen (vgl. die Anmerkungen zu § 6) die Auslagen niederzuschlagen.

Besonderheiten.

§ 72 Nr. 1a und b.

6. Die Postgebühren einschließlich der sog. Bestellgelder werden grundsätzlich nicht erhoben. Früher waren sie durch den Auslagenpauschsatz abgegolten, soweit eine Gebühr geschuldet war. Soweit keine Gebühr geschuldet war, fand also ihre Erhebung überhaupt nicht statt. Heute ist das Entgelt für die Postgebühren in der „Gebühr" enthalten. Soweit keine oder keine besondere Gebühr anfällt, vertritt der Staat die Postgebühren selbst endgültig.

Letzteres geschieht auch im Falle des § 90. § 71 Abs. 1 ermöglicht nur die Erhebung der „Schreibgebühren", dagegen fehlt es in diesem Falle an einer entsprechenden Bestimmung zur Erhebung der Postgebühren.

7. Nur ausnahmsweise können Postgebühren in Ansatz gebracht werden

a) für die auf Antrag erfolgende Übersendung von Ausfertigungen und Abschriften,

b) für Ladungen von Zeugen und Sachverständigen.

Im Falle a wird zweckmäßig die Übersendung als „portopflichtige Dienstsache" erfolgen, zumal hiedurch Mehrkosten gegenüber dem sonstigen Freimachungszwange für gewöhnliche Briefe nicht entstehen.

Im Falle b sind in allen Rechtsangelegenheiten, auf die die ZPO., StPO. und KO. Anwendung zu finden hat, die Portoauslagen für Zeugen- und Sachverständigenladungen in Ansatz zu bringen, gleichviel ob die Ladung durch Drucksachenkarte vor den Staatsanwalt bzw. Untersuchungsrichter oder als gewöhnlicher Brief oder als Brief mit Zustellungsurkunde usw. vor das Gericht erfolgte. In letzterem Falle sind die gesamten Postgebühren — also einschließlich der Rücksendungskosten der Zustellungsurkunde — geschuldet.

Im Interesse der Geschäftsvereinfachung ist es notwendig, daß die absendende Stelle (Untersuchungsrichter usw.) bzw. Abteilung der Gerichtsschreiberei die betr. Auslagen sofort geeignet im Akte vormerkt. Bei der heute fast jeden Monat eintretenden Änderung der Postgebührenordnung wäre sonst die Arbeit für die Rechnungsführungen ungeheuerlich erschwert. Anordnungen der Justizverwaltung bzw. der Dienstaufsichtsstellen sind in diesem Punkt unerläßlich. Die vor dem 15. Februar 1923 erwachsenen betr. Auslagen bleiben außer Betracht.

Von Bedeutung ist noch, daß nach § 73 Abs. 2 im Falle der Ladung des Zeugen oder Sachverständigen ohne Inanspruchnahme der Post (durch den Gerichtswart, Wachtmeister, Offizianten usw.) als „Auslage" der Betrag der Postgebühren erhoben wird, der entstanden wäre, wenn die Post zugestellt hätte. Die Sollstellung hat aber keinesfalls etwa unter „Postgebühren", sondern als „rückzuersetzende Auslage" zu erfolgen.

Ladungen, die der Richter in der Sitzung an Zeugen usw. „mündlich" ergehen läßt, können nach dem Zwecke der Bestimmung nicht als unter § 73 Abs. 2 fallend erachtet werden.

Im übrigen wird der Begriff „Ladung" im weitesten Sinne des Wortes auszulegen sein, insbesondere wird man auch die für „Abladungen" (Rechtsmittelzurücknahme usw.) entstehenden Portokosten unter

§ 72 Nr. 1b nehmen müssen, wenn man dem Willen des Gesetzgebers gerecht werden will.

8. Die Kosten der Postzustellungsurkunden, der Briefumschläge, wie überhaupt der Formblätter (Zahlkarten, Postanweisungen usw.) gehen stets zu Lasten der Staatskasse.

§ 72 Nr. 2.

9. Telephongespräche im Orts-, Vororts-, Nachbarorts- und Bezirksverkehr sind den Parteien nicht in Rechnung zu stellen. Belanglos ist dabei, ob das Gericht an die Postverwaltung eine Pauschalgebühr bezahlt oder nicht. Der Staat hat nur Anspruch auf Rückersatz der im Fernverkehr für Benützung der Verbindungsanlage zwischen verschiedenen Netzen und Orten mit öffentlichen Fernsprechstellen anfallenden Gebühren. (Begr. z. Nov. 1909.)

Warum telegraphiert oder telephoniert worden ist, ist gleichgültig.

10. Die zu in Anm. 6 gemachten Ausführungen über die „sofortige" Vormerkung der erwachsenen Fernsprech- und Telegraphengebühren gelten entsprechend auch hier.

§ 72 Nr. 3.

11. Unter § 72 Nr. 3 fallen die Kosten der an die Zeitungen zu zahlenden Einrückungskosten einschl. der Kosten der Belegblätter, nicht aber gehören hiezu die Portokosten für die Übersendung der einzurückenden Bekanntmachung an die Redaktion.

§ 72 Nr. 4.

12. Vgl. hierher das grundlegende RGesetz, die GO. f. Z. u. S. i. d. Fassung vom 13. 2. 1922 RGBl. I S. 241, geändert durch Ges. v. 24. 10. 1922 RGBl. I S. 806. Alle auf Grund dieses Gesetzes gezahlten Beträge sind der Staatskasse rückzuerstatten — also auch Auslagen für Hilfskräfte der Sachverständigen, für verbrauchte Materialien usw.

Auch Dolmetscher fallen unter § 72 Nr. 4.

§ 72 Nr. 5.

13. Der Begriff „Gerichtsbeamte" umfaßt nur Richter, Staatsanwälte, Amtsanwälte, Gerichtsschreiber und deren Stellvertreter, nicht aber Geschworene, Schöffen usw. Die den letzgenannten Personen auf Grund der §§ 55, 96 GVG. gezahlten Reisekosten, Tagegelder usw. sind Kosten der Rechtspflege im allgemeinen und endgültig vom Fiskus zu vertreten.

14. In Rechnung darf nur gestellt werden, was tatsächlich nach Maßgabe der bestehenden Verordnungen an die Beamten gezahlt wurde.

Kosten für das Tragen einer zum Dienstgeschäft notwendigen Schreibmaschine von der Bahn zum Geschäftsraum und von da zurück gehören zweifellos zu den Kosten der Gepäckbeförderung und sind wie diese als Reisekosten zu verrechnen und zu erstatten. Der Begriff „Reisegepäck" beschränkt sich, wie die bayerische Finanzverwaltung (E. v. 13. 5. 1918 Nr. 21155) ausdrücklich erklärt hat, nicht auf das persönliche Eigentum des Beamten, sondern er umfaßt auch die dienstlichen Gegenstände, wie Akten, Überführungsgegenstände und technische Hilfsmittel, die zu dem Dienstgeschäft notwendig waren.

15. Dagegen dürfen Tagegelder und Reisekosten für die Abhaltung von Amtstagen durch Gerichte den Beteiligten nicht zur Last gelegt werden. Es handelt sich in diesem Falle nicht darum, daß einzelne Dienstgeschäfte auswärts vorgenommen werden sollen, sondern um die zeitweilige Verlegung der Amtsstätte selbst nach auswärts. Die bei dieser Gelegenheit am Sitze des Amtstages vorgenommenen Geschäfte können deshalb den Beteiligten gegenüber nicht als auswärtige Dienstgeschäfte in Betracht kommen (vgl. auch bayerische JMEntschl. v. 20. 2. 1901 Nr. 6825).

16. Sind die Tagegelder und Reisekosten für mehrere Sachen gemeinsam erwachsen, so gelten die Ausführungen zu § 51 (betr. Vernehmung eines Zeugen zu mehreren Sachen) entsprechend auch hier. Die Reisekosten z. B. können also in jeder Sache voll angesetzt, aber nur einmal tatsächlich eingehoben werden. Zunächst werden diese Auslagen von dem die Untersuchung vornehmenden Beamten auf die mehreren Sachen ausgeschieden. Die Verteilung erfolgt in der Regel nach dem Verhältnisse der für die einzelnen Sachen aufgewendeten Zeit. Die in Absatz 1 der Anmerkung gemachten Ausführungen treten erst dann in die Erscheinung, wenn der eine oder andere Teil der so ausgeschiedenen Kosten uneinbringlich sein sollte (vgl. § 88 Abs. 3 d. bayerischen Vollz.-Instr. v. 20. 6. 15 GVBl. 156).

§ 72 Nr. 6.

17. a) Hierunter fallen z. B. die Kosten für Rechtsgutachten von Fachbehörden, Sachverständigenvereinen, der Heil- und Pflegeanstalten in den Fällen der § 656 ZPO., § 81 StPO., die an Rechtsanwälte aus der Staatskasse bezahlten Beträge (vgl. § 150 StPO., § 494 ZPO.), die sonst auf Grund des § 116 ZPO. an Justizbeamte oder andere Rechtskundige gemachten Leistungen, die an die Gerichtsvollzieher auf Grund der GO. gezahlten Beträge usw.

b) Nicht unter § 9 Nr. 6 fallen dagegen die den Rechtsanwälten zufolge des Ges. v. 6. 2. 23 (RGBl. I 103) aus der Staatskasse gezahlten Beträge. Soweit dem RA. wegen seiner Gebühren und Auslagen ein Anspruch gegen a) die von ihm vertretene Partei (vgl. §§ 121, 125 ZPO.) oder b) einen ersatzpflichtigen Gegner (vgl. § 124 ZPO.) zusteht, geht der Anspruch mit der Erstattung auf die Staatskasse über. Auf die „**Geltendmachung**" des Anspruches finden die Vorschriften über die Erhebung von Gerichtskosten entsprechende Anwendung. Zwecks Beitreibung dieser Rechtsanwaltskosten bedarf es also keiner Festsetzung. Von der im Armenrecht streitenden Partei dürfen diese Kosten nur dann eingehoben werden, wenn ihr gem. § 121 ZPO. das Armenrecht entzogen wird oder sie zur Nachzahlung gem. § 125 ZPO. verpflichtet ist. Von der in die Prozeßkosten verurteilten Gegenpartei können diese RAKosten erst nach Rechtskraft des Urteils (also genau so wie die Gerichtskosten) durch Sollstellung eingezogen werden. § 123 ZPO.

Schon hier sei darauf hingewiesen, daß für diese Kosten eine Haftung des Antragstellers der Instanz nach § 77 RGKG. nicht besteht; er kann hiefür einzig und allein im Falle der „ausdrücklichen" oder der nach dem Inhalt der betr. Erklärung zweifellos gewollten Übernahme oder der Verurteilung (vgl. § 79 RGKG.) zur Zahlung herangezogen werden. (Siehe noch Anhang und Ausf. v. Wenz in DJAmtmZtschr. 1922, 101, die auch heute noch zum Teil zutreffen.)

18. Bezüglich der Rechtshilfekosten gilt folgendes:

a) Verkehr von ordentlichen Gerichten desselben Staats.

Die Auslagen werden in den Akten vermerkt und mit den Gebühren durch das ersuchende Gericht zur Staatskasse eingezogen.

b) Verkehr unter den ordentlichen Gerichten verschiedener Länder des Deutschen Reiches.

Die durch die Erledigung eines Ersuchens erwachsenden Auslagen — mit Ausnahme der durch eine Ablieferung oder Strafvollstreckung entstehenden § 165 Abs. 1 GVG. — werden nicht erstattet. Der Betrag der Auslagen wird der ersuchenden Behörde mitgeteilt, welche sie für sich einzieht. Preußen: Vf. v. 7. 3. 07 JMBl. 55, MVf. v. 26. 4. 01 JMBl. 99; Bayern: JMB. v. 29. 3. 07 JMBl. 85ff. (Siehe wegen der schriftlichen Gutachten von Sachverständigen, die in anderen Bundesstaaten wohnen: Preußen: Vf. v. 10. 7. 94 JMBl. 161. Bayern: JMB. v. 21. 7. 00 JMBl. 1067 u. v. 20. 7. 08 JMBl. 174).

Über Einziehung von Abgaben und Vermögensstrafen und über Kostenansatz im Falle der Verweisung des Rechtsstreits an das Gericht eines andern Bundesstaats s. § 91 RGKG.

c) Verkehr zwischen den ordentlichen Gerichten Deutschlands und den besonderen Gerichten.

Die Grundsätze unter b finden entsprechende Anwendung (s. insbes. § 61 GewGG.; § 16 KfmGG.; DSekrZ. 02, 508; 06, 123).

Für die Erledigung von Ersuchen der Versicherungs- und anderen öffentlichen Behörden sowie der Organe der Versicherungsträger (§ 115 RVersO. v. 19. 7. 11 RGBl. 509) werden nur bare Auslagen erstattet (also z. B. Tagegelder und Reisekosten, Gebühren für Zeugen und Sachverständige, Gebühren der Gerichtsvollzieher). § 117 RVersO. v. 19. 7. 11.

Für die Erledigung von Ersuchen anderer Verwaltungsbehörden und besonderer Gerichte anderer Bundesstaaten werden sowohl die nach Landesgesetz bestimmten Gebühren als die Auslagen berechnet und falls eine gebührenpflichtige und zahlungsfähige Partei vorhanden ist, eingezogen und an die ersuchte Behörde abgeliefert.

d) Verkehr zwischen deutschen Gerichten und ausländischen Behörden.

Für die Erledigung von Ersuchen um Rechtshilfe zwischen deutschen Gerichten und den in dem Haager Abkommen über den Zivilprozeß bezeichneten Staaten (RGBl. 1909, 409) werden Gebühren und Auslagen irgendwelcher Art nicht erhoben. Ein Vorbehalt besteht nur hinsichtlich der Erstattung von Zeugen- und Sachverständigengebühren sowie der Auslagen, welche für die wegen Nichterscheinens der Zeugen erforderlich gewordene Mitwirkung eines Vollziehungsbeamten entstanden sind (Art. 16 des Abkommens). Zu beachten ist aber, daß für Frankreich, Portugal und Rumänien nach Art. 287 des Versailler Friedensvertrages das Haager Abkommen nicht mehr gilt.

Vgl. weiter hierher Gebührengesetz für die Auslandsbehörden nebst Tarif RGBl. 21, 815.

Im übrigen sind bezüglich der Kosten des Rechtshilfeverkehrs mit dem Auslande die von den einzelnen Staaten abgeschlossenen Übereinkommen maßgebend. So z. B. für Bayern bez. des Danzig- und Memelgebiets JMBl. 20, 249, bez. des Saargebiets JMBl. 22, 197, bez.

Deutsch-Österreichs JMBl. 20, 270, bez. der Tschechoslowakei JMBl. 21, 93, bez. Polens JMBl. 21, 139 und bez. Frankreichs JMBl. 21, 123 u. 169.

§ 72 Nr. 7.

19. Für Personentransporte kommen insbesondere und beispielsweise in Betracht die Kosten, entstanden durch den Transport von Untersuchungsgefangenen oder die Vorführung: eines Zeugen (§ 380 ZPO., § 50 StPO.) oder einer Partei im Ehescheidungsprozeß (§ 619 ZPO.), des zu Entmündigenden (§ 654 ZPO.), durch die Einschaffung des zu Entmündigenden in eine Heilanstalt (§ 656 ZPO.), durch die Verhaftung der Partei, die eine ihr aufgetragene Handlung nicht vornimmt (§ 888 ZPO.), durch die Vorführung des Gemeinschuldners (§§ 101, 106 KO.).

Die Kosten des Transportes bei Verhaftung des Schuldners, der den Offenbarungseid zu leisten hat (§ 901 ZPO.), zählen nicht hierher, es sei denn, daß der Gläubiger zum Armenrecht zugelassen ist. Diese Kosten sind nach § 911 ZPO. vom Gläubiger von Monat zu Monat vorauszuzahlen.

20. Die Kosten des Transportes von Strafgefangenen sind zwar als „Kosten der Strafvollstreckung" von dem zu Strafe verurteilten Angeklagten ebenfalls zu tragen (vgl. § 497 Abs. 1 StPO.), doch erfolgt die Sollstellung nicht auf Grund der Bestimmungen des RGKG., sondern auf Grund der von der Landesjustizverwaltung zu erlassenden besonderen Vorschriften. Vgl. auch Anm. 23 und bayer. JMBl. 80, 278.

21. Kosten für Verwahrung und Transport von Tieren und Sachen, sowie Fütterungskosten für verwahrte Tiere entstehen in der Hauptsache nur im Strafprozeß. Sachen und Tiere kommen hier vielfach als Überführungsgegenstände in Betracht. Das Kriminalkonservatorium bietet häufig nicht den geeigneten, oft auch nicht den genügend sicheren Verwahrungsraum. Werden beispielsweise Pelzwaren unter Zuziehung eines Kürschners, Lederwaren unter Zuziehung eines Sachverständigen verpackt oder Kostbarkeiten bei einer Bank verwahrt, so sind diese Kosten von dem verurteilten Angeklagten als rückzuersetzende Auslagen zu erstatten. Inwieweit derartige Kosten im Falle der Freisprechung u. U. nach bürgerlich-rechtlichen Grundsätzen zu erstatten sind, sei hier offen gelassen.

22. Die „Verwertungskosten" für eingezogene Gegenstände fallen nicht unter § 72 Nr. 7, sie sind vom Erlös vorneweg in Abzug zu bringen.

§ 72 Nr. 8.

23. Solche Haftkosten entstehen
a) in bürgerlichen Rechtsstreitigkeiten (z. B. §§ 390, 888, 889, 890, 901, 933 ZPO.),
b) in Konkurssachen (§ 101 KO.),
c) in Strafsachen auf die Untersuchungshaft oder im Zeugniszwangsverfahren gem. § 69 StPO.

Strafvollstreckungshaftkosten gehören nicht hieher, für sie gilt das in Anm. 20 Gesagte.

Die Haftkosten des § 72 Nr. 8 RGKG. werden jedoch in gleicher Höhe und in gleicher Art berechnet, wie die beim Strafvollzug anfallenden. Die diesbezüglichen landesgesetzlichen Anordnungen sind insoweit ein integrierender Bestandteil des RGKG.

§ 73.

Für die von Amts wegen bewirkten Zustellungen werden unbeschadet der Vorschrift im § 72 Nr. 1b nur diejenigen baren Auslagen erhoben, welche durch die Zustellung im Ausland oder bei der öffentlichen Zustellung durch Bekanntmachung in öffentlichen Blättern entstehen.

Wird ein Zeuge oder Sachverständiger ohne Inanspruchnahme der Post geladen, so wird als Auslagen der Betrag der Postgebühren erhoben, der entstanden sein würde, wenn durch die Post zugestellt worden wäre.

1. Hinsichtlich der durch § 72 Nr. 1b geschaffenen Ausnahme vgl. Anm. 7 zu § 72.

Wegen der durch die Zustellung im Ausland oder bei der öffentlichen Zustellung durch Bekanntmachung in öffentlichen Blättern entstehenden Kosten vgl. §§ 72 Nr. 3, 6 und die dazu gemachten Ausführungen.

2. § 73 gilt auch dann, wenn die Zustellung von Amts wegen durch ein Parteigesuch außerhalb des normalen Rahmens des Verfahrens veranlaßt wird, z. B. bei Terminsverlegungsgesuchen auf Antrag einer Partei.

Sechster Abschnitt.

Kostenzahlung und Kostenvorschuß.

Vorbemerkungen. Hier sei in zwei Abteilungen zunächst ein allgemeiner Überblick über den 6. Gesetzesabschnitt gegeben, der die Anwendung des Gesetzes selbst wesentlich erleichtern wird.

Erste Abteilung.

Fälligkeit und Vorschußpflicht.

A. Bürgerliche Rechtsstreitigkeiten.

I. Gebühren.

1. In bürgerlichen Rechtsstreitigkeiten gibt es keinen Gebührenvorschuß mehr. (Siehe Ausnahme für Ausländer unter D I.) Er ist ersetzt durch eine an den Antrag geknüpfte Gebühr. Diese wird im ordentlichen Prozeßverfahren als „Prozeßgebühr" fällig mit der Einreichung der Klage bzw. der Erweiterung derselben in der mündlichen Verhandlung; für das Widerklageverfahren fällt die Gebühr nur an, wenn gemäß § 11 überhaupt eine besondere Gebühr möglich ist; die Fälligkeit selbst tritt erst mit dem Vortrag der Widerklage in der mündlichen Verhandlung ein. §§ 253, 281 ZPO. Die Terminsbestimmung „soll" — abgesehen vom Falle der Bewilligung des Armenrechts

an den Kläger und sonstigen mildernden Einschränkungen — von der Zahlung der Prozeßgebühr abhängig sein. Im ordentlichen Prozeßverfahren fallen weiter an: die Beweisgebühr und die Urteilsgebühr. Diese beiden Gebühren werden fällig je mit dem Erlaß der Entscheidung (Beweisanordnung, Urteil).

2. Auf dem Gebiete der „übrigen Verfahren“ (Mahn-, Zwangsvollstreckungs-, Arrest-, Aufgebotsverfahren usw.) wird die gesamte gerichtliche Tätigkeit durch eine (einheitliche) Verfahrensgebühr besteuert, die gleich der Prozeßgebühr mit Stellung des Antrages fällig wird. Im Mahnverfahren „soll“ der Zahlungsbefehl erst nach Zahlung der Gebühr erlassen werden.

3. Wird nach widersprochenem Zahlungsbefehl ein Termin zur mündlichen Verhandlung beantragt oder wird gegen einen Vollstreckungsbefehl Einspruch eingelegt, so wird mit Stellung des Antrages bzw. Einlegung des Einspruchs eine halbe Prozeßgebühr in gleicher Weise fällig, wie bei der Klageerhebung die volle.

4. Während die unter Ziffer 2 aufgeführten Gebühren immer endgültiger Natur sind, kann im ordentlichen Prozeßverfahren sowohl ein gänzlicher Nachlaß der Prozeß- bzw. Beweisgebühr als auch eine Ermäßigung der Prozeßgebühr eintreten. [Die Entscheidungsgebühr selbst ist immer endgültig.]

Nachgelassen wird die bereits angefallene volle oder halbe Prozeßgebühr, wenn die Klage oder der Antrag auf Terminsbestimmung nach widersprochenem Zahlungsbefehl oder der Einspruch gegen einen Vollstreckungsbefehl vor der Terminsbestimmung zurückgenommen wird; nachgelassen wird auch die bereits angefallene Beweisgebühr, wenn nachträglich der Rechtsstreit durch einen vor Gericht abgeschlossenen oder dem Gericht mitgeteilten Vergleich erledigt wird. Ermäßigt wird die bereits angefallene volle oder halbe Prozeßgebühr auf ein Viertel der vollen Gebühr, wenn die Klage (vgl. §§ 29 und 31) zwar nach Terminsbestimmung, aber noch vor der mündlichen Verhandlung selbst zurückgenommen wird.

5. In der Berufungs- und Revisionsinstanz ist die Zulässigkeit des Rechtsmittels — abgesehen von der Bewilligung des Armenrechts oder der nach § 90 gegebenen Gebührenfreiheit — gemäß §§ 520 Abs. 3, 554 Abs. 7 ZPO. davon abhängig, daß der Rechtsmittelkläger innerhalb einer vom Vorsitzenden bestimmten Frist die nach § 28 RGKG. um die Hälfte bzw. auf das Doppelte erhöhte mit Einreichung des Rechtsmittels fällig gewordene Prozeßgebühr eingezahlt hat.

Hinsichtlich dieser Prozeßgebühr ist ein gänzlicher Nachlaß ausgeschlossen. Möglich ist nur eine Ermäßigung auf die Hälfte der Gebühr des § 8, wenn das Rechtsmittel als unzulässig zurückgewiesen oder vor Ablauf der gemäß §§ 520 Abs. 3, 554 Abs. 7 ZPO. bestimmten Frist zurückgenommen wird.

6. Zu den in Anmerkung 1 u. 2 aufgeführten Rechtssachen kommen noch einige „besondere Verfahren“, bei denen die Fälligkeit der Gebühr eine gerichtliche Handlung voraussetzt.

So wird im Falle des § 501 ZPO. die Beweisgebühr nur erhoben, wenn die angeordnete Beweisaufnahme vor der mündlichen Verhandlung tatsächlich stattgefunden hat. Auch im Sühneverfahren fällt eine Gebühr nur an, wenn bei einem Streitwert von mehr als 1000 Mk. ein Vergleich aufgenommen wird. Nimmt das Gericht in einem Rechtsstreit einen Vergleich auf, der über den Rahmen des anhängigen Prozesses hinausgeht, so fällt ebenfalls erst mit der Aufnahme des Vergleiches eine Gebühr an.

7. Eine Ausnahmestellung nimmt die „Ergänzung" eines Urteils ein. Hier muß ebenfalls das Ergebnis des Antrages abgewartet werden. Im Falle der Zurückweisung fällt mit diesem Zeitpunkte eine volle Gebühr an, im andern Falle aber kann nur eine Berichtigung der Bewertung auf der Grundlage des § 14 RGKG. erfolgen.

8. Eine Besonderheit ist schließlich auch noch die sog. Strafgebühr des § 39, deren Fälligkeit in Höhe einer vollen Gebühr mit Erlaß der betreffenden Entscheidung eintritt. Diese Gebühr kann bis zu einem Viertel ermäßigt werden.

9. Abgesehen von den voraufgeführten den Anfall betreffenden Einzelheiten gilt für bürgerliche Rechtsstreitigkeiten noch die allgemeine Regel des § 75 RGKG., daß die Fälligkeit der Gebühren eintritt, sobald eine unbedingte Entscheidung über die Kosten ergangen ist oder das Verfahren oder die Instanz durch Vergleich oder Zurücknahme oder anderweitige Erledigung seine Beendigung gefunden hat.

Viel praktische Bedeutung bleibt für diese Bestimmung hinsichtlich der Gebühren in bürgerlichen Streitsachen nach den Ausführungen unter Nr. 1 mit 8 nicht mehr übrig, es sei denn die Anwendbarkeit a) auf § 26 im Falle der tatsächlichen Ergänzung des Urteils und b) auf § 38 Abs. 2 im Falle der Einlegung einer Beschwerde.

Weiter ist § 75 heranzuziehen, wenn nach Art. VIII des Änderungsgesetzes vom 21. 12. 22 der Begriff der Beendigung der kostenrechtlichen Instanz auszulegen ist (vgl. Ausführungen bei Art. VIII).

II. Auslagen.

10. In bürgerlichen Rechtsstreitigkeiten besteht nach wie vor noch die Pflicht zur Leistung eines Auslagenvorschusses. Grundsätzlich hat jeder Antragsteller bei jedem Antrag auf Vornahme einer Handlung, mit der bare Auslagen verbunden sind, einen zu ihrer Deckung hinreichenden Vorschuß zu zahlen. § 84 RGKG.

Das Gericht kann aber noch weiter gehen und die Vornahme der betr. Handlung von der vorherigen Erlage des Vorschusses abhängig machen.

Die durch die Vorschußpflicht betroffenen Auslagen sind also sofort dergestalt fällig, daß sie aus dem geleisteten Vorschuß gedeckt werden können. Bei unterlassener Vorschußleistung (mangelnder Abhängigmachung!) gilt § 75 Abs. 1 RGKG. für die Fälligkeit. Diese könnte nun allerdings geltend gemacht werden entweder gemäß § 86 in der Richtung gegen den Antragsteller für die betr. Handlung oder gemäß § 77 gegen den Antragsteller der Instanz oder gegen denjenigen, der urteilsmäßig oder durch Übernahme Kostenschuldner geworden ist. § 79.

Nach der Regel des § 82 Abs. 2 soll aber in erster Linie zuerst der urteilsmäßige bzw. übernehmende Kostenschuldner herangezogen werden. Vgl. § 82 Abs. 2 und die dortigen Anmerkungen.

In den Fällen, in denen eine Auslagenvorschußpflicht überhaupt nicht besteht — z. B. Augenschein nach § 144 und Begutachtung durch Sachverständige — tritt diese Fälligkeit nach der allgemeinen Regel des § 75 erst mit der kostenrechtlichen Beendigung der Instanz ein.

B. Konkurssachen.

I. Gebühren.

11. Im Konkursverfahren gibt es ebenfalls keinen Gebührenvorschuß mehr.

12. Mit Stellung des Antrages auf Konkurseröffnung fällt ohne Rücksicht auf den Ausgang dieses Antrages (auch bei seiner Zurücknahme) eine nach den §§ 41, 43 RGKG. zu berechnende halbe Gebühr endgültig an. (S. auch § 48 Abs. 1.)

13. Weiter entsteht mit der Anberaumung eines besonderen Prüfungstermines (KO. § 142) endgültig eine aus dem Betrage jeder einzelnen nachträglich angemeldeten Forderung zu berechnende halbe Gebühr.

14. Die für die Durchführung des Verfahrens geschuldeten Gebühren sind — mangels einer etwaige Abschlagszahlungen anordnenden Bestimmung — nach der allgemeinen Regel des § 75 erst mit der kostenrechtlichen Beendigung der Instanz d. i. hier des Verfahrens fällig.

II. Auslagen.

15. Hier gilt die allgemeine Regel des § 84 in gleicher Weise wie bei den bürgerlichen Rechtsstreitigkeiten. Von der Erlage des Auslagen-Vorschusses kann also auch hier die betr. Handlung selbst (Ausschreiben des besonderen Prüfungstermins z. B.) abhängig gemacht werden. Dies gilt aber nicht für die Kosten des gemeinschaftlichen Verfahrens (§ 58 Nr. 1 KO.) — für die der Gemeinschuldner bzw. die Masse nach der Regel der §§ 78, 88 schließlich Kostenschuldner wird —, weil es bezüglich dieser Kosten an einem Antragsteller fehlt. Mit Erlassung des Eröffnungsbeschlusses ist das Verfahren, soweit der Antragsteller hiefür in Betracht kommt, beendigt und das gemeinschaftliche Verfahren (§§ 110 ff. KO.) nimmt seinen Anfang. Erst zu letzterem aber gehört die „allgemeine Bekanntmachung" durch Ausschreiben usw.

Die Möglichkeit, diese Auslagen sicher zu stellen, hat das Gericht nur dadurch, daß es die Abweisung des Eröffnungsantrages mangels Masse in Aussicht stellt und damit ev. den Antragsteller zwingt, einen zur Deckung der Massekosten des § 58 Nr. 1, 2 KO. ausreichenden Geldbetrag vorzuschießen (§ 107 Abs. 1 KO.). Geschieht dies, so ist dieser Betrag aber keinesfalls als ein kostenrechtlich geschuldeter Auslagenvorschuß zu betrachten und zu behandeln (Masseschuld nach § 59 Nr. 3 KO.).

C. Strafsachen.

I. Gebühren.

16. Nur in Strafsachen verbleibt es wie bisher bei der Zahlung eines Gebührenvorschusses durch den Privatkläger oder denjenigen, der als Privat- oder Nebenkläger eine Berufung oder Revision einlegt oder eine Wiederaufnahme des Verfahrens beantragt.

Der Vorschuß — von dessen Zahlung (Armenrecht und Gebührenfreiheit der § 90 ausgenommen) — regelmäßig jede gerichtliche Handlung abhängig ist, beträgt 500 Mk. und kann sich bei einer Mehrheit von Beschuldigten um je weitere 500 Mk. bis zur Höchstgrenze von 1500 Mk. erhöhen. (S. § 64.)

Die gleichen Gebührenvorschußbestimmungen gelten auch für das sog. objektive Verfahren der §§ 477 ff. StPO.

Der Widerkläger kommt für die Zahlung eines Gebührenvorschusses nie in Frage.

17. Grundsatz für die Fälligkeit ist, daß die Gebühren, die der verurteilte Beschuldigte zu tragen hat, erst mit der Rechtskraft des Urteils entstehen, während im übrigen (also für den Privatkläger, Nebenkläger, im Verfahren auftretende Dritte usw.) die Regel des § 75 Abs. 1 gilt. In diesem Falle können die Gebühren also ohne Rücksicht auf die Rechtskraft des Urteils schon mit der Beendigung der Instanz im kostenrechtlichen Sinne (Urteilsverkündung usw.) zu Soll gebracht werden.

II. Auslagen.

18. Eine Auslagenvorschußpflicht besteht nur für den Privatkläger, den Widerkläger (hier abweichend vom Gebührenvorschuß), sowie für den Nebenkläger, der Berufung oder Revision eingelegt hat. Die Vornahme der Handlungen kann auch hier — gleich den bürgerlichen Rechtsstreitigkeiten und Konkursen — von der vorherigen Erlage abhängig gemacht werden. § 84 Abs. 2.

D. Ausländer.

I. Gebühren.

19. Für den als „Kläger" auftretenden Ausländer bestehen — abgesehen von den Ausnahmen des § 85 Abs. 2 — hinsichtlich der Gebühren für die bürgerlichen Rechtsstreitigkeiten weitergehende Bestimmungen als in den Ausführungen unter A I dargelegt ist. Die Regelung ist in der Weise erfolgt, daß der Ausländer als „**Kläger**" den Unterschied zwischen dem regelmäßig auch vom Inländer zu erhebenden Betrage und dem Höchstbetrage, der als Gebühr überhaupt anfallen kann, als Gebührenvorschuß zahlen muß. Der Ausländer soll vor Zahlung dieses Vorschusses regelmäßig nicht zur **Verhandlung** zugelassen werden (s. Ausf. bei § 85).

Auf diese Weise ist nun in bürgerlichen Rechtsstreitigkeiten für den ausländischen „Kläger" hinsichtlich des ordentlichen Prozeßverfahrens eine sonst nicht mehr vorhandene Gebührenvorschußpflicht neben der ohnedies allgemein bestehenden Pflicht zur Zahlung der Prozeßgebühr entstanden. Dieser Gebührenvorschuß wird in der ersten und Berufungsinstanz in Höhe der doppelten, in der Revisionsinstanz (Beweisgebühr fehlt hier) in Höhe der einfachen Prozeßgebühr erhoben.

20. Unter den gleichen Voraussetzungen erweitert sich die in Strafsachen ohnedies schon bestehende Gebührenvorschußpflicht des Privatklägers oder des Nebenklägers, der als solcher Berufung oder Revision einlegt, dahin, daß er den doppelten Gebührenvorschuß des § 83, also im ganzen 1000 Mk. (bzw. bei einer Mehrheit von Beschuldigten höchstens 3000 Mk.) zu zahlen hat.

21. Im Konkursverfahren bleibt die Ausländereigenschaft ohne Wirkung.

II. Auslagen.

Hier bleibt es bei den allgemein auch für den Inländer geltenden Bestimmungen. Es wird zweckmäßig sein, wenn das Gericht von der Möglichkeit, die Handlung von der vorherigen Erlage des Auslagenvorschusses abhängig zu machen, bei Ausländern grundsätzlich immer Gebrauch macht.

E. Fälligkeit der Auslagen im allgemeinen und für Schreibgebühren im besonderen.

22. Hier sei zunächst auf die Ausführungen zu A II, B II, C II und D II Bezug genommen und anschließend hieran nochmals festgestellt, daß die Fälligkeit der Auslagen nach der allgemeinen Regel des § 75 Abs. 1 mit der Beendigung der Instanz (im kostenrechtlichen Sinne) eintritt ohne Rücksicht darauf, ob es sich um eine bürgerliche Rechtsstreitigkeit, ein Konkursverfahren oder eine Strafsache handelt. Nur für letztere besteht eine Ausnahme dahin, daß die Auslagen, die den verurteilten Beschuldigten treffen, erst mit Rechtskraft des Urteils zu Soll gebracht werden dürfen. § 75 Abs. 2.

23. Soweit Auslagen vorschußweise nach § 84 zu zahlen sind, besteht diese Pflicht nach § 86 endgültig fort, auch wenn die Kosten des Verfahrens (und damit auch diese Auslagen) einem anderen auferlegt oder von einem anderen übernommen sind. Hat das Gericht die Handlung selbst nicht von der Erlage des Auslagenvorschusses abhängig gemacht, so soll die Sollstellung der betr. Auslagen auf den Antragsteller erst dann erfolgen, wenn eine Zwangsvollstreckung in das bewegliche Vermögen des anderen Kostenschuldners (§ 79) erfolglos geblieben ist oder aussichtslos erscheint. §§ 86, 82 Abs. 2. Beide haften aber grundsätzlich als Gesamtschuldner. § 82 Abs. 1. S. Anm. zu § 86.

24. Die Schreibgebühren einschl. der Postgebühren für die auf Antrag erfolgende Übersendung von Ausfertigungen und Abschriften werden sofort nach Aushändigung oder Absendung der Schriftstücke fällig. Die Übersendung erfolgt in der Regel als portopflichtige Dienstsache, so daß bare Auslagen in dieser Beziehung nur bei Verweigerung der Annahme oder Unbestellbarkeit entstehen werden.

F. Besondere Vorschußpflicht für Anfertigung von Ausfertigungen und Abschriften (einschließlich deren Übersendung).

25. Auch für die Schreibgebühren besteht eine Art Auslagen-Vorschußpflicht dergestalt, daß die „Anfertigung" der schreibgebührenpflichtigen Ausfertigungen usw. von der vorherigen Zahlung eines die Kosten (event. einschl. Postgebühr) deckenden Betrages abhängig gemacht werden kann.

Zweite Abteilung.

Zahlungspflicht.

A. Bürgerliche Rechtsstreitigkeiten.

26. Schuldner aller Gebühren und Auslagen ist derjenige, der das Verfahren der Instanz beantragt hat. § 77.

27. Hiezu kommt nach § 79 ein weiterer Schuldner in der Person derjenigen Partei, der durch eine unbedingte gerichtliche Entscheidung die Kosten (Gebühren und Auslagen!) des Verfahrens überbürdet sind oder die sie durch eine vor Gericht abgegebene oder ihm mitgeteilte Erklärung übernommen hat. Beide Kostenschuldner haften nach § 82 Abs. 1 als Gesamtschuldner, doch soll die Haftung des § 77 erst nach der des § 79 in Anspruch genommen werden (§ 82 Abs. 2). Praktisch wird diese letztere Bestimmung weniger — und hauptsächlich nur für die Urteilsgebühr — in die Erscheinung treten, weil eben regelmäßig sofort mit der eingetretenen Fälligkeit auch die Sollstellung auf den Schuldner des § 77 ohne Rücksicht auf die eventuell erst in Aussicht stehende spätere Verurteilung oder Kostenübernahme eines anderen erfolgt sein wird. Ein Anwendungsfall z. B. wird gegeben sein, wenn A Klage erhebt und im ersten Verhandlungstermin Beweisanordnung, -aufnahme und Entscheidung ergeht, nach welcher der Beklagte B auch zu den Kosten verurteilt wird. Die Prozeßgebühr wird A nach der Regel des § 74 schon gezahlt haben. Er müßte nun auch für die Beweisgebühr (der Antragsteller für die Beweisanordnung ist gleichgültig) und für die Entscheidung auf Grund des § 77 zur Kostenzahlung als Schuldner herangezogen werden, wenn nicht § 82 Abs. 2 anordnen würde, daß für die beiden Gebühren zunächst nur B gem. § 79 in Anspruch genommen werden soll. Die Gesamthaftbarkeit des § 82 Abs. 1 und die Haftbarkeit des § 77 ist damit aber in keiner Weise beseitigt oder eingeschränkt.

28. Während nun die Verpflichtung zur Zahlung der vorzuschießenden Beträge endgültig bestehen bleibt und immer wieder in Haften [illegible] genommen werden kann, ist die durch gerichtliche Entscheidung begründete Verpflichtung zur Zahlung von Gebühren und Auslagen keine unabänderliche. § 81 sagt vielmehr, daß diese Verpflichtung dann erlischt, wenn (bzw. soweit) die betr. Entscheidung aufgehoben oder abgeändert wird. Doch dürfen die betreffenden Kostenbeträge, soweit deren Ansatz an sich bestehen bleibt, noch nicht gezahlt sein. Die Wirkung des § 81 erstreckt sich aber nicht auf den § 86; die Haftbarkeit auf Grund der Vorschußpflicht bleibt gleichwohl weiter bestehen.

B. Konkursverfahren.

29. Die allgemeinen Regeln des § 74 RGKG. gelten auch hier. Mit „Stellung des Antrages" fallen an die Gebühren des § 41 für den Eröffnungsantrag, der §§ 48 Abs. 1, 41 für den Wiederaufnahmeantrag und des § 48 Abs. 2 für den Antrag auf Anordnung von Sicherheitsmaßregeln vor der Wiederaufnahme.

Diese Gebühren sind endgültig geschuldet. Kostenschuldner ist hiefür grundsätzlich der Antragsteller. § 78.

30. Mit „Anberaumung" eines besonderen Prüfungstermines (gerichtliche Handlung im Sinne des § 74 Abs. 1) entsteht in gleicher Weise endgültig der Anspruch auf die Gebühr des § 44. Kostenschuldner ist jeder einzelne Antragsteller je bezüglich der aus seiner Forderung berechneten Gebühr. § 88 RGKG., § 142 KO. (Begr. s. Anm. 32).

31. Weiter bestimmt § 78, daß im Falle der Abweisung oder Zurücknahme der in Anm. 29 genannten Anträge der Antragsteller auch Schuldner der in dem betreffenden Verfahren erwachsenen Auslagen ist, während diese im übrigen also im Falle der Eröffnung bzw. Wiedereröffnung dem Gemeinschuldner zur Last fallen. Damit wollte aber die durch § 84 RGKG. ohnedies für den Antragsteller allgemein bestehende Auslagenvorschußpflicht nicht beseitigt (§ 86), sondern nur gesagt werden, daß in diesen Fällen auch der Gemeinschuldner (Masse) zur Auslagenzahlung herangezogen werden kann und nach der entsprechend anzuwendenden Regel des § 82 Abs. 1 auch zunächst herangezogen werden soll.

Auslagen werden in diesem Stadium des Verfahrens übrigens recht selten sein, zumal wenn man die Anschauung billigt, daß die Kosten der Veröffentlichung des Eröffnungsbeschlusses (vgl. § 111 KO.) schon Kosten des gemeinschaftlichen Verfahrens sind, die ohnedies den Gemeinschuldner treffen. Wenn der Antragsteller beispielsweise eine bestimmte Geldsumme vorschießt, um die Abweisung seines Eröffnungsantrages zu verhindern (vgl. § 107 KO.), so ist dieser Vorschuß, der zur Deckung der Kosten des gemeinschaftlichen Verfahrens (also auch der Ausschreibung) herangezogen werden wird, kein Auslagenvorschuß im Sinne des RGKG. und die Zahlung dieses Betrages erfolgt durch den Antragsteller nicht in seiner Eigenschaft als Kostenschuldner des RGKG.

32. Dagegen fehlt es im RGKG. scheinbar an einer Bestimmung, nach welcher der Antragsteller Schuldner der auf den besonderen Prüfungstermin erwachsenden Auslagen ist. § 77 handelt nur von den bürgerlichen Rechtsstreitigkeiten, § 78 trifft diesen Fall überhaupt nicht und § 79 ist nicht einschlägig. Die Erhebung dieser Auslagen kann jedoch seinerzeit schon bei Beendigung des betreffenden Prüfungstermines, jedenfalls aber bei Beendigung des Konkursverfahrens überhaupt gleichwohl auf Grund des § 88 RGKG. zu Lasten des Antragstellers endgültig erfolgen, auch wenn eine vorherige Abhängigmachung der Handlung von der Zahlung bzw. eine vorherige Einzahlung des Vorschusses nicht erfolgt ist. § 142 KO. Vgl. noch die Anm. zu § 88.

33. Im übrigen, d. h. also abgesehen von den in den Anm. 29—32 bezeichneten Fällen und von der Beschwerdeinstanz ist grundsätzlich immer der Gemeinschuldner Schuldner der Gebühren und Auslagen des Konkursverfahrens. § 78.

Gem. § 88 RGKG. sind die Gebühren und Auslagen des gemeinschaftlichen Verfahrens aus der Konkursmasse „vorweg" zu berichtigen. §§ 57 ff. KO. Dies bildet in der Praxis die Regel, bevor an den Gemeinschuldner selbst herangetreten wird.

C. Strafsachen.

34. In Strafsachen ist oberster Grundsatz, daß **jeder Beschuldigte** zu Gebühren und Auslagen erst herangezogen werden kann, wenn er rechtskräftig verurteilt ist. §§ 75 Abs. 2, 79 RGKG. In allen anderen Fällen tritt die Kostenschuld des nach den Bestimmungen der StPO. zur Kostentragung Verurteilten — sei es ein freigesprochener oder außer Verfolgung gesetzter Angeschuldigter (§ 499 Abs. 1 StPO.), sei es ein Privat- oder Nebenkläger, sei es ein Dritter, ein gesetzlicher Vertreter oder ein Ehemann einer beschuldigten Ehefrau usw. — schon mit der Erlassung (Verkündung, Zustellung) der betr. Entscheidung in Kraft, vorausgesetzt, daß unbedingt über die Kosten erkannt ist. Auch die Kostenschuld, die durch eine dem Gericht gegenüber abgegebene oder ihm mitgeteilte Erklärung begründet wird, tritt sofort mit ihrem Eingang bei Gericht in Kraft. § 79 RGKG. Vgl. auch Ausführungen unter Anm. 16—18.

D. Schreibgebühren.

35. Schuldner der unter Anm. 24, 25 und § 71 Abs. 1 RGKG. näher bezeichneten Schreibgebühren (einschl. der Postgebühren für die Übersendung der Ausfertigungen usw.) ist immer der Antragsteller. Bezüglich der Abschriften zuzustellender Schriftstücke ist diejenige Partei Kostenschuldner, die die Anfertigung der betr. Abschriften unterlassen hat. Ein weiterer Schuldner besteht nicht bzw. tritt im Laufe des Verfahrens auch nicht mehr hinzu. § 80.

E. Gesamthaftung.

36. Mehrere Kostenschuldner haften — ungeachtet ihrer ev. verschiedenen Parteirollen nach § 82 Abs. 1 RGKG. als Gesamtschuldner. Diese gesamtschuldnerische Haftung soll aber nur im Rahmen des § 82 Abs. 2 RGKG. geltend gemacht, d. h. in erster Linie soll immer derjenige zu den Kosten herangezogen werden, dem die Kosten durch gerichtliche Entscheidung auferlegt sind oder der sie übernommen hat.

37. Dieser gleiche Grundsatz soll auch Anwendung finden auf die vorschußweise zu zahlenden Beträge. Die Vorschußpflicht besteht zwar fort, soll aber erst in zweiter Linie geltend gemacht werden, sobald ein urteilsmäßiger Kostenschuldner oder ein durch Übernahme der Kosten verpflichteter Schuldner gegeben ist. § 86 RGKG.

38. Besteht eine Partei selbst aus mehreren Personen, so haften diese in Ermangelung einer gerichtlichen Entscheidung über die Kostenverteilung (also z. B. für Prozeßgebühr, Verfahrensgebühren, Vorschüsse usw.) ebenfalls als samtverbindliche Kostenschuldner. § 87 RGKG.

39. Auf die weiter durch § 88 RGKG. begründete Verpflichtung zur Zahlung entstandener Kosten sei hier nur summarisch hingewiesen (vgl. § 88 und die dortigen Anm.).

F. Einfluß des Armenrechts auf die Zahlungspflicht. (S. auch Art. III des Ges. v. 18. XII. 19 RGBl. 2113).

40. Das Armenrecht kann nur natürlichen, nicht auch juristischen Personen bewilligt werden. Es gewährt der armen Partei nicht Gebührenfreiheit, sondern nur eine einstweilige Befreiung von der Berichtigung rückständiger und künftiger Gebühren und Auslagen — auch der Vorschüsse —. Hat also die Partei vor ihrer Zulassung zum AR. schon einen Vorschuß erlegt oder Kosten bezahlt, so hat sie keinen Anspruch auf Rückzahlung. Die Vorschüsse werden verrechnet wie wenn das AR. nicht bewilligt wäre.

Das AR. erstreckt sich zunächst auf alle Handlungen, die das Gericht vornimmt bzw. anordnet, welches das AR. bewilligt hat. Im übrigen sind die Wirkungen des bewilligten Armenrechts in den §§ 115, 116 ZPO. erschöpfend festgelegt. Der Begriff der „Instanz" ist also „weiter" als sonst. So umfaßt das AR. das gesamte auf die Klage entstehende ordentliche Prozeßverfahren einschl. der Zwangsvollstreckung (Pfändung von Mobilien, Forderungen usw., Offenbarungseidverfahren), nicht aber auch neue Prozesse, die sich aus einem dieser (z. B. dem Zwangsvollstreckungs- — § 771 ZPO. —) Verfahren ergeben, oder die Beschwerdeinstanz oder die höhere Instanz überhaupt.

Die Klageerweiterung bedingt kein „neu" zu bewilligendes

Armenrecht. Ist die Erweiterung aussichtslos, so kann das Gericht durch Entziehung des Armenrechts abhelfen.

Die Widerklage ist für das Armenrecht selbständig. Klage und Widerklage sind in dieser Beziehung zwei zu unterscheidende Verfahren. Das Armenrecht muß hier also gesondert bewilligt werden. RGZ. 57, 301. Das für eine Instanz bewilligte Armenrecht umfaßt auch das in der gleichen Instanz anhängig werdende Verfahren auf Erlassung eines Arrestes oder einer einstweiligen Verfügung. KG. v. 31. 12. 04 in KGBl. 16, 17. A. M. OLG. 31, 32.

AR.-Bewilligung befreit auch von der Vorschußerlage bei Vollstreckung der Haft im Offenbarungseidverfahren (ZPO. § 911; DSekrZ. 10, 72). Ist dem Gläubiger im Mahnverfahren das AR. bewilligt, so werden die Zahlungsbefehlskosten bei Rechtskraft des Vollstreckungsbefehls vom Schuldner eingezogen. Sie schon bei Erlassung des Zahlungsbefehls ihm in Rechnung zu stellen, ist gesetzlich nicht angängig. Ein anderer Weg als der gezeigte ist nicht möglich; dabei wird nicht verkannt, daß der Staat bei diesem Verfahren oft um die Kosten kommt (es bezahlt z. B. der Schuldner vor Erlassung des Vollstreckungsbefehls die Hauptsache).

Dem Rechtsanwalt der armen Partei und dem Rechtsanwalt des Gegners der als Kläger auftretenden armen Partei sind die zur Rechtsverfolgung bzw. Rechtsverteidigung nötigen Abschriften aus den Gerichtsakten zunächst kostenfrei zu erteilen. Sind von ihm irrigerweise die Schreibgebühren bezahlt worden, so hat er gegenüber der Staatskasse einen Ersatzanspruch (RG. 7, 342). Handelt der Anwalt der armen Partei für diese, so ist er von Kostenzahlung befreit, handelt er im eigenen Namen — z. B. er legt Beschwerde gegen den auf Grund des § 124 Abs. 1 ZPO. erlassenen Kostenfestsetzungsbeschluß ein —, so hat er die diesbezüglichen Kosten selbst zu vertreten.

Das AR. erlischt mit dem Tode der armen Partei. Wird den Erben das AR. nicht bewilligt, so sind sie zur Nachzahlung der Vorschüsse und Kosten verpflichtet. Die Entziehung des AR. (§ 121 ZPO.) ist nicht gleichbedeutend mit der Anordnung der Nachzahlung (§ 125 ZPO., OLGRspr. 17, 131). Die Gegenüberstellung der beiden Vorschriften allein ergibt schon, daß die Entziehung des AR. keine rückwirkende Kraft hat (anders ZZPr. 31, 493 für den Fall der Erschleichung).

Ist dem Kläger (Berufungs- oder Revisionskläger) das AR. bewilligt, so ist auch der vermögliche Gegner von der Zahlung der rückständigen und künftigen Gebühren und Auslagen bis zur endgültigen, rechtskräftigen Entscheidung der Kostenpflicht befreit.

Die einstweilige Befreiung des vermöglichen Beklagten endet mit der Rechtskraft des Urteils. S. § 123 ZPO. und § 88 Anm. 5.

Die Zulassung des Beklagten zum AR. hat für den vermöglichen Kläger keine Wirkung. Wird letzterer zu den Kosten des Rechtsstreits verurteilt, so darf Einzug der abzüglich des Vorschusses noch geschuldeten Kostenbeträge sofort erfolgen.

In Strafsachen kann nur der Privatkläger und (in der Rechtsmittelinstanz) der Nebenkläger, nicht auch der Privatbeklagte (selbst wenn er Widerkläger ist) zum AR. zugelassen werden. Für jede Instanz ist auch hier das AR. besonders zu bewilligen.

41. Vgl. anher noch § 123 ZPO. bezüglich der Gerichtskosten, von deren Berichtigung
a) die arme Partei oder
b) der Gegner der armen Partei
einstweilen befreit ist. Wegen der Behandlung der nach dem Ges. v. 6. 2. 1923 (RGBl. 103) dem Rechtsanwalt aus der Staatskasse gezahlten Gebühren und Auslagen lese die Ausf. zu § 72 Nr. 6.

42. Die Bewilligung des Armenrechts an eine Partei kann ohne weiteres als Nachweis angesehen werden, daß die Zwangsvollstreckung in das bewegliche Vermögen der armen Partei aussichtslos erscheint. In diesem Falle können also die von der armen Partei übernommenen oder ihr überbürdeten Gerichtskosten sofort auf den Antragsteller der Instanz nach § 77 RGKG. zu Soll gebracht werden. § 82 Abs. 2 RGKG.

§ 74.

In bürgerlichen Rechtsstreitigkeiten und im Konkursverfahren wird die Gebühr mit Stellung des Antrags fällig, durch den das Verfahren bedingt ist; soweit die Gebühr eine Entscheidung oder sonstige gerichtliche Handlung voraussetzt, wird sie mit dieser fällig.

Der Termin zur mündlichen Verhandlung soll auf Grund der Klage erst nach Zahlung der erforderten Prozeßgebühr bestimmt werden. Das gleiche gilt im Mahnverfahren bei dem Antrag des Gläubigers auf Bestimmung eines Termins zur mündlichen Verhandlung nach Erhebung des Widerspruchs oder nach Erlaß eines Vollstreckungsbefehls unter Vorbehalt der Ausführung der Rechte des Beklagten. Im Falle der Erweiterung des Klageantrags sowie der Erhebung einer Widerklage, sofern für sie gemäß § 13 eine besondere Gebühr zu erheben ist, soll vor Zahlung der erforderten Prozeßgebühr keine gerichtliche Handlung vorgenommen werden.

Der Zahlungsbefehl soll erst nach Zahlung der im § 31 Abs. 1 bestimmten Gebühr erlassen werden.

Die Vorschriften der Abs. 2, 3 finden keine Anwendung, soweit dem Kläger das Armenrecht bewilligt ist oder wenn ihm Gebührenfreiheit zusteht, ferner wenn glaubhaft gemacht wird, daß ihm die alsbaldige Zahlung der Gebühr mit Rücksicht auf seine Vermögenslage Schwierigkeiten bereiten würde. Das gleiche gilt, wenn glaubhaft gemacht wird, daß eine Verzögerung dem Kläger einen nicht oder nur schwer zu ersetzenden Schaden bringen würde; zur Glaubhaftmachung genügt in diesem Falle die Erklärung des zum Prozeßbevollmächtigten bestellten Rechtsanwalts.

Allgemeines.

1. a) Aus den Motiven. Das Gesetz verlegt den Fälligkeitstermin der Prozeßgebühr sowie der Verfahrensgebühren grundsätzlich auf den Zeitpunkt der Klageerhebung bzw. auf den der Stellung des Antrages. Dadurch wird die Erhebung von Gebührenvorschüssen auf dem Gebiete der bürgerlichen Rechtsstreitigkeiten durchweg entbehrlich. Ihre wesentliche Ergänzung findet diese Maßnahme in der erweiterten Abhängigmachung der gerichtlichen Tätigkeit von der vorherigen Gebührenzahlung. Die wichtigsten Geschäfte werden von der vorherigen Zahlung der fälligen Gebühr abhängig gemacht. Der Termin zur mündlichen Verhandlung auf Grund der Klage wird erst nach der Entrichtung der Prozeßgebühr bestimmt. Auch der Erlaß des Zahlungsbefehls ist von der vorherigen Begleichung der Mahngebühr abhängig. Damit entfällt jede kostenmäßige Behandlung der Mahnsachen. Hinsichtlich der Prozesse in bürgerlichen Rechtsangelegenheiten ergibt sich aus dem Wegfall gewisser Schreibgebühren für die Ausfertigungen von Urteilen und Vergleichen (vgl. § 71 Abs. 2) sowie der Beseitigung der besonderen Gebühr für das Kostenfestsetzungsverfahren, daß in der bei weitem überwiegenden Zahl der Prozesse, nämlich in allen Fällen, in denen der Rechtsstreit vor einer Beweisaufnahme durch Versäumnisurteil, Anerkenntnis, Verzicht, Klagezurücknahme nach mündlicher Verhandlung, Vergleich oder Ruhen seine Erledigung findet, jede Behandlung unter dem Gesichtspunkte der Berechnung und Einziehung von Kosten in Fortfall kommt.

b) Zu beachten ist aber hier noch folgendes: Die Prozeßgebühr wird zufolge § 74 Abs. 1 fällig aus dem Wert im Augenblick der Klagestellung. Als Streitwert für den Rechtsstreit ist jedoch maßgebend der Wert im Zeitpunkte der Klageerhebung, d. i. der Zeitpunkt der Zustellung der Klage. §§ 4, 253 ZPO. Wechselt — wie dies bei den heutigen wirtschaftlichen Verhältnissen üblich — der Wert (z. B. Kurs) zwischen der Klagestellung (Einreichung) und Zustellung, so muß später eine entsprechende Berichtigung des Ansatzes der Prozeßgebühr eintreten.

Absatz 1.

2. § 74 gilt für jede der beschrittenen Instanzen besonders. Er handelt nur von Gebühren.

3. In bürgerlichen Rechtsstreitigkeiten und Konkurssachen ist zu unterscheiden zwischen Gebühren, die den Charakter einer allgemeinen Verfahrensgebühr haben und solchen, die erst entstehen, wenn eine bestimmte Entscheidung erlassen oder eine im Gesetz bezeichnete gerichtliche Handlung tatsächlich vorgenommen ist.

4. Die sog. Verfahrensgebühr erwächst einerseits im ordentlichen Prozeßverfahren, andererseits in bestimmten anderen Verfahrensarten der ZPO. und KO.

Im einen Falle führt sie die Bezeichnung „Prozeßgebühr", im anderen heißt sie rundweg „Gebühr". Dort besteuert sie das gesamte Prozeßverfahren — ausschließlich der Beweisanordnung und streitigen Entscheidung durch Urteil —, hier die gesamte gerichtliche Tätigkeit einschl. der Entscheidung.

5. a) Zu den sog. Verfahrensgebühren gehören — abgesehen von der Prozeßgebühr (Wegfall bzw. Ermäßigung; vgl. Vorbemerkung Anm. A 4) — beispielsweise die mit der Antragstellung endgültig geschuldeten Gebühren der §§ 31, 32, 33, 34, 41, 48 Abs. 1 (zusammen mit § 41), 48 Abs. 2.

b) Von den Gebühren des Beschwerdeverfahrens gehören hierher nur die des § 38 Abs. 1 und des § 47 Abs. 1 (soweit dort § 38 Abs. 1 als anwendbar erklärt ist), da nur in diesen genau umrissenen Fällen schon die Stellung des Antrages den Anfall der Verfahrensgebühr endgültig bewirkt. Wegen der übrigen Fälle des Beschwerdeverfahrens vgl. Anm. 8 a, b.

c) Im Falle eines Antrages auf Entmündigung wegen Geisteskrankheit oder Geistesschwäche besteht regelmäßig kein Anlaß zur sofortigen Erhebung der Verfahrensgebühr (§ 33 Nr. 2), da hier der Antragsteller nur ausnahmsweise im Falle eines Verschuldens zur Kostentragung herangezogen werden kann. § 658 ZPO. Ebensowenig besteht ein Anlaß, für das Verteilungsverfahren (vgl. § 33 Nr. 3 und die dortigen Anm.) sofort mit Beginn desselben die Gebühr zu Soll zu bringen, da sie aus der Masse entnommen werden kann.

6. a) Durch die Erlassung der Entscheidung werden bedingt im ordentlichen Prozeßverfahren: die Beweisgebühr des § 20 Nr. 2 und die streitige Urteilsgebühr des § 20 Nr. 3. Erstere ist abhängig von der „Erlassung" (Verkündung, Zustellung) einer Beweisanordnung, letztere von der Verkündung eines auf streitige Verhandlung ergehenden End- oder Zwischenurteils.

Weiter gehören hierher: die Urteilsgebühr des § 21 in Ehesachen usw. und die Urteilsgebühr des § 25 Abs. 3 (Zwischenurteile nach § 71 ZPO.). Das Urteil des § 25 Abs. 2 gehört seinem Wesen nach unter § 20 Nr. 3.

b) Eine Sonderbetrachtung erfordert § 26. Mit der Stellung des Ergänzungsantrages fällt zunächst überhaupt keine Gebühr an, da allein das Ergebnis des Antrages für die Bewertung entscheidend ist.

Über den Ergänzungsantrag wird nach mündlicher Verhandlung entschieden. Zunächst wird über die — übrigens auch von Amts wegen zu prüfende — prozessuale Zulässigkeit verhandelt. Kommt es hiebei zur Zurückweisung, so fällt mit der Erlassung der betr. Entscheidung immer eine Gebühr an und zwar die volle Gebühr des § 26 aus dem ganzen Werte des Anspruches, soweit er für die Ergänzung in Betracht kam (S. § 26 Anm. 2).

Ist der Antrag zulässig, wird also zur Sache selbst verhandelt, dann ist mit diesem Zeitpunkt nach den Grundsätzen des § 14 zusammen mit dem gleichfalls in Betracht zu ziehenden § 15 zu prüfen, ob überhaupt noch eine Gebühr anfallen kann. Ist die Frage zu bejahen, dann ist mit diesem Zeitpunkt endgültig die Ergänzungsprozeßgebühr als Verfahrensgebühr (vgl. Anm. 4, 5) und weiter im Falle der Erlassung einer Beweisanordnung oder eines streitigen Urteils die Beweis- bzw. Urteilsgebühr geschuldet.

c) Für die in Anm. 5 b nicht mitbehandelten Beschwerdeverfahren, für welche die sog. Verfahrensgebühr also nicht mit der Antragstellung (§ 38 Abs. 2 und § 47 Abs. 1 (zusammen mit § 38 Abs. 2), sondern erst im Falle der Verwerfung oder Zurückweisung begründet wird, tritt die Fälligkeit auch erst mit diesem Zeitpunkte ein. (Wegen der Zurücknahme in diesen Fällen vgl. § 75 Abs. 1).

d) Auch der Anfall der sog. Strafgebühr des § 39 RGKG. ist immer erst mit der Erlassung der betr. Entscheidung (Beschluß) gegeben.

7. Eine „gerichtliche Handlung" ist Voraussetzung des Anfalls der Gebühr z. B. in den Fällen des § 24 (Beweisaufnahme! nicht etwa nur Anordnung!), § 36 Abs. 1 und Abs. 2 (Vergleichsaufnahme), § 44 (Anberaumung des besonderen Prüfungstermines). Zweifelhaft ist, ob die Gebühr des § 37 hieher zu nehmen ist. Vgl. die Ausf. zu § 37. Erachtet man sie als wirkliche Gerichtsgebühr, so gehört sie unter § 74 Abs. 1. Gibt man ihr aber mehr den Charakter einer zu ersetzenden Auslage ähnlich dem § 72 Nr. 6), so fällt sie unter § 75 Abs. 1.

8. Alle übrigen nicht unter § 74 Abs. 1 einzureihenden Gebühren — z. B. Durchführung des Konkurs- und Wiederaufnahmeverfahrens in den Fällen der §§ 42, 48 — gehören unter § 75 Abs. 1, werden also erst mit der Beendigung der Instanz im kostenrechtlichen Sinne fällig.

9. a) Der Rechtsanwalt kann zur Kostenzahlung nur herangezogen werden, wenn er sich ausdrücklich dazu bereit erklärt hat. (Vgl. Prot. der Reichstagskommission v. 6. April 1878 unter a.) Wegen der übrigen Vollmachtträger ist die Frage strittig. Die bayerische Landeskostengesetzgebung z. B. bejaht sie, ebenso grundsätzlich Pfafferoth in §§ 81 Anm. 6 und 89 Anm. 3. Die Bejahung der Frage scheint auch der Umstand zu unterstützen, daß die Reichstagskommission nur von den „Anwälten", nicht auch den sonstigen Bevollmächtigten spricht.

b) Besteht die Partei selbst aus mehreren Personen oder kommen für die gleiche Gebühr mehrere Kostenschuldner in Frage, so haften sämtliche als Gesamtschuldner. §§ 82 Abs. 1, 87 RGKG.

c) Ist der Streitwert ursprünglich falsch berechnet oder infolge richterlicher Entscheidung in anderer Weise, als ihn der Gerichtsschreiber bestimmt hat, festgesetzt, so ist eine Neuberechnung der Prozeßgebühr veranlaßt.

Eine Änderung des Streitwertes im Laufe des Verfahrens durch Zurücknahme, Wertsminderung (Kurs!) usw. ist auf den Betrag der einmal angefallenen Prozeßgebühr ohne Einfluß; die Wertsminderung (durch Kursverlust usw.) im Laufe des Prozesses ist nach §§ 4, 253 ZPO. überhaupt bedeutungslos.

Absatz 2.

10. Über die Auslegung des Begriffes: „soll" wird man sich am besten klar, wenn man nach ähnlichen Verhältnissen in der ZPO. Umschau hält. Dort findet man die Begriffe: „kann", „soll" und „muß". Vgl. z. B. §§ 253 Abs. 2, 3, 379. Bei „kann" handelt es sich um eine Ermessensfrage, bei „soll" dagegen liegt eine bindende Verpflichtung vor, deren Nichtbeachtung allerdings (abgesehen von außerprozessualen Folgen) vielfach unschädlich ist, bei „muß" entstehen aus der Unterlassung immer prozessuale Nachteile. (Vgl. hierher auch §§ 520 Abs. 3, 554 Abs. 7 ZPO.)

Der Richter ist sonach verpflichtet — unbeschadet der Ausschaltung dieser Vorschrift in den Fällen des § 74 Abs. 4 — insolange den Termin nicht zu bestimmen, als ihm nicht die Zahlung der erforderten Prozeßgebühr nachgewiesen ist. Vor diesem Zeitpunkte hat der Gerichtsschreiber regelmäßig also auch gar keinen Anlaß, die Klage dem Richter bzw. Vorsitzenden zur Terminsbestimmung zu unterbreiten. Nur diese „enge" Auslegung der Sollvorschrift kann vom Gesetze gewollt sein, spricht es doch auch im Abs. 4 ausdrücklich von der „Vorschrift" des Abs. 2.

Diese Ausführungen gelten in gleicher Weise, wenn die Terminsanberaumung dadurch notwendig wird, daß im Mahnverfahren der „Gläubiger" nach Erhebung des Widerspruches oder nach Erlaß eines Vollstreckungsbefehls unter Vorbehalt der Ausführung der Rechte des Beklagten (vgl. § 16 d. Bek. v. 9. 9. 15, i. d. F. der Bek. v. 18. 5. 16 und des Ges. v. 11. 3. 21, RGBl. 15, 562; 16, 393; 21, 229) den Antrag auf Terminsbestimmung stellt. Die Verpflichtung zur Zahlung der Prozeßgebühr besteht zwar auch für den Schuldner, der Terminsbestimmung beantragt, nur ist in diesem Falle der Termin ohne Rücksicht auf die Zahlung der Gebühr anzusetzen.

11. Im Falle der Klageerweiterung, sowie bei Erhebung der Widerklage, sofern für diese gemäß § 13 eine besondere Gebühr zu erheben ist, kann zwar der Eintritt der Rechtshängigkeit (vgl. ZPO. § 281 gegen § 253) nicht verhindert werden, doch „soll" (vgl. Anm. 10) auch in diesem Falle keine gerichtliche Handlung vorgenommen werden, bevor nicht die sich weiter berechnende Prozeßgebühr eingezahlt ist. (In der Sitzung schwer durchführbar!)

12. a) Der Streitwert wird gemäß § 18 (vgl. die dortigen Anm.) regelmäßig vom Gerichtsschreiber bestimmt (nicht festgesetzt!), soweit nicht schon eine auch für die Gerichtskosten maßgebende gerichtliche Festsetzung anläßlich der Entscheidung über die Zuständigkeit oder die Zulässigkeit eines der Rechtsmittel vorausgegangen ist. Maßgebend sind in dieser Beziehung die Bestimmungen der §§ 9, 10, 11, 12, 13 RGKG. S. auch Anm. 1 c.

Bei der Klageerweiterung bzw. Widerklage ist der Streitwert in entsprechender Anwendung des § 4 ZPO. aus dem betr. Wertsgegenstande gesondert zu berechnen; die Anwendung des § 5 ZPO. und des § 14 Abs. 2 RGKG. führt zu dem Ergebnis, daß nur eine einheitliche Prozeßgebühr aus der Summe beider Wertsteile berechnet und davon der bereits angesetzte Betrag in Abzug gebracht wird. Die Kostenhaftung besteht jedoch im Falle der nach § 13 gebührenpflichtigen Widerklage zweifellos für eine volle Prozeßgebühr, wie sie sich aus dem gesonderten Wert der Widerklage errechnet. § 77 RGKG.

b) Wird gem. § 717 Abs. 2 ZPO. ein Schadensersatzanspruch im Laufe des Rechtsstreits rechtshängig, so gelten die Ausführungen in § 13 Anm. 6 b entsprechend auch hier.

13. Für die Rechtsmittelinstanz gelten die besonderen Bestimmungen der §§ 520 Abs. 3, 554 Abs. 7 ZPO. Die Nichtzahlung der Prozeßgebühr hat hier zur Folge, daß das Rechtsmittel beschlußmäßig als unzulässig verworfen wird. Vgl. § 30.

Die Ausführungen unter Anm. 12a gelten sinngemäß auch hier, insbesondere ist bei wechselseitig eingelegten Rechtsmitteln jede Partei für eine Prozeßgebühr in Höhe des Streitwerts ihres Rechtsmittels verhaftet, wenn die Prozeßgebühr selbst auch gem. §§ 4, 5 ZPO., §§ 9, 13, 14, 15, 25 Abs. 1 RGKG. aus der Summe der einzelnen Streitgegenstände einheitlich zu berechnen ist. Erhoben wird also auch in diesem Falle nur die Ergänzungsprozeßgebühr, die Leistung der Grundprozeßgebühr vorausgesetzt. Zu beachten ist aber, daß für jedes dieser Rechtsmittel ev. ein anderer Zeitpunkt (Einreichung!) für die Wertsberechnung maßgebend ist. Z. B. Klage auf Lieferung von 1 Ztr. Kupfer. Beklagter ist zur Lieferung von 50 Pfund verurteilt, im übrigen ist die Klage abgewiesen. Kläger legt am 16. Februar 1923, Beklagter am 27. Februar 1923 Berufung ein. Im einen Falle ist der Wert des Kupfers vom 16. 2., im anderen Falle der vom 27. 2. für die Wertsberechnung entscheidend.

Absatz 3.

14. Der Grundsatz der Vorauszahlung der Gebühr gilt auch für die im Mahnverfahren nach § 31 Abs. 1 mit der Antragstellung anfallende Verfahrensgebühr. Der Zahlungsbefehl „soll" erst nach Zahlung der Gebühr erlassen werden; der Gerichtsschreiber ist verpflichtet (vgl. Anm. 9), diesen Umstand zu berücksichtigen. Ein gleichwohl erlassener Zahlungsbefehl wird natürlich infolge der unterlassenen Zahlung nicht rechtsunwirksam.

Absatz 4.

15. Wegen der Wirkungen des Armenrechts vgl. die Ausführungen in der Vorbemerkung Anm. F, wegen der Gebührenfreiheit (die persönlicher und sachlicher Art sein kann) § 90.

16. Macht der Schuldner der Prozeßgebühr bei der Antragstellung glaubhaft, daß ihm die alsbaldige Zahlung der Gebühr mit Rücksicht auf seine Vermögenslage Schwierigkeiten machen würde, so finden die Vorschriften des § 74 (Vorauszahlung der Prozeßgebühr) keine Anwendung — die Fälligkeit und Sollstellung selbst wird natürlich nicht aufgehalten —. Für die „Glaubhaftmachung" ist § 294 ZPO. „entsprechend" maßgebend, wenn auch nicht der gleich strenge und enge Maßstab anzulegen sein wird. Die Ansetzung des Termins ist Ermessenssache des Richters bzw. Vorsitzenden §§ 216 Abs. 2, 495 ZPO.

17. Verweigert der Richter oder Vorsitzende aus irgend einem Grunde (ungenügende Glaubhaftmachung usw.) die Ansetzung des Termines, so hat die Partei hiegegen das Rechtsmittel der Beschwerde (§ 567 Abs. 1 mit der Abhilfemöglichkeit des § 571 ZPO.).

18. Die Ausführungen unter Anm. 16, 17 gelten sinngemäß auch für den Fall, daß der Kläger als Schuldner der Prozeßgebühr glaubhaft macht, daß eine Verzögerung der Terminsansetzung ihm einen nicht oder nur schwer zu ersetzenden Schaden bringen würde. Ausnahmsweise ist hier (aber auch nur in diesem Falle!!) zur Glaubhaftmachung eine diesbezügliche Erklärung des eigenen Parteianwaltes genügend.

19. Die Ausführungen unter Anm. 15 bis 18 gelten in gleicher Weise sinngemäß auch für das Mahnverfahren, insbesondere hinsichtlich des k. E. handelnden Gerichtsschreibers. Lehnt dieser mangels Zahlung der Gebühr des § 31 Abs. 1 die Erlassung des Zahlungsbefehles ab (§ 74 Abs. 3), so hat die betr. Partei nur die Möglichkeit, auf dem Wege des § 576 ZPO. Einwendungen gegen die Entscheidung des Gerichtsschreibers zu erheben. Erst der vom Gericht selbst erlassene Beschluß unterliegt dann der Beschwerde. Vgl. JW. 22, 1378.

§ 75.

Im übrigen werden die Gebühren sowie die Auslagen fällig, sobald eine unbedingte Entscheidung über die Kosten ergangen ist oder das Verfahren oder die Instanz durch Vergleich, Zurücknahme oder anderweitige Erledigung beendet ist.

In Strafsachen werden die Gebühren und Auslagen, die dem verurteilten Beschuldigten zur Last fallen, erst mit Rechtskraft des Urteils fällig.

1. § 74 handelt nur von den Gebühren in bürgerlichen Rechtsstreitigkeiten und im Konkursverfahren. § 75 dagegen behandelt die Gebühren und Auslagen in bürgerlichen Rechtsstreitigkeiten, im Konkursverfahren und in Strafsachen, die Gebühren in bürgerlichen Rechtsstreitigkeiten und Konkurssachen allerdings nur insoweit, als deren Regelung nicht schon in § 74 erfolgt ist. In letztgenannter Richtung bleibt also nur noch eine ganz engumgrenzte Anwendungsmöglichkeit für § 75 Abs. 1. So ist durch § 74 Abs. 1 beispielsweise nicht betroffen die Fälligkeit der Gebühren, welche anfallen infolge:

Durchführung des Konkursverfahrens, § 42,
Durchführung des wiederaufgenommenen Konkursverfahrens, § 48.

2. Hinsichtlich der Auslagen sei gleich von vorneweg festgestellt, daß diese, soweit sie nicht aus einem hinterlegten Auslagenvorschuß gedeckt werden können — § 84 RGKG. —, allgemein erst mit Erlassung einer unbedingten Entscheidung über die Kosten oder mit dem Zeitpunkte fällig werden, in dem das Verfahren oder die Instanz durch Vergleich, Zurücknahme oder anderweitige Erledigung beendet ist. Soweit in Strafsachen der verurteilte Beschuldigte in Frage kommt, ist sogar erst die Rechtskraft des Urteils für die Entstehung der Fälligkeit maßgebend. § 75 Abs. 2. Vgl. auch Vorbemerkung: Erster Abschnitt Anm. 10; § 84 Anm. 12.

3. Hinsichtlich der Gebühren in Strafsachen sind — in gleicher Weise, wie bei den Auslagen — diejenigen gesondert zu behandeln, die den verurteilten Beschuldigten treffen. § 497 Abs. 1 StPO. Sie entstehen erst mit Rechtskraft des Urteils, können also erst mit diesem Zeitpunkt fällig werden. § 75 Abs. 2 RGKG. Alle übrigen in Strafsachen möglichen Gebühren fallen unter die Regel des § 75 Abs. 1. Mit Erlaß (Verkündung bzw. Zustellung) der betr. Entscheidung werden also beispielsweise fällig die sämtlichen Gebühren (Auslagen s. Anm. 2), welche zur Last fallen:

dem Privat- oder Nebenkläger (§ 66),
dem Beschuldigten infolge Verwerfung oder Ablehnung seines Antrages auf Wiederaufnahme des Verfahrens, sei es auf erhobene öffentliche, sei es auf erhobene Privatklage,

dem Anzeiger (§ 501 StPO.), dem Antragsteller (§§ 173, 504 Abs. 1, 502 StPO.),

dem gesetzlichen Vertreter des Beschuldigten oder dem Ehemann einer beschuldigten Ehefrau oder dem überlebenden Ehegatten oder Verwandten (§§ 340, 401 Abs. 2 StPO.). S. § 88 u. § 79 Anm. 4a.

Streitig ist die Frage, ob der für „straffrei" erklärte Beschuldigte — sei es im Verfahren auf erhobene öffentliche, sei es im Verfahren auf erhobene Privatklage — zu behandeln ist gleich dem freigesprochenen oder gleich dem zu Strafe verurteilten Beschuldigten. Nach dem Grundsatze des § 75 Abs. 2 wird wohl anzunehmen sein, daß unter den Begriff: „verurteilter Beschuldigter" auch der nur zu Kosten verurteilte fällt. § 75 spricht im Gegensatz zu § 59 nicht von dem „zu Strafe" verurteilten Beschuldigten, sondern ganz allgemein vom „verurteilten" Beschuldigten. Es ist anzunehmen, daß die Weglassung der Worte „zu Strafe" einen Sinn hat. Dieser kann aber nur darin bestehen, daß auch der „straffreie" Beschuldigte, der schuldig erkannt und kostenfällig ist, ein „verurteilter" Beschuldigter im Sinne des § 75 Abs. 2. ist.

4. Die Ausführungen in Anm. 3 gelten auch für die von irgend einem Dritten im Strafverfahren übernommenen Kosten mit dem Zeitpunkte des Eingangs der betr. Erklärung. Besonders häufig sind praktisch die Fälle, in denen der Antragsteller seinen Strafantrag nur dann zurückzieht, wenn ihn der Angeklagte durch übernahme der Kosten von den ihn gem. § 58 RGKG. treffenden Gebühren und den sonstigen Kosten entlastet. In diesem Falle ist der übernehmer Gesamtschuldner neben dem Antragsteller und nach der Regel des § 82 Abs. 2 sogar vor diesem zur Kostenzahlung heranzuziehen. Vgl. § 502 StPO.

5. „Anderweit erledigt" ist die Instanz z. B., wenn das Urteil der Vorinstanz aufgehoben und die Sache ohne Kostenentscheidung an diese zurückverwiesen wird oder wenn in dem Urteil über den Antrag auf Erlassung eines Arrestes oder einer einstweiligen Verfügung die Entscheidung im Kostenpunkt der Entscheidung über die Hauptsache vorbehalten wird. Hier wird nicht zugewartet, bis das Urteil ergeht; die Gerichtskosten sind vielmehr sofort fällig. Schuldner ist der Antragsteller (§ 77).

6. Vgl. im übrigen noch die Ausf. zu Art. VIII des Ges. v. 21. 12. 22 wegen des Begriffes: Instanz, dann wegen der Kostenhaftung die §§ 498 Abs. 2, 503 Abs. 4 StPO.

7. Die Entscheidung, die über die Kosten erkennt, muß unbedingt ergehen. Eine bedingte Entscheidung ist beispielsweise das bedingte Endurteil. Doch wird die diesbezügliche Urteilsgebühr schon auf Grund der §§ 74 Abs. 1, 77 RGKG. zu Lasten des Antragstellers der Instanz fällig. Bezüglich der Auslagen vermag das bedingte Endurteil keinerlei kostenrechtliche Wirkungen zu erzielen.

8. Die Rechtskraft der Entscheidung in bürgerlichen Rechtsstreitigkeiten ist nur dann Voraussetzung für die Einhebung der Kosten, wenn der Kläger im Armenrecht und der Gegner zu den Kosten verurteilt ist. Vgl. Vorbemerkung Ziffer 40ff. Dies gilt entsprechend auch für die Kosten des Mahnverfahrens.

9. Soweit eine Zurücknahme in Frage kommt, genügt für die kostenrechtlichen Folgen die einseitige Mitteilung an das Gericht.

10. Ordnungsstrafen sind fällig mit der Verkündung des betr. Beschlusses ev. mit der Zustellung, soweit diese erforderlich ist.

§ 76.

Die Schreibgebühren sowie die Postgebühren für die auf Antrag erfolgende Übersendung von Ausfertigungen und Abschriften werden sofort nach Aushändigung oder Absendung der Schriftstücke fällig.

Die Anfertigung kann von der vorherigen Zahlung eines die Kosten deckenden Betrags abhängig gemacht werden.

1. Hier ist alles Erforderliche schon in den Vorbemerkungen Ziffern 24, 25 u. 35 gesagt.

§ 77.

In bürgerlichen Rechtsstreitigkeiten ist Schuldner der Gebühren und Auslagen derjenige, der das Verfahren der Instanz beantragt hat.

1. Während in den §§ 74 mit 76 die Fälligkeit der Kosten behandelt ist, beginnt mit § 77 die Regelung der Haftung für die Gebühren und Auslagen. Die diesbezüglichen Bestimmungen erstrecken sich bis einschl. § 82.

2. In bürgerlichen Rechtsstreitigkeiten ist der Antragsteller der Instanz grundsätzlich für die ganzen Kosten derselben (Gebühren und Auslagen!) verhaftet, ohne daß es in dieser Hinsicht auf den Ausgang des Prozesses irgendwie ankommen hätte.

Ist also nach den Bestimmungen über die Fälligkeit — §§ 74 und 75 RGKG. — irgend eine Gebühr fällig geworden, so ist ohne weiteres der Antragsteller der Instanz Schuldner derselben. Inwieweit noch andere Schuldner neben ihn treten und inwieweit seine Kostenschuldnerschaft zunächst in Anspruch genommen werden soll, ist eine andere Frage, die in den folgenden Paragraphen zu behandeln sein wird.

Beispiel: In Sachen A gegen B ergeht nach streitiger Verhandlung Beweisanordnung auf Antrag des B. Im zweiten Termin ergeht nach Beweisaufnahme auf Grund weiterer streitiger Verhandlung ein Urteil, das den Anspruch dem Grunde nach für gerechtfertigt erklärt. Gleichzeitig wird neuer Termin zur Fortsetzung der Verhandlung bestimmt. Abgesehen von der Prozeßgebühr, die A ohnedies zu vertreten hat, ist gem. § 77 mit Erlassung der von B beantragten Beweisanordnung und mit Erlassung des Urteils über den Grund des Anspruches die nach § 74 Abs. 1 jeweils sofort fällig gewordene Beweis- und Urteilsgebühr ebenfalls von A einzuziehen. Ähnlich wäre die Sachlage, wenn statt des Urteils über den Grund des Anspruchs ein bedingtes Endurteil ergangen wäre.

3. Die Haftung des Antragstellers besteht auch für die nach § 25

Abs. 2 und 3 ergehenden weiteren Urteile, soweit dieselben eine besondere Urteilsgebühr nach sich ziehen.

4. a) Stehen sich Klage und Widerklage gegenüber, so ist der Kläger Antragsteller des auf die Klage entstandenen Verfahrens (Instanz), der Widerkläger Antragsteller des durch seine Widerklage verursachten Verfahrens (Instanz).

b) Betreffen Klage und Widerklage denselben Streitgegenstand, so werden die Gebühren nach dem „einfachen" Werte des Gegenstandes berechnet. § 13 Abs. 1. Eine „besondere" Prozeßgebühr fällt also beispielsweise nicht mehr an; § 74 Abs. 2 ist für diese Art Widerklage nicht einschlägig. Kläger und Widerkläger haften aber gleichwohl auf Grund der §§ 74 Abs. 1, 77, 20 Nr. 1 je für eine volle Prozeßgebühr, gem. § 82 Abs. 1 also als Gesamtschuldner für diese einzige Prozeßgebühr, die nur zum Ansatz kommen kann.

Ganz die gleichen Ausführungen gelten auch für den Fall einer Beweisanordnung, wenn diese auf Antrag des Klägers wegen seiner Klagebehauptungen und auf Antrag des Widerklägers wegen seiner Widerklagebehauptungen erlassen wurde.

Ist die Beweisanordnung aber z. B. auf Antrag des Klägers über seine Klagebehauptungen und auf Antrag des Beklagten hinsichtlich der zu den Klagebehauptungen vorgebrachten Gegenbeweise ergangen, so haftet für diese Beweisgebühr nur der Kläger, mit der Widerklage hat diese Beweisanordnung nichts zu tun.

Ergeht ein streitiges Urteil über Klage und Widerklage, so ist für die eine Urteilsgebühr, die nur geschuldet ist, jede der beiden Parteien in gleicher Weise, wie für die Prozeßgebühr verhaftet.

In dem vorgeschilderten Beispiel eine Kopfteilhaftung anzunehmen, ist mangels einer entsprechenden Gesetzesbestimmung nicht angängig.

c) Klage und Widerklage betreffen nicht denselben Streitgegenstand. Ihre Gegenstände sind also zusammenzurechnen. § 13 Abs. 1. Die aus den zusammengerechneten Werten berechnete Gebühr wird nie höher, vielfach aber geringer sein als die Summe der Einzelgebühren, die bei gesonderter Bewertung zum Anfall kommen würden. Zur Zahlung der Gebühren sind Kläger und Widerkläger zunächst verhältnismäßig heranzuziehen. Doch ist daran festzuhalten, daß die Kostenhaftung des § 77 für Kläger und Widerkläger soweit geht, als sich Gebühren bei getrennter Behandlung beider Streitwerte errechnen würden. Hier kann also von einer „Gesamthaftung" für die anfallenden Gebühren nicht gesprochen werden, zumal es sich nicht um mehrere Kostenschuldner für dieselbe Gebühr, sondern nur um Teile derselben handelt. Beispiel: Klage A gegen B auf 2500 Mk. Widerklage des B gegen A auf 4500 Mk. Streitige Verhandlung beider Parteien. Beweisanordnung auf Antrag beider Parteien hinsichtlich der Klage und Widerklage und schließlich bedingtes Endurteil für Klage und Widerklage. Es fallen (Endergebnis) an je 400 Mk. Prozeß-, Beweis- und Urteilsgebühr. Diese Prozeßgebühr ist vom Kläger in Höhe von 200 Mk. bereits geleistet. Nur die weiteren 200 Mk. (nicht etwa 300 Mk. aus 4500 Mk.) werden vom Widerkläger nach § 74 Abs. 1, 2 hereingeholt. Den Ausgleich unter sich haben die Parteien selbst herzustellen, regelmäßig geschieht dies bei der endgültigen Kostenauseinandersetzung ev. Kostenfestsetzung. Die Beweis- und Urteilsgebühr zu in Summe 800 Mk. wird zunächst unter den Kläger und Widerkläger im Verhältnis 5:9 verteilt. Daneben haftet aber der Widerkläger gleichwohl bezüglich dieser 800 Mk. für insgesamt (300 + 300) = 600 Mk. und der Kläger für 400 Mk. d. i. dem Betrage, der sich bei getrennter Behandlung der von jedem beantragten Instanz ergeben hätte.

5. Bezüglich der Auslagen ist zu untersuchen, wer dieselben veranlaßt hat. Jede der beiden Parteien — Kläger und Widerkläger — ist für die von ihr als Antragstellerin der Instanz veranlaßten Auslagen verhaftet. Sind klägerischerseits benannte Zeugen also zur Widerklage vernommen, so haftet nach § 77 der Widerkläger auch für diese Auslagen (abgesehen von §§ 84, 86 bez. des Klägers!). Ist der gleiche Zeuge zur Klage und Widerklage vernommen, so haften ohne Rücksicht auf denjenigen, der den Zeugen benannt hat (in dieser Beziehung gelten §§ 84, 86) Kläger und Widerkläger als Gesamtschuldner je für den ganzen Betrag (§§ 77, 82 Abs. 1).

Die Fälligkeit der Auslagen, die nicht aus einem hinterlegten Vorschuß entnommen werden können, tritt nach § 75 Abs. 1 jedenfalls erst mit der Beendigung der Instanz selbst ein. In diesem Zeitpunkt ist dann aber allerdings noch § 82 Abs. 2 zu beachten. (S. § 75 Anm. 2.)

6. Die Ausführungen in Anm. 3 und 4 gelten sinnentsprechend auch für den Fall der wechselseitig eingelegten Rechtsmittel.

§ 78.

Im Konkursverfahren ist Schuldner der in den §§ 41, 48 Abs. 2 bestimmten Gebühren sowie im Falle der Abweisung oder Zurücknahme des Antrags auf Eröffnung oder Wiederaufnahme des Verfahrens auch der in dem Verfahren entstandenen Auslagen der Antragsteller, im übrigen der Gemeinschuldner.

1. Auf die Ausführungen in den Vorbemerkungen zum 6. Abschnitt Ziffer 11, 12, 13, 14, 15, 29, 30, 31, 32 und 33 wird Bezug genommen. Sie nehmen erschöpfend zu allen Fragen Stellung.

2. Vgl. noch § 88 RGKG. und insbesondere § 142 KO., nach welchem die Kosten eines besonderen Prüfungstermines dem säumigen Gläubiger zur Last fallen.

§ 79.

Schuldner der Gebühren und Auslagen ist ferner derjenige, dem durch eine unbedingte gerichtliche Entscheidung die Kosten des Verfahrens auferlegt sind oder der sie durch eine vor dem Gericht abgegebene oder ihm mitgeteilte Erklärung übernommen hat.

1. § 77 trifft bezüglich der Kostenschuld eine allgemeine Bestimmung hinsichtlich der bürgerlichen Rechtsstreitigkeiten. Hiernach ist grundsätzlich der Antragsteller der Instanz für alle Kosten haftbar.

§ 78 trifft eine ähnliche Regelung für das Konkursverfahren und stellt die Regel auf, daß im allgemeinen der Gemeinschuldner für die Kosten (Gebühren und Auslagen) des Verfahrens in Betracht kommt, bezeichnet aber außerdem für gewisse Abschnitte des Konkursverfahrens abweichend von diesem Grundsatze den Antragsteller (kann Konkursgläubiger oder auch der Gemeinschuldner selbst sein!) als Kostenschuldner.

§ 79 trifft nun eine umfassende Bestimmung für die bürgerlichen Rechtsstreitigkeiten, Konkurssachen und Strafsachen, stellt also neben den schon zufolge der §§ 77, 78 RGKG. oder zufolge der kostenrechtlichen Bestimmungen der StPO. als Kostenschuldner in Betracht kommenden noch einen weiteren Schuldner fest. Dieser Kostenschuldner des § 79 soll nach dem Willen des Gesetzgebers, obwohl er Gesamtschuldner mit den übrigen ist (§ 82 Abs. 1), sogar in allererster Linie für die Kostenzahlung in Betracht kommen. (Vgl. § 82 Abs. 2 und die dort gemachten Ausführungen.)

2. § 79 hat eine gemeinsame Grundlage mit dem die Fälligkeit regelnden § 75 Abs. 1. Die dort enthaltenen Ausführungen sind entsprechend auch hier zutreffend.

3. Werden die Kosten „gegen einander aufgehoben", so trägt jeder Teil die Hälfte. § 92 Abs. 1 ZPO.

4. Gesetzliche Vertreter einer Partei (Vormund, Nachlaßpfleger, Testamentsvollstrecker) haften für die Kosten des Rechtsstreits nie persönlich. Von Interesse ist in dieser Beziehung, was der Mitherausgeber Oberinspektor Schwalb zu dieser Frage in der Ztg. d. bayer. Justizsekr. 1922 Nr 5, 6 und 1923 Nr. 1 mitteilt. Mit Genehmigung der Schriftleitung sei es hier wiederholt:

a) Für den gesetzlichen Vertreter, der selbständig von einem Rechtsmittel Gebrauch gemacht hat, besteht keine Haftung mit seinem eigenen Vermögen für die ihm auferlegten Kosten des Rechtsmittels.

In der Jugendstrafsache gegen S. wegen Schulversäumnis 548/22 (BerReg. Nr. 275/22) hatte das LG. Nbg. in seinem Urt. vom 15. 5. 22 Anlaß, zu obiger Frage Stellung zu nehmen. Es führte dazu aus:

Die Berufung war eingelegt von dem Vater als gesetzlichem Vertreter des minderjährigen Angeklagten. Er hatte das Urteil angefochten kraft eigenen Rechts — § 340 StPO. —, nicht etwa im Namen des Verurteilten. Vgl. OLG. München 2, 270. Demnach treffen die Kosten des unbegründeten Rechtsmittels den gesetzlichen Vertreter als Berufungsführer. § 505 StPO. RGSt. 46, 138; 53, 346. Allerdings haftet der Vater als Vertreter fremder Interessen für die Kosten nur mit dem Vermögen des Kindes.

Anm.: RGE. 46, 138 spricht von einem Vormund, der kraft eigenen Rechts gemäß § 340 StPO. Revision eingelegt hatte. Das RG. stellt hier ausdrücklich fest, daß das Rechtsmittel, rein formal betrachtet, ein Rechtsmittel des gesetzlichen Vertreters ist, daß der Vormund damit aber kein eigenes Interesse, sondern dasjenige seines Mündels — sachlich also fremde Interessen — wahrnimmt.

über die Pflicht zur Kostenzahlung kann nicht die formale sondern nur die materielle Seite entscheiden. Der Vormund hat nach § 505 StPO. infolge seiner Verurteilung zu den Kosten nur die Pflicht, als Vertreter fremder Interessen mit dem Vermögen des Kindes für die Kosten zu haften. (Gl. Ans. war der Oberreichsanwalt.)

RGE. 53, 364 spricht von einer Mutter, die kraft eigenen Rechts gem. § 340 StPO. Revision eingelegt hatte. Hier macht das RG. im wesentlichen die gleichen Ausführungen, wie sie oben beim Vormund dargelegt sind, nur stellt es noch fest, daß die Mutter der Angeklagten nach dem Tode ihres Mannes durch Erlangung der elterlichen Gewalt — §§ 1684 I Nr. 1, 1686, 1627, 1630 BGB. — gesetzliche Vertreterin der Angeklagten geworden ist — RGSt. 34, 315 — und in dieser Eigenschaft selbständig von dem Rechtsmittel Gebrauch machen konnte

In vorstehenden Entscheidungen handelt es sich nur um die Auslegung der §§ 340, 505 StPO. Zur Frage, inwieweit der Inhaber der elterlichen Gewalt nach §§ 1654, 1368 BGB. für die Kosten einer für das Kind erhobenen Privatklage oder für die Kosten der Verteidigung in einem gegen das Kind gerichteten, durch öffentliche Klage eingeleiteten Strafverfahren haftet (vgl. Rittmann Komm. § 92 Anm. 7), wird in einer besonderen Abhandlung später Stellung genommen werden. (S. b.)

b) Kostenhaftung des Inhabers der elterlichen Gewalt.

Allgemeiner Grundsatz ist, daß gesetzliche Vertreter (Vormünder, Gewalthaber usw.), Testamentsvollstrecker u. dgl. nicht persönlich in Anspruch genommen werden dürfen für Kosten, die sie in dieser Eigenschaft zufolge gerichtlichen Erkenntnisses, Vergleiches usw. zu tragen haben. Diese Haftung ist vielmehr auf das Vermögen des Vertretenen beschränkt (Ausnahme: Schuldhaft unterlassene Sicherstellung der seinerzeitigen Kostenzahlung). Vgl. Ztg. Nr. 5/6 1922 S. 7.

Eine andere Frage ist die, ob der Inhaber der elterlichen Gewalt (vgl. § 1654 BGB.) für die Kosten eines für das Kind geführten Rechtsstreits (einschl. einer für dasselbe erhobenen Privat- oder Nebenklage), soweit sie nicht dem freien Vermögen (§§ 1650, 1651 BGB.) zur Last fallen, ferner für die Kosten einer Verteidigung des Kindes in einem gegen dasselbe gerichteten Strafverfahren herangezogen werden kann. Die Rechtsprechung stand lange Zeit auf dem in seinem Ergebnis zweifellos ungerechtfertigt hart wirkenden Standpunkt, daß diese Haftung schon dann gegeben sei, wenn nur „grundsätzlich" der Fall der Nutznießung vorliege, ohne daß es darauf anzukommen hätte, ob überhaupt ein solches nutzbares Vermögen vorhanden sei. Eine Ausnahme wurde nur dann zugestanden, wenn es sich um einen Rechtsstreit handelte, der eine vom Kinde begangene unerlaubte Handlung betraf (§§ 1660, 1415 BGB.). Die neuere Rechtsprechung jedoch spricht sich herrschend gegen die allgemeine Haftung aus und anerkennt eine solche nur dann, wenn ein der Nutznießung unterliegendes Vermögen auch vorhanden ist.

Auch der Straffenat des Oberlandesgerichts Nürnberg hat erst jüngst (22. 4. 1922 StR. Nr. 1/22) in gleicher Weise zu dieser Frage Stellung genommen.

Die Praxis hat um so mehr Anlaß, sich an diese neuere Rechtsprechung zu halten, als diese dem Empfinden der davon betroffenen

Volksteile Rechnung trägt. Liegt also ein solches Vermögen vor, dann haftet der Gewalthaber mit seinem eigenen Vermögen sogar dann, wenn er zeitenweise keine Nutzungen aus dem Kindesvermögen zieht oder die Nutzungen die Lasten übersteigen. Die Haftung ist nur dann ausgeschlossen, wenn der Gewalthaber auf die Nutzungen aus dem Kindesvermögen ausdrücklich verzichtet hat, bevor die Kosten entstanden sind. Vgl. § 1662 BGB.

Die Haftung des gesetzlichen Vertreters im Strafverfahren ist auf die Kosten der für das Kind angestrengten Privat- oder Nebenklage, ferner auf die Verteidigungskosten in einem gegen das Kind gerichteten Privatklage- oder öffentlichen Klageverfahren beschränkt, erstreckt sich aber keinesfalls auf die Kosten des öffentlichen Strafverfahrens überhaupt.

Schriftstellen: BayZ. 1910, 410; 1914, 154; JW. 1912, 270; DJZ. 1911 Nr. 9 S. 639.

Erben dagegen haften für die Prozeßkosten immer mit ihrem ganzen Vermögen auch bei beschränkter Haftung bezüglich der Hauptsache. RGZ. 11. 11. 11 DSekrZ. 12, 34. S. noch § 88 Anm. 2, 3, 4.

5. Die Erklärung betr. die Übernahme der Kosten kann entweder vor dem Gericht abgegeben sein oder auch dem Gericht mitgeteilt werden. In ersterem Falle geschieht dies regelmäßig bei Abschluß eines Vergleiches. Sie kann aber auch in jeder anderen Lage des Verfahrens — zum Protokoll des Gerichtsschreibers oder schriftlich — erfolgen und zwar sogar von einer dritten sonst außerhalb des betr. Verfahrens stehenden Person. Es ist keineswegs erforderlich, daß das Gericht diese Erklärung erst ausdrücklich annehmen muß, um ihr Rechtswirksamkeit zu verleihen. Die Übernahmeerklärung kann rechtsverbindlich auch durch eine andere Person, als diejenige, die Schuldner werden will, abgegeben werden, nur ist Voraussetzung, daß sie dann auf Grund mündlicher oder schriftlicher Vollmacht mit Wissen und Willen des zu Verpflichtenden erfolgt. Andernfalls hätte sie keine rechtliche Bindung. So kann der Kläger ev. bindend erklären, daß der Beklagte die Kosten übernommen hat. Eines besonderen Nachweises bedarf es erst, wenn der Beklagte seine Kostenpflicht bestreiten sollte. S. auch OLG. 17, 221.

Selbstverständlich kann sich auch der Rechtsanwalt eigenen Namens als persönlicher Kostenschuldner für Parteikosten bekennen.

§ 80.

Schuldner der Schreibgebühren sowie der Postgebühren für die auf Antrag erfolgende Übersendung von Ausfertigungen und Abschriften ist der Antragsteller oder die Partei, die es unterlassen hat, einem von Amts wegen zuzustellenden Schriftsatz die erforderliche Zahl von Abschriften beizufügen.

1. Die Ausführungen in den Vorbemerkungen zum 6. Abschnitt Ziffer 24, 25 und 35 gelten auch hierher.

2. Schuldner ist die Partei, nicht ihr Prozeßbevollmächtigter, es sei denn, daß dieser erklärt hat, er bezahle die Kosten selbst. Der Antragsteller bleibt allein Schuldner, auch wenn der Gegner zu den Kosten

verurteilt ist. Ist der Kläger im Armenrecht, so sind die anfallenden Schreibgebühren im Akte vorzumerken. Nach Rechtskraft der Entscheidung sind sie von dem in die Kosten verurteilten Gegner in gleicher Weise einzuziehen, wie die Kosten des Mahnverfahrens nach rechtskräftig gewordenem Vollstreckungsbefehl. Der Anspruch des Staates gründet sich in dieser Beziehung auf § 123 Abs. 1 ZPO., nicht etwa auf § 79, der sonst auf die §§ 76, 80 sich nicht erstreckt.

3. Hat bezüglich der von Amts wegen zuzustellenden Schriftsätze der Armenanwalt die nötige Zahl von Abschriften nicht beigefügt, so treffen ihn persönlich die Schreibgebühren, die infolge der Herstellung durch die Gerichtsschreiberei erwachsen, da er in Form des Auslagenpauschsatzes (Ges. v. 6. 2. 23 RGBl. 103) die betr. Kosten aus der Staatskasse ersetzt erhält (a. M. DSekrZ. 1912, 36, die aber nur für das alte Kostenrecht einschlägig ist).

§ 81.

Die durch gerichtliche Entscheidung begründete Verpflichtung zur Zahlung von Gebühren und Auslagen erlischt, soweit die Entscheidung aufgehoben oder abgeändert wird.

Bereits gezahlte Beträge werden, soweit der Kostenansatz bestehen bleibt, nicht zurückgezahlt.

1. § 81 ist in strengster Auslegung anzuwenden, bezieht sich also nur auf die durch „gerichtliche Entscheidung" (§ 79) entstandene Kostenschuldnerschaft. Auf Grund einer Entscheidung werden die Kosten immer schon vor Rechtskraft (Ausnahme: siehe Armenrecht in Vormerkung Ziffer 40) eingehoben.

§ 81 bestimmt, daß die Kostenpflicht, die gem. § 79 entscheidungsgemäß eintritt, erlöschen kann; er sagt mit anderen Worten folgendes: Sind auf Grund des § 79 (Kostenentscheidung ohne Rücksicht auf die Rechtskraft des Urteils) die Gebühren und Auslagen vom Zahlungspflichtigen noch nicht eingefordert oder zwar eingefordert, aber noch nicht bezahlt, und wird die für den Ansatz die Grundlage bildende gerichtliche Entscheidung aufgehoben oder abgeändert, so ist die Kostenberechnung der Vorinstanz nachzuprüfen. Die neue Entscheidung ist zugrunde zu legen für die Beantwortung der Frage: Welche Gebühren und Auslagen sind angefallen; wer ist nun Schuldner der Kosten des Rechtsstreits?

Hat die auf Grund der ersten gerichtlichen Entscheidung in Anspruch genommene Partei die von ihr eingeforderten Kosten bezahlt, so ist zunächst festzustellen, ob die Kosten in der Höhe wie eingehoben auch nach der neuen Entscheidung bestehen bleiben. Ist dies der Fall, so findet eine Zurückzahlung der bezahlten Beträge (weil z. B. der Gegner jetzt Kostenschuldner ist) nicht statt. Die Partei muß sich wegen ihres Anspruchs an den Gegner halten. Ergibt sich, daß auf Grund der Erstentscheidung zuviel Gebühren eingehoben worden sind (Beispiel: Es war ein niedrigerer Streitwert anzunehmen, oder: die Kosten wurden niedergeschlagen oder einer Beschwerde stattgegeben), so ist zunächst eine neue Kostenberechnung aufzustellen und der nach Abgleichung mit den eingezahlten Gebührenbeträgen sich ergebende Restbetrag an Gebühren und Auslagen der Partei, welche zuviel bezahlt hat, zurückzugeben.

Hat eine Zahlung noch nicht stattgefunden, so sind alle diejenigen Beträge, die „zufolge der gerichtlichen Entscheidung" zu Soll gebracht waren, wieder zu löschen. Bestehen bleiben nur diejenigen, die zufolge des § 74 oder zufolge der Vorschußpflicht in Soll gebracht wurden. (S. Anm. 2).

In Strafsachen trifft § 81 in der Hauptsache nur das Privatklageverfahren und die Nebenklage (in der Rechtsmittelinstanz).

Hier wird vielfach bei Aufhebung oder Änderung der Entscheidung der bisherige Kostenansatz nicht bestehen bleiben, Rückersatz also veranlaßt sein.

2. Die Zahlungsverpflichtung aus § 74, die Vorschußverpflichtung aus §§ 83, 84, 85 und ganz besonders die Wirkung des § 86 RGKG. wird durch den § 81 nicht beeinflußt. Insoweit kann also die Partei ohne Rücksicht auf den urteilsmäßigen Ausspruch im Kostenpunkt immer noch in Anspruch genommen werden. S. a. § 86 Anm. 5.

§ 82.

Mehrere Kostenschuldner haften als Gesamtschuldner.

Soweit einer Partei die Kosten durch gerichtliche Entscheidung auferlegt oder von ihr durch eine vor dem Gericht abgegebene oder ihm mitgeteilte Erklärung übernommen sind, soll die Haftung der anderen Partei nur geltend gemacht werden, wenn eine Zwangsvollstreckung in das bewegliche Vermögen der ersteren erfolglos geblieben ist oder aussichtslos erscheint.

1. Haften mehrere Kostenschuldner nebeneinander für einen Kostenbetrag, so ist diese Haftung eine gesamtschuldnerische. Jeder der mehreren Schuldner ist also an sich verpflichtet, die ganze Leistung zu bewirken, der Gläubiger (Staatskasse) ist aber die Leistung nur einmal zu fordern berechtigt. Er kann sie von jedem der Schuldner ganz oder zum Teil fordern. Bis zur Bewirkung der ganzen Leistung bleiben alle Schuldner verpflichtet. Die Erfüllung durch einen Gesamtschuldner befreit auch die übrigen Schuldner. Im Verhältnis zu einander sind die Gesamtschuldner zu gleichen Anteilen verpflichtet, soweit nicht durch eine Entscheidung, Vergleich oder sonstwie etwas anderes bestimmt ist. Vgl. hierher die §§ 421 ff. BGB.

Im übrigen ist zu § 82 jeweils schon in Verbindung mit den die Kostenschuldnerfrage regelnden sonstigen Bestimmungen der §§ 77 ff. Stellung genommen.

2. Der Grundsatz des § 82 Abs. 2 gilt für alle Rechtsangelegenheiten, auf die die ZPO., KO. und StPO. Anwendung findet. § 82 erstreckt sich sowohl auf die Gebühren als auch auf die Auslagen.

3. § 82 trifft die wichtige Bestimmung, daß von mehreren Kostenschuldnern (Gesamtschuldnern) zunächst derjenige zur Kostentragung herangezogen werden „soll", dem die Kosten durch eine gerichtliche Entscheidung überbürdet sind oder der sie durch eine vor dem Gericht abgegebene oder dem Gericht mitgeteilte Erklärung übernommen hat. (S. § 79.) Das Gesetz verpflichtet also den Rechnungsbeamten zur Einhaltung einer bestimmten Reihenfolge bei der Einhebung. Maßgebend ist jedoch für die Auslegung, daß der Zeitpunkt der Fälligkeit der Kosten auch für § 82 Abs. 2 entscheidend ist. Ergibt sich in diesem Zeitpunkt nur ein Schuldner (z. B. nach § 77), so ist gegen diesen selbst dann vorzugehen, wenn er nur der Antragsteller ist und die Aussicht besteht, daß ein nach § 79 haftbarer weiterer Schuldner in Bälde hinzukommen wird. Ist zur Zeit des Hinzutretens eines weiteren Schuldners die Einhebung noch nicht erfolgt, dann soll allerdings — soweit dies nach den Geschäftsordnungen überhaupt noch möglich — zunächst gegen diesen vorgegangen werden.

4. Vgl. anher noch § 87 und die Vorbemerkungen Z. 27, 36—39.

5. Ob eine Zwangsvollstreckung „aussichtslos" erscheint, hat der Rechnungsbeamte nach pflichtgemäßem Ermessen zu prüfen. Hat der Kostenschuldner z. B. erst kürzlich den Offenbarungseid geleistet oder ist er nach Mitteilung des zuständigen Gerichtsvollziehers „amtsbekannt" unpfändbar oder ergibt sich die Zahlungsunfähigkeit sonstwie aus dem Akt bzw. aus beiliegenden Urkunden, so kann vom Zwangsvollstreckungsversuch Umgang genommen werden. Ist einer Partei das Armenrecht bewilligt, so kann ohne weiteres angenommen werden, daß eine Zwangsvollstreckung bei ihr aussichtslos wäre. Von der „armen" Partei übernommene Kosten sind somit beim Vorliegen der Voraussetzungen des § 77 sofort zu Lasten des Antragstellers der Instanz in Soll zu bringen.

§ 83.

In Strafsachen hat der Privatkläger oder derjenige, der als Privatkläger oder Nebenkläger eine Berufung oder eine Revision einlegt oder eine Wiederaufnahme des Verfahrens beantragt, einen Gebührenvorschuß in Höhe der halben im § 60 Abs. 1 bestimmten Gebühr für die Instanz zu zahlen. Der § 64 findet entsprechende Anwendung. Der Widerkläger ist zur Zahlung eines Gebührenvorschusses nicht verpflichtet.

Der gleiche Gebührenvorschuß ist im Falle des § 67 zu zahlen.

Sofern nicht dem Privatkläger das Armenrecht bewilligt ist oder Gebührenfreiheit zusteht, soll auf Grund der erhobenen Privatklage vor Zahlung des Gebührenvorschusses keine gerichtliche Handlung vorgenommen werden, es sei denn, daß glaubhaft gemacht wird, daß die Verzögerung dem Privatkläger einen nicht oder nur schwer zu ersetzenden Nachteil bringen würde.

1. Im Gegensatz zu den bürgerlichen Rechtsstreitigkeiten und dem Konkursverfahren, die (abgesehen von § 85 — Ausländer-

vorschuß —) eine Gebührenvorschußpflicht nicht mehr haben, setzt § 83 eine solche für die Strafsachen fest.

2. Im Verfahren auf erhobene öffentliche Klage ist in der ersten Instanz die Erhebung eines Gebührenvorschusses undenkbar. Nur in der Rechtsmittelinstanz kann diese Möglichkeit eintreten, wenn der „Nebenkläger" eine Berufung oder Revision" einlegt oder „die Wiederaufnahme des Verfahrens" beantragt. Doch sei gleich hier festgestellt, daß die Nichtzahlung des Vorschusses auf den Fortgang des Verfahrens keinerlei Einfluß auszuüben vermag (vgl. Abs. 3). Der Vorschuß beträgt grundsätzlich für jede Instanz bzw. jeden Antrag auf Wiederaufnahme des Verfahrens die Hälfte der im § 60 Abs. 1 bezeichneten Gebühr, d. i. also 500 Mk. § 64 ist entsprechend anzuwenden. Richtet sich also das Rechtsmittel oder der Wiederaufnahmeantrag des Nebenklägers gegen mehrere Beschuldigte, so ist in der Richtung gegen jeden ein Gebührenvorschuß von 500 Mk. geschuldet, doch darf nie mehr erhoben werden als der dreifache Vorschußbetrag, insgesamt also nie mehr als 1500 Mk. Einen Gebührenvorschuß in Höhe von 500 Mk. hat der Nebenkläger auch dann zu zahlen, wenn seine Nebenklage nur das sog. objektive Verfahren der §§ 477—479 StPO. betrifft. Auch hier hat er die Vorschußpflicht nur als Rechtsmittelführer. Den Einziehungsinteressenten „als solchen" trifft keine Vorschußpflicht. § 478 StPO.

3. Im Privatklageverfahren besteht eine Gebührenvorschußpflicht nur für den Privatkläger, nie aber für den Beschuldigten oder für den Widerkläger. Gegen den Widerkläger entsteht insbesondere auch dann keine Gebührenvorschußpflicht, wenn

a) das Widerklageverfahren nach Zurücknahme der Privatklage oder Einstellung des Verfahrens über die Privatklage selbständig fortgesetzt wird oder

b) ausschließlich gegen die auf die Widerklage ergangene Entscheidung von dem Widerkläger Berufung oder Revision eingelegt wird.

§ 83 hat eine dem § 62 entsprechende Bestimmung nicht aufgenommen, sie darf infolgedessen auch nicht künstlich hineingelegt werden.

Die Gebührenvorschußpflicht des Privatklägers besteht für alle Instanzen, also schon bei der Erhebung der Privatklage für die erste, bei der Einlegung eines Rechtsmittels als Rechtsmittelführer auch für die weiteren beiden Instanzen, ferner bei jedem Antrage auf Wiederaufnahme des Verfahrens.

Was hinsichtlich der Vorschußhöhe, der Anwendung des § 64 und der Vorschußpflicht im Falle des § 67 oben in Anmerkung 1 für den Nebenkläger ausgeführt ist, gilt in gleicher Weise auch hier. Abweichend von der Nebenklage soll im Privatklageverfahren auf Grund der erhobenen Privatklage vor Zahlung des Gebührenvorschusses in keiner Instanz eine gerichtliche Handlung vorgenommen werden, es sei denn, daß glaubhaft gemacht wird, daß die Verzögerung dem Privatkläger einen nicht oder nur schwer zu ersetzenden Nachteil bringen würde.

Wegen der Auslegung des Begriffes: „soll" vgl. die Ausführungen zu § 74 Abs. 2; sie gelten sinngemäß auch hier. Nimmt aber der Richter gleichwohl eine gerichtliche Handlung vor, ohne daß die Voraussetzungen des § 83 Abs. 3 Schlußsatz gegeben sind, so ist dieser Umstand prozessual ohne Einfluß.

Schon die Mitteilung der Privatklage an den Beschuldigten oder die Staatsanwaltschaft oder die Anordnung der Urteilszustellung nach Berufungseinlegung (§ 357 Abs. 2 StPO.) ist eine „gerichtliche Handlung". Damit soll aber nicht gesagt sein, daß der Richter nicht unter Umständen sogar verpflichtet ist, ohne Rücksicht auf die Vorschußpflicht eine Privatklage sofort der Staatsanwaltschaft mitzuteilen, wenn er dies aus hier nicht zu erörternden Gründen für erforderlich hält.

Ob ein Umstand als „glaubhaft" gemacht anzusehen ist, hat allein der Richter nach seinem freien Ermessen zu entscheiden. Entspricht die Entscheidung nicht dem Empfinden des Privatklägers, beschwert sie ihn also, so hat er hiegegen das Rechtsmittel der Beschwerde gem. § 346 StPO. mit der Abhilfemöglichkeit des § 348 StPO.

Besonders ist zu beachten, daß diese Gebührenvorschußpflicht nur für den Privatkläger als „solchen" besteht. Legt er beispielsweise nur in seiner Eigenschaft als „Beschuldigter auf erhobene Widerklage" das Rechtsmittel ein, so ist eine Vorschußpflicht für die Gebühren nicht vorhanden.

Wegen des Armenrechts vgl. die Vorbemerkung F zum 6. Abschnitt Z. 40.

4. Wegen des Falles, daß ein „Ausländer" als Privat- oder Nebenkläger in Frage kommt, vgl. § 85 Abs. 4 und die dortigen Ausführungen.

5. Mehrere Privat- und mehrere Nebenkläger haften für den Vorschuß als Gesamtschuldner (§ 87 RGKG.), wie denn der § 503 Abs. 4 StPO. bezüglich mehrerer Privatkläger überhaupt allgemein diese Haftbarkeit vorsieht.

Beispiel: In der Anklagesache gegen A und B wegen Körperverletzung sind C und D — die von den beiden Beschuldigten Verletzten — als Nebenkläger zugelassen. Legen beide Nebenkläger gegen das erstinstanzielle Urteil die Berufung ein, so haften sie für die 2mal 500 Mk. = 1000 Mk. Gebührenvorschuß als Gesamtschuldner. Ist aber C nur in der Richtung gegen A, D nur in der Richtung gegen B als Nebenkläger zugelassen, so besteht natürlich eine Gesamthaftung nicht. Beide haften in diesem Falle nicht nebeneinander für ein und dieselbe Gebühr (bzw. Vorschuß), also kann insoweit auch keine Gesamtschuld bezüglich der 1000 Mk. entstehen; es handelt sich hier um „zwei" gesonderte Nebenklagen gegen je einen Beschuldigten. S. auch § 87 u. die dort. Anm.

6. Der Gebührenvorschuß dient dazu, die Staatskasse wegen der im Laufe des vom Antragsteller eingeleiteten Verfahrens anfallenden Gebühren vorweg zu befriedigen. Die Zahlung des Vorschusses ist also im Privatklageverfahren eine endgültige, ohne daß es darauf ankommen hätte, wer in diesem Verfahren schließlich Kostenschuldner wird. Es kann somit der für die Instanz geleistete Vorschuß insbesondere auch zur Deckung der vom Privatbeklagten geschuldeten Gebühren verwendet werden.

Bei der Nebenklage dagegen kann, da es sich um ein öffentliches Anklageverfahren handelt, der Gebührenvorschuß nur zur Deckung der vom Nebenkläger nach § 66 zu vertretenden Kosten herangezogen werden, ist dagegen im übrigen rückzuvergüten, soweit solche Kosten nicht erwachsen sind oder soweit er durch diese Kosten nicht voll aufgebraucht ist.

Das gleiche gilt entsprechend auch für einen vom Privat- oder Nebenkläger im Falle des § 67 geleisteten Vorschuß.

Die zu § 84 Anm. 12 gemachten Ausführungen sind sinngemäß auch hier zutreffend.

§ 84.

Bei jedem Antrag auf Vornahme einer Handlung, mit der bare Auslagen verbunden sind, hat der Antragsteller einen zu ihrer Deckung ausreichenden Vorschuß zu zahlen. Das Gericht kann die Vornahme der Handlung von der vorherigen Zahlung des Vorschusses abhängig machen.

Diese Vorschußpflicht besteht in Strafsachen nur für den Privatkläger, den Widerkläger sowie für den Nebenkläger, der Berufung oder Revision eingelegt hat.

1. § 84 gilt allgemein für alle Angelegenheiten, auf welche die ZPO. und KO. Anwendung findet. Eine Beschränkung tritt dagegen nach § 84 Abs. 2 ein hinsichtlich der Strafsachen. Hier besteht grundsätzlich eine Auslagenvorschußpflicht nur

a) für den Privatkläger und Widerkläger in jeder Instanz,
b) für den Nebenkläger, der Berufung oder Revision eingelegt hat.

In der Richtung gegen den Beschuldigten kann nie ein Auslagenvorschuß festgesetzt werden, sei es im Verfahren auf erhobene öffentliche, sei es im Verfahren auf erhobene Privat- oder Widerklage.

Beispiel: Privatklage A gegen B und Widerklage B gegen A wegen Beleidigung. A benennt als Zeugen für seine Privatklage den M und N, als Entlastungszeugen für die gegen ihn erhobene Widerklage den O. — B beantragt in der Privatklagesache in seiner Eigenschaft als Beschuldigter die Ladung der Zeugen X und Y, in seiner Eigenschaft als Widerkläger die Ladung des Zeugen Z. Auslagenvorschußpflicht besteht für den Privatkläger A bezüglich der Zeugen M und N, für den Widerkläger B bezüglich des Zeugen Z. Alle anderen Zeugen sind von Amts wegen zu laden.

Soweit Auslagenvorschußpflicht besteht, kann (Ermessensfrage, vgl. § 74 Anm. 10 zu Abs. 2) das Gericht die Ladung der Zeugen von der vorherigen Zahlung des Vorschusses abhängig machen.

2. In den unter Anm. 1 bezeichneten Fällen „kann" grundsätzlich jede Handlung, mit der bare Auslagen (vgl. § 72 Nr. 1—8) verbunden sind, von der vorherigen Zahlung des Auslagenvorschusses abhängig gemacht werden. Infolge dieser allgemeinen Anordnung des § 84 wären zwar die besonderen diesbezüglichen Vorschriften der §§ 379, 402 ZPO. nunmehr entbehrlich, nicht aber § 911 ZPO.

3. Die Vorschußpflicht des § 84 entsteht „bei" Stellung des Antrages. Die diesbezügliche Anordnung des Gerichts wird aber praktisch immer erst getroffen, wenn dem Antrag entsprochen wird.

4. Als „Antrag" gilt auch die „Anregung". Die Partei ist also z. B. auch dann vorschußpflichtig, wenn sie „Sachverständige" benennt, das Gericht aber von seinem Rechte Gebrauch machend andere Sachverständige als die vorgeschlagenen vernimmt. Ergehen von Amts wegen Anordnungen (das Gericht beschließt z. B. ohne daß eine Partei es beantragt oder angeregt hatte, Augenscheinseinnahme), so ist die Einforderung eines Auslagenvorschusses nicht zulässig (DGekrZ. 12, 57 u. 163).

Der Kläger hat nur Vorschuß zu leisten, insoweit seine Anträge es bedingen; er ist nicht vorschußpflichtig für seinen Gegner. (S. aber § 77 wegen der endgültigen Kostenschuld.)

5. a) Unter „Handlungen, mit denen bare Auslagen" verbunden sind, sind alle diejenigen zu verstehen, welche Auslagen der im § 72 bezeichneten Art verursachen. Werden diese Handlungen durch einen „Antrag" der Partei im Sinne der Anm. 4 bedingt, so ist die Vorschußpflicht gegeben — aber nur in der Richtung gegen den Antragsteller der betr. Handlung —. (Vorschußpflicht ist von der endgültigen Zahlungspflicht zu trennen!). Fehlt es an einem Antrag, entstehen die Auslagen also, weil das Gericht von Amts wegen eine solche Handlung für erforderlich erachtet hat, so besteht auch keine Vorschußpflicht für die Partei, wohl aber werden auch diese Auslagen dann von der endgültigen Zahlungspflicht ergriffen. §§ 77, 78, 79.

b) Die Auslagenvorschußpflicht erstreckt sich somit insbesondere auch auf die nach § 72 Nr. 3, 6 u. § 73 für die Zustellung im Ausland oder bei der öffentlichen Zustellung entstehenden Einrückungs-, Konsulatskosten usw.

c) Bezüglich der Art der Auslagen vgl. weiter § 72 und die dortigen Anmerkungen. Festgestellt sei hier noch, daß die Auslagen für den Dolmetscher, der zwecks Verhandlung mit den Parteien gem. § 187 GVG. zugezogen wird, reine Rechtspflegeausgaben, also vom Staate endgültig zu tragen sind. Aus diesem Grunde kann weder Vorschuß- noch Erstattungspflicht für eine der Parteien in Frage kommen. Andere Dolmetscher dagegen, die zur Übersetzung von Schriftstücken, bei der Vernehmung von Zeugen usw. zugezogen werden müssen, fallen unter § 84. Vorschußpflichtig ist hier z. B. diejenige Partei, die den der deutschen Sprache unkundigen Zeugen usw. benannt hat.

6. Die Bestimmung des Vorschusses obliegt dem Gericht, der Gerichtsschreiber hat nur das Recht und sogar die Verpflichtung, die Beachtung des § 84 anzuregen.

7. Handelt für die Partei ein Vertreter oder sonst ein Bevollmächtigter, so gelten die Ausführungen zu § 74 Anm. 9a auch hier.

8. a) Besteht eine Partei aus „mehreren" Personen, so haften alle für den der betr. Partei obliegenden Auslagenvorschuß als Gesamtschuldner, nicht etwa nach Kopfteilen. Auf den Grad der Beteiligung der betr. Einzelpersonen hat es dabei nicht anzukommen. Unbeschadet der bürgerlichrechtlichen Wirkungen unter den betr. Personen selbst geht diese Haftung — bis zu dem Zeitpunkt der Erlassung einer gerichtlichen Entscheidung (vgl. § 100 ZPO.) — sogar so weit, daß sie sich auch auf ein Angriffs- bzw. Verteidigungsmittel erstreckt, das nur einer der Parteigenossen geltend gemacht hat. § 87.

b) Haben Partei und Gegenpartei die nämliche Handlung (gleichen Zeugen, gleichen Augenschein usw.) beantragt, so haftet jede dieser beiden Parteien für den ganzen Betrag, es besteht also auch hier im Ergebnis gewissermaßen eine Gesamtschuldnerschaft.

c) Haben mehrere Parteien in verschiedenen Sachen dieselbe Handlung beantragt (z. B. in drei verschiedenen Fahrtrechtsstreitigkeiten finden am gleichen Tage nacheinander in der Gemeindeflur X drei verschiedene Augenscheinstermine durch dieselbe Gerichtskommission statt), so gilt die eben festgestellte Haftung unter Anm. 8b in gleicher Weise auch hier. Vgl. § 72 Anm. 16.

Eine abweichende Behandlung ist nur dann erforderlich, wenn bestimmte Auslagen nur in einer der mehreren Sachen erwachsen sind oder wenn die Miterledigung der einen oder anderen Sache eine Erhöhung der Tagegelder und ev. der Übernachtungskosten herbeigeführt hat. (Die Reisekosten werden immer gleich sein!). Vgl. § 51 und die dort. Anm. 4b.

9. Wegen des Auslagenvorschusses im Konkursverfahren vgl. Vorbemerkung Z. 15 und § 78 Anm. 1, 2.

10. In Privatklagesachen kann die Vorschußpflicht des § 84 auch schon vor der Eröffnung des Hauptverfahrens (vgl. z. B. §§ 424, 200 StPO.) geltend gemacht werden.

11. Bei der endgültigen Haftung des „Antragstellers der Zivilprozeßinstanz" für alle Auslagen gem. § 77 ist nebensächlich, ob es sich dabei um solche handelt, die er oder sein Gegner veranlaßt hat. (Ausnahme: Widerklage, da der Widerkläger selbst Antragsteller ist.)

12. Aus dem Auslagenvorschuß dürfen nur die Auslagen derjenigen Partei bestritten werden, die den Vorschuß anordnungsgemäß hinterlegt hat. Es wäre unstatthaft, den Vorschuß auch zur Deckung der auf Rechnung des Gegners erwachsenen Auslagen heranzuziehen. Dagegen können aus bürgerlichrechtlichen Gründen keine Einwendungen dagegen gemacht werden, wenn der Auslagenvorschuß auch zur Deckung solcher Beträge (z. B. Gebühren) verwendet wird, die die gleiche (den Vorschuß hinterlegende) Partei schuldet, wenn die Erlage auch ursprünglich nicht zu diesem Zwecke bestimmt sein konnte bzw. bestimmt war. Vgl. §§ 387ff. BGB. Die Aufrechnungserklärung kann aber nur von der Stelle ausgehen, die die Staatskasse im gerichtlichen Kostenwesen vertritt, d. i. beispielsweise in Bayern beim Mangel von Gerichtskassen das Finanzamt, möglicherweise auch der rechnungsführende Beamte als Hilfsorgan der Finanzverwaltung.

13. Wird der angeordnete Auslagenvorschuß nicht erlegt und ist die betr. Handlung auch nicht von der vorherigen Erlage des Vorschusses abhängig gemacht, so sind beim Fehlen einer weitergehenden Bestimmung die betr. Auslagen (mangels Vorschusses hat sie nun die Staatskasse vorschußweise zu bestreiten!) nach der Regel des § 75 Abs. 1 erst mit dem Erlaß einer unbedingten Entscheidung über die Kosten oder im Falle des Vergleiches, der Zurücknahme oder anderweitigen Erledigung mit diesem Zeitpunkt fällig. Nach der Regel des § 82 Abs. 2 ist dann sogar der urteilsmäßige oder übernehmende Kostenschuldner in erster Linie zu ihrer Deckung in Anspruch zu nehmen, während der nach §§ 84, 86 haftende Kostenschuldner erst in zweiter Linie herangezogen werden kann. Das Ergebnis dieser Feststellung ist unbefriedigend, allein § 86 behandelt nur die Haftung, nicht aber die Fälligkeit. Die Möglichkeit, einen Auslagenvorschuß zwangsweise beizutreiben, besteht zurzeit ebensowenig wie die Möglichkeit der Beitreibung nicht fälliger Auslagen. S. auch § 75 Anm. 2.

14. Für den Ausländer besteht hinsichtlich des Auslagenvorschusses keine abweichende Regelung. Vgl. Vorbemerkung D II zum 6. Abschnitt.

15. Befreit von der Vorschußzahlung ist: die zum Armenrecht zugelassene Partei und im Falle des § 120 ZPO. ihr Gegner (s. Vorbem. F; keine Rückvergütung des eingezahlten Vorschusses),

nicht dagegen das von der Zahlung der Gebühren befreite Reich usw. (§ 90).

Das Reich zahlt jedoch gem. § 298 Abs. 3 AbgO. im Falle des § 911 ZPO. (gerichtliches Offenbarungseidsverfahren) die Verpflegskosten ausnahmsweise nicht im voraus, sondern erst nach Anfall.

16. Im Verfahren betreffend die Entmündigung wegen Geistesschwäche oder Geisteskrankheit besteht keine Vorschußpflicht, wohl aber im Verfahren betreffend die Entmündigung wegen Verschwendung oder Trunksucht.

§ 85.

Ausländer, die als Kläger auftreten, haben unbeschadet der Verpflichtung zur Zahlung der Prozeßgebühr in erster Instanz sowie in der Berufungsinstanz einen Vorschuß in Höhe der doppelten Gebühr, in der Revisionsinstanz einen solchen in Höhe der einfachen Gebühr zu leisten.

Diese Verpflichtung tritt nicht ein:

1. wenn in dem Staate, dem der Kläger angehört, ein Deutscher im gleichen Falle in bezug auf Vorauszahlung oder Sicherstellung der Gerichtskosten einem Inländer gleichgestellt ist;
2. bei Klagen im Urkunden- und Wechselprozesse;
3. bei Widerklagen;
4. bei Klagen, die infolge einer öffentlichen Aufforderung erhoben werden;
5. bei Klagen aus Rechten, die im Grundbuch eingetragen sind;
6. wenn dem Kläger das Armenrecht bewilligt ist.

Die Verpflichtung besteht auch dann, wenn im Laufe des Rechtsstreits der Kläger die Eigenschaft eines Deutschen verliert oder die Voraussetzung, unter welcher der Kläger von der Verpflichtung befreit war, wegfällt.

Unter den gleichen Voraussetzungen hat ein Ausländer, der als Privatkläger auftritt oder als Nebenkläger Berufung oder Revision einlegt, den doppelten Gebührenvorschuß (§ 83) zu zahlen.

Vor Zahlung des gemäß Abs. 1, 3, 4 zu erhebenden Vorschusses soll der Ausländer zur Verhandlung nicht zugelassen werden, sofern nicht glaubhaft gemacht wird, daß die Verzögerung dem Ausländer einen nicht zu ersetzenden Nachteil bringen würde.

1. Ausländer ist, wer nicht Deutscher ist (vgl. § 1 des Reichs- und Staatsangehörigkeitsges. v. 22. 7. 13, RGBl. 583 und Art. 110 RVerf. v. 11. 8. 19). Maßgebend ist somit nicht der Wohnort, sondern die Staatsangehörigkeit des Klägers. Der Inländer wird nicht dadurch zum Ausländer, daß er beispielsweise im Ausland wohnt.

Über Verlust der Eigenschaft eines Deutschen s. §§ 17 ff. des vorerw. Reichsges.

2. § 85 regelt die Gebührenvorschußpflicht des Ausländers. Eine solche besteht nur:

a) in bürgerlichen Rechtsstreitigkeiten für alle Instanzen des ordentlichen Prozeßverfahrens, soweit der Ausländer in erster Instanz als „Kläger" und

b) in Strafsachen, soweit der Ausländer als Privatkläger auftritt oder als Nebenkläger Berufung oder Revision einlegt. S. Vorbem. D 19, 20.

§ 85 begründet somit für die bürgerlichen Rechtsstreitigkeiten, für die sonst keine Gebührenvorschußpflicht mehr besteht, ausnahmsweise eine solche; bezüglich der Strafsachen erweitert er die bestehende des § 83.

3. Hinsichtlich des Auslagenvorschusses wird der „Ausländer" genau so behandelt, wie der „Inländer". § 84.

4. Das Konkursverfahren ist im Rahmen des § 85 nicht zu würdigen.

5. Nur der „Kläger" der ersten Instanz des ordentlichen Prozeßverfahrens, der ein Rechtsmittel einlegt, ist auch für die Rechtsmittelinstanz als Ausländer vorschußpflichtig. Legt dagegen der ausländische Beklagte in bürgerlichen Rechtsstreitigkeiten als „Rechtsmittelkläger" die Berufung oder Revision ein, so wird er damit nicht zum Kläger im Sinne des § 85.

6. Ebensowenig fällt unter § 85 der Arrestkläger, selbst wenn über den Arrestantrag auf Grund mündlicher Verhandlung entschieden oder vom Arrestkläger als Berufungskläger die zweite Instanz beschritten wird. Das Arrestverfahren behält auch in zweiter Instanz seine Eigentümlichkeit und wird in dieser nicht zum „ordentlichen" Verfahren, wenn auch im übrigen die Bestimmungen der §§ 511 ff. ZPO. auf dieses Rechtsmittelverfahren anwendbar sind.

7. Der Ausländer steht dem Inländer ferner vollständig gleich, sobald irgend ein zivilprozessuales Verfahren in Frage steht, das nicht unter die Regeln des ordentlichen Prozeßverfahrens fällt, insbesondere nicht durch Klageerhebung rechtshängig wird, so z. B. Entmündigungsverfahren, Beweissicherungsverfahren, Offenbarungseidsverfahren, Aufgebotsverfahren (§ 33), Zwangsvollstreckungsverfahren jeder Art (§ 34) usw.

8. Dagegen ist die „Klägerrolle" des ordentlichen Verfahrens dann gegeben, wenn die Klage des § 64 ZPO. (Hauptintervention), der Beitritt des Nebenintervenienten im anhängigen Rechtsstreite als Streitgenosse der Klagepartei (§§ 66, 69, 70 ZPO.), die Klage der §§ 579, 580 ZPO. (Nichtigkeits- und Restitutionsklage) in Frage steht. In allen diesen Fällen ist § 85 RGKG. unbedenklich anzuwenden. Daß die Widerspruchsklage des § 771 ZPO., ferner das ordentliche Prozeßverfahren, das sich nach Erhebung des Widerspruchs gegen den Zahlungsbefehl oder den Einspruch gegen den Vollstreckungsbefehl an das Mahnverfahren anschließt, ebenfalls hierher zu nehmen sind, bedarf keiner weiteren Begründung.

9. Als „Beschuldigter", sei es im Verfahren auf erhobene öffentliche oder sei es im Verfahren auf erhobene Privatklage hat der „Ausländer" die gleichen Rechte, wie der Inländer.

10. Da es in bürgerlichen Rechtsstreitigkeiten für den Inländer keinen Gebührenvorschuß mehr gibt, hat in diesen Angelegenheiten der Ausländer als „Kläger" also zu zahlen:

a) in erster Instanz: die Prozeßgebühr gem. §§ 20 Nr. 1, 74 Abs 1, 2, ferner (als Sicherheit für eine ev. Beweis- und Urteilsgebühr) eine „doppelte" Gebühr als Vorschuß,

b) in zweiter Instanz als Rechtsmittelkläger die Prozeßgebühr — erhöht nach § 28 — gem. § 20 Nr. 1 RGKG., § 520 Abs. 3 ZPO., ferner als Sicherheit — gleich der ersten Instanz — eine „doppelte" (erhöhte!) Gebühr als Vorschuß,

c) in der Revisionsinstanz als Rechtsmittelkläger die Prozeßgebühr — erhöht nach § 28 — gem. § 20 Nr. 1 RGKG., § 554 Abs. 7 ZPO., ferner als Sicherheit für die allein noch denkbare Urteilsgebühr (Beweisgebühr ist nicht möglich!) „eine" (erhöhte!) Gebühr als Vorschuß.

11. In Strafsachen, für die ohnedies nach § 83 RGKG. die Gebührenvorschußpflicht aufrecht erhalten wurde, hat der Ausländer im ganzen den doppelten Gebührenvorschuß, der sich nach § 83 berechnet, zu leisten, d. i. also regelmäßig 1000 Mk., bei mehreren Beschuldigten bis zu 3000 Mk.

12. Besteht die „Klagepartei" teils aus In-, teils aus Ausländern, so ist zu unterscheiden, ob nur ein „gemeinsamer" Anspruch oder die sog. subjektive Klagenhäufung vorliegt. In ersterem Falle ist der Ausländervorschuß aus dem ganzen Streitwert zu berechnen, im letzteren Falle kommt nur der bei der „Häufung" eingesetzte Anspruch des Ausländers in Betracht. Für den jeweils errechneten Betrag einschließlich der daneben noch geschuldeten Prozeßgebühr haften alle Kläger (In- wie Ausländer) nach der Regel des § 87 als Gesamtschuldner.

Beispiele: a) Der „Ausländer" A und der Deutsche B haben dem C gemeinsam eine Geige um 10000 Mk. verkauft und klagen nun gemeinsam den Kaufpreis ein. Es sind angefallen mit Klagestellung: 500 Mk. Prozeßgebühr nach §§ 20 Nr. 1, 8 Abs. 2, 74 Abs. 1 RGKG., 1000 Mk. Gebührenvorschuß nach § 85 RGKG., berechnet aus 10000 Mk.

A und B haften für beide Beträge zu insgesamt 1500 Mk. als Gesamtschuldner. § 87.

b) Der Ausländer A, der Deutsche B und der Deutsche C haben gemeinsam ein Exportgeschäft betrieben. Bei der Abrechnung und Auflösung der bestehenden Beziehungen ergibt sich, daß A noch 20000 Mk., B noch 10000 Mk. von C zu fordern hat. Beide stellen gemeinschaftlich Klage (§ 59 ZPO., echte Streitgenossenschaft!) gegen C. Hiebei sind angefallen:

1400 Mk. Prozeßgebühr nach §§ 20 Nr. 1, 8 Abs. 2, 74 Abs. 1 RGKG. aus 30000 Mk. Streitwert,

2000 Mk. Gebührenvorschuß nach § 85 RGKG. aus 20000 Mk. Streitwert.

Für beide Beträge zu insgesamt 3400 Mk. haften A und B als Gesamtschuldner. § 87.

13. § 85 Abs. 2 bezeichnet die Fälle, in denen die Verpflichtung zur Zahlung des sog. Ausländervorschusses nicht eintritt.

a) Nr. 1. Zu dieser Frage hat Justizobersekretär Lenzen in Düsseldorf in der Zeitschr. d. Bd. deutscher JAmtm. 1922, 143 an Hand des Versailler Friedensvertrages und der sonstigen Staatsverträge erschöpfend Stellung genommen und die ganze diesbezüglich vorhandene Rechtsprechung verarbeitet. Auf diese Abhandlung wird hierher Bezug genommen. Vgl. weiter die Ausführungen von Dr. Kromer-Hamburg über „Ausländervorschuß" in der gleichen Zeitschrift S. 80.

b) Nr. 2. Wird vom Urkunden- und Wechselprozesse Abstand genommen (§ 596 ZPO.), so lebt natürlich die im übrigen für das ordentliche Prozeßverfahren bestehende Vorschußpflicht wieder auf, denn sonst hätte es der Ausländer in der Hand, die Verpflichtung zur Zahlung des Vorschusses des § 85 jederzeit billig zu umgehen.

c) Nr. 3. Wird die zivilprozessuale Widerklage zufolge § 145 Abs. 2 ZPO. in getrenntem Prozesse verhandelt, so liegt diesbezüglich ein selbständiges Verfahren vor, das auch mangels jeden Zusammenhangs mit der anderen Sache für sich nach § 85 behandelt werden muß.

In Strafsachen dagegen ist der Widerkläger immer vom Ausländervorschuß befreit, selbst wenn das Widerklageverfahren im Sinne des § 62 RGKG. selbständig fortgesetzt wird.

d) Nr. 4. Vgl. §§ 946 ff. ZPO. Hierher gehören z. B. Anfechtungsklagen nach §§ 957 ff. ZPO.

e) Nr. 5. Vgl. die §§ 24, 25 ZPO., wie überhaupt jede Klage unter Nr. 5 gehört, deren Anspruch sich aus einem im Grundbuch eingetragenen Rechte herleitet.

f) Nr. 6. Vgl. Vorbemerkung F. Der Ausländer steht im Falle der Bewilligung des Armenrechts dem Inländer völlig gleich, hat also auch die Prozeßgebühr der §§ 20 Nr. 1, 74 Abs. 1 nicht zu zahlen.

14. Wegen des Verlusts der Staatsangehörigkeit vgl. Art. 6 Z. 3, 110 RV. und Anm. 1. Unter § 85 Abs. 3 gehören z. B. die Fälle, wenn der die Befreiung vom Ausländervorschuß begründende Staatsvertrag aufgehoben oder geändert oder, wenn dem Ausländer das Armenrecht entzogen worden ist und Nr. 1 nicht eingreift. Das gleiche gilt, wenn der Kläger die Staatsangehörigkeit verliert und Nr. 1 ihn trotzdem nicht weiter befreit.

15. Schon dem Inländer sind durch die §§ 74 Abs. 1, 2, 83 Abs. 1, 3 die Hände gebunden. In bürgerlichen Rechtsstreitigkeiten wird regelmäßig der Verhandlungstermin erst angesetzt, wenn die Prozeßgebühr entrichtet ist; in Privatklagesachen soll vor Zahlung des Gebührenvorschusses keine gerichtliche Handlung vorgenommen werden und nur der inländische Nebenkläger hat von der Nichtzahlung des von ihm geschuldeten Vorschusses keinen Nachteil zu erwarten.

Diese vorbezeichneten „Verpflichtungen" des Inländers treffen natürlich ohne weiteres auch den Ausländer. Zahlt nun der Ausländer zunächst nur die dem Inländer obliegenden Beträge — die Prozeßgebühr, den einfachen Privatklage-Gebührenvorschuß —, so muß in bürgerlichen Streitigkeiten der Verhandlungstermin angesetzt und in Privatklagesachen das Verfahren bis einschließlich der Eröffnung des Hauptverfahrens durchgeführt werden. Weiter muß die Verhandlung selbst durch Bewirkung der Ladungen usw. vorbereitet werden.

Im Nebenklageverfahren kann die Sachbehandlung ohnedies bis zur Rechtsmittelverhandlung selbst gedeihen, ohne daß der Ausländer vorher irgend etwas leistet.

Nur die Zulassung des Ausländers zur „**Verhandlung selbst**" wird durch die Nichtzahlung der im § 85 RGKG. bezeichneten Vorschußbeträge (Mehrbeträge gegenüber den §§ 74, 83) verwirkt. Es kann dann beispielsweise trotz der Anwesenheit des ausländischen Klägers Versäumnisurteil gegen ihn ergehen, die Privatklage kann nach § 431 Abs. 2 StPO. trotz seiner Anwesenheit oder Vertretung als zurückgenommen erachtet werden, wenn er die Zahlung der nach § 85 geschuldeten Beträge unterläßt.

16. Für die Auslegung des Begriffes „soll" und die „Glaubhaftmachung" im Sinne des Abs. 5 gelten die Ausführungen zu § 74 entsprechend auch hier.

Beispiel: der Ausländer A wird vom begüterten B körperlich derart mißhandelt, daß er dauernd Krüppel bleibt. Er will nun den B auf Schadensersatz und Rente verklagen, hat aber keinerlei Mittel, weder solche zu seinem Unterhalt, noch solche zur Beschaffung der künstlichen Gliedmaßen, noch solche zur Zahlung des Ausländervorschusses. Die Voraussetzungen zum Armenrecht sind mangels Gegenseitigkeit nicht gegeben. Hier würde die Nichtzulassung des A ihm einen nicht zu ersetzenden Nachteil bringen. Die Voraussetzungen des Abs. 5 wären zweifellos gegeben.

17. Fühlt sich der Ausländer durch die „Rechtsverweigerung" beschwert, so hat er — ähnlich wie dies schon bei §§ 74, 83 RGKG. für den Inländer ausgeführt ist — das Recht der Beschwerde gem. §§ 567 ZPO., 346 StPO.

§ 86.

Die Verpflichtung zur Zahlung der vorzuschießenden Beträge bleibt bestehen, auch wenn die Kosten des Verfahrens einem anderen auferlegt oder von einem anderen übernommen sind. Die Vorschrift des § 82 Abs. 2 findet entsprechende Anwendung.

1. An Vorschüssen kennt das RGKG. nur
a) den Gebührenvorschuß des Privat- und Nebenklägers nach § 83,
b) den Auslagenvorschuß des § 84 für bürgerliche Rechtsstreitigkeiten, Konkurssachen im allgemeinen und gegenüber dem Privat-, Wider- und Nebenkläger in Strafsachen im besonderen,
c) den Ausländergebührenvorschuß des § 85 für das ordentliche Zivilprozeßverfahren und gegenüber dem Privat- und Nebenkläger.

2. Die Zahlung dieser Vorschüsse wird in manchen Fällen unterbleiben, sei es, daß der Richter nach § 83 Abs. 3 RGKG. beschlußmäßig oder durch konkludente Handlungen das Privatklageverfahren ohne Vorschußzahlung weiterbetrieben, sei es, daß der Richter hier oder beim § 84 die betr. Bestimmung versehentlich nicht beachtet oder zwar die Vorschußerlage, nicht aber die Abhängigmachung im Falle des § 84 angeordnet hat, sei es, daß der Ausländer versehentlich oder absichtlich im Falle des § 85 zur Verhandlung zugelassen wurde.

Diese Beispiele sollen natürlich nicht erschöpfend sein. Unterbleibt die Vorschußzahlung, dann wird nach den allgemeinen Regeln der §§ 74 mit 76 die Fälligkeit abgewartet. Auslagen werden bis zu diesem Zeitpunkte von der Staatskasse vorschußweise bestritten und dann bei eingetretener Fälligkeit mit den Gebühren von dem nach §§ 77 ff. sich ergebenden Kostenschuldner hereingeholt. (S. § 84 Anm. 13). Die Haftung des Vorschußpflichtigen soll gem. §§ 86, 82 Abs. 2 erst dann geltend gemacht werden, wenn die Kosten vom urteilsmäßigen oder dem die Kosten übernehmenden Schuldner nicht beigetrieben werden können bzw. die Zwangsvollstreckung aussichtslos erscheint. Bei versuchter Zwangsvollstreckung genügt eine solche in das „bewegliche" Vermögen.

3. Die Haftung des § 86 erlischt nicht nach der Frist des § 5 RGKG.; sie untersteht vielmehr den allgemeinen Verjährungsbestimmungen.

4. Beachte noch die Gesamtschuldnerschaft mehrerer Kostenschuldner nach § 82 Abs. 1 und mehrerer Parteigenossen nach § 87.

5. Erlöschen nach § 81 kann nur die durch „Entscheidung" begründete Zahlungspflicht, nicht aber die vorschußmäßige der §§ 83, 84, 85. S. § 81 Anm. 2.

6. S. § 82 Anm. 6.

§ 87.

Besteht eine Partei aus mehreren Personen, so haften sie in Ermangelung einer gerichtlichen Entscheidung über die Kostenverteilung als Gesamtschuldner.

1. § 87 hat im Reichsgerichtskostengesetz einen eigenen Platz: Er ist nicht in der Gruppe der §§ 77 mit 82 enthalten, die von der Haftung für die Gebühren handeln, er steht auch nicht in irgend einem Zusammenhang zu den §§ 83 mit 85, die die Vorschußpflicht betreffen, soweit eine solche überhaupt noch besteht, er muß infolgedessen vollständig für sich allein — ausschließlich nach seinem Wortlaute — betrachtet und ausgelegt werden.

2. Der Begriff „Partei" ist nicht engherzig aufzufassen, vielmehr ist er immer da als gegeben anzunehmen, wo Mehrere gemein-

sam gegen einen anderen vorgehen, sei es um den gleichen oder wenigstens einen gleichgearteten Anspruch (§§ 59ff. ZPO.) miteinander durchzuführen — wie in den bürgerlichen Rechtsstreitigkeiten oder auch im Konkursverfahren möglich —, sei es um gemeinsam oder wenigstens nebeneinander ihr in strafbarer Weise angegriffenes Rechtsgut (auch die Ehre usw.) zu schützen, wie es im Verfahren auf erhobene Privatklage geschieht. Ein solches Verfahren ist auch bei der Nebenklage (vgl. § 83 Anm. 5) und bei einer Mehrheit von Antragstellern in den Fällen, die nach §§ 57 und 58 RGKG. ihre Bewertung zu finden haben, regelmäßig gegeben.

Nicht betroffen von § 87 ist dagegen der Beschuldigte im Verfahren auf erhobene öffentliche und Privatklage, weil hier nach dem Grundsatz des § 51 von jedem verurteilten Beschuldigten die Gebühr besonders zu erheben ist und für die Auslagen die Gesamthaftbarkeit nur nach §§ 498 Abs. 2, 503 Abs. 4 StPO. zu beurteilen ist. Vgl. § 88 RGKG.

3. § 87 erstreckt sich in seiner Wirkung sowohl auf vorschußweise geschuldete Kosten als auch auf solche, die erst später fällig geworden sind. Er ist aber nur insolange anwendbar, als nicht eine gerichtliche Entscheidung vorliegt (erlassen ist), die über die Art der Verteilung der Kosten unter den mehreren Parteigenossen eine Anordnung trifft. Vgl. in dieser Beziehung z. B. § 100 Abs. 3, 4 ZPO.

4. Auf den Umfang der Beteiligung der einzelnen Parteigenossen (Streitgenossen usw.) hat es im Falle der Anwendbarkeit des § 87 nicht anzukommen. Härten sind bei diesem summarischen Haftungsverfahren nicht zu vermeiden.

§ 88.

Durch die §§ 74 bis 87 wird eine nach den Vorschriften des bürgerlichen Rechtes oder den Vorschriften der Zivilprozeßordnung § 100 Abs. 4, § 788, der Konkursordnung §§ 57 bis 60, 142 oder der Strafprozeßordnung § 498 Abs. 2, § 503 Abs. 4, § 504 begründete Verpflichtung zur Zahlung entstandener Gebühren und Auslagen nicht berührt.

1. Sinn des § 88: Von wem die Gerichtskosten einzuheben sind, wer einen Vorschuß zu zahlen hat, ist in den §§ 77 bis 93 bestimmt, dazu trifft § 87 Bestimmung über die Haftung mehrerer zu einer Partei gehöriger Personen. Neben diesen Bestimmungen gelten jedoch auch die Vorschriften des BGB., HGB. usw. Sie sind also, soweit die Kostenpflicht gegenüber der Staatskasse in Betracht kommt, Bestandteile des RGKG. Die Staatskasse hat somit unter Umständen mehrere Schuldner nach § 82 Abs. 1 (Gesamthaftung); ihr Anspruch stützt sich z. B. dem einen gegenüber unmittelbar auf das RGKG., dem andern gegenüber auf das BGB. So kann z. B. ein Dritter, der bisher mit der in Frage kommenden Rechtssache nichts zu tun hatte, der Staatskasse gegenüber unmittelbar als kostenrechtlicher Schuldner in die Erscheinung treten. Dies wird auch dann nicht verhindert, wenn die betr. Bestimmung beispielsweise nur die Frage der Kostenerstattung (vgl. § 100 ZPO.) regelt.

2. Als Vorschriften des bürgerlichen Rechts kommen hauptsächlich in Frage:

BGB. § 414 (Schuldübernahme durch Vertrag mit dem Gläubiger),

BGB. § 419 (Vermögensübernahme),

BGB. § 420 (Schulden mehrere eine teilbare Leistung, so ist im Zweifel jeder Schuldner nur zu einem gleichen Anteil verpflichtet),

BGB. § 421 (Schulden mehrere eine Leistung in der Weise, daß jeder die ganze Leistung zu bewirken verpflichtet ist [Gesamtschuldner], so kann der Gläubiger die Leistung nach seinem Belieben von jedem der Schuldner ganz oder zu einem Teil fordern. Bis zur Bewirkung der ganzen Leistung bleiben alle Schuldner verpflichtet),

BGB. § 427 (Verpflichten sich mehrere durch Vertrag gemeinschaftlich zu einer teilbaren Leistung, so haften sie im Zweifel als Gesamtschuldner),

BGB. § 431 (Schulden mehrere eine unteilbare Leistung, so haften sie als Gesamtschuldner),

BGB. § 735 (Reicht das Gesellschaftsvermögen zur Berichtigung der gemeinschaftlichen Schulden nicht aus, so haften die Gesellschafter für den Fehlbetrag nach dem Verhältnis, nach welchem sie den Verlust zu tragen haben. Ist ein Gesellschafter zahlungsunfähig, so haben die übrigen den Ausfall nach dem gleichen Verhältnis zu tragen),

BGB. §§ 1387, 1388, 1460, 1530 (Der Ehemann haftet — eine Ausnahme besteht nur bei Gütertrennung —, wenn seine Frau einen Prozeß führt, mit dieser samtverbindlich für die sie treffenden Gerichtskosten — also auch für den Vorschuß —; dies gilt auch in Eheprozessen, wenn er Beklagter ist; wird die Frau im letzteren Falle zu den Kosten verurteilt, so bleibt die Haftung des Mannes in Höhe seiner Vorschußpflicht bestehen); s. a. Anm. 3,

BGB. §§ 1654, 1686 (Der Vater oder die Mutter haften für Kostenschulden des Kindes *nicht persönlich*, wenn ein ihrer Nutznießung unterliegendes Vermögen des Kindes *nicht* vorhanden ist) (RG. 22. 1. 12, KG. 24. 1. 13; DSekrZ. 13, 96; 15, 130; Seuff.Arch. 68, 459. Siehe auch § 79 Anm. 3, 4 und § 88 Anm. 3),

BGB. §§ 2058 ff. (Die Erben haften für die gemeinschaftlichen Nachlaßverbindlichkeiten als Gesamtschuldner).

HGB. § 25 (Wer ein unter Lebenden erworbenes Handelsgeschäft unter der bisherigen Firma mit oder ohne Beifügung eines das Nachfolgeverhältnis andeutenden Zusatzes fortführt, haftet für alle im Betriebe des Geschäftes begründeten Verbindlichkeiten des früheren Inhabers. Eine abweichende Vereinbarung muß im Handelsregister eingetragen sein),

HGB. § 27 (Fortführung des Geschäftes durch Erben; beschränkte Haftung: Abs. 2),

HGB. § 28 (Haftung der Gesellschaft für alle Geschäftsverbindlichkeiten des früheren Geschäftsinhabers bei Eintritt eines persönlich haftenden Gesellschafters oder Kommanditisten),

HGB. § 128 (Die Gesellschafter der off. HG. haften den Gläubigern der Gesellschaft als Gesamtschuldner),

HGB. § 171 (Der Kommanditist haftet bei der Kommanditgesellschaft den Gläubigern der Gesellschaft bis zur Höhe seiner Einlage unmittelbar; die Haftung ist ausgeschlossen, soweit die Einlage geleistet ist).

3. Die übrigen, in § 88 bezeichneten Bestimmungen besagen:

§ 100 Abs. 4 ZPO.: Werden mehrere Beklagte als Gesamtschuldner verurteilt, so haften sie auch für die Kostenerstattung als solche — ohne besonderen Richterspruch — unbeschadet des § 100 Abs. 3.

Nach § 788 ZPO. haftet der zu den Kosten des Rechtsstreits Verurteilte auch für die Kosten der Zwangsvollstreckung, die zugleich mit dem zur Zwangsvollstreckung stehenden Anspruche beizutreiben sind.

KO. §§ 57—60: Die gerichtlichen Kosten des Konkursverfahrens sind Massekosten.

§ 142: Die Kosten eines besonderen Prüfungstermins fallen dem säumigen Gläubiger zur Last.

StPO. § 498 Abs. 2: In Bezug auf dieselbe Tat verurteilte Angeklagte haften für die Auslagen als Gesamtschuldner. (S. Fußnote*).)

§ 503 Abs. 4 StPO.: Mehrere Privatkläger haften als Gesamtschuldner. Das gleiche gilt hinsichtlich der Haftung mehrerer Beschuldigter für die dem Privatkläger erwachsenen notwendigen Auslagen.

§ 504: Abs. 4 des § 503 findet Anwendung, wenn bei Freisprechung usw. mehrere Antragsteller die Kosten zu tragen haben.

Einzelheiten zu den unter Anm. 2 und 3 erwähnten Bestimmungen wie überhaupt zu den Fragen betr. die Zahlungspflicht Dritter für die Gerichtskosten nach den Vorschriften der Prozeßordnungen und des bürgerlichen Rechts sind erschöpfend behandelt in DSekrZ. 1913 S. 152 von Wenz, auf dessen Abhandlung hier ausdrücklich Bezug genommen wird.

4. Als wertvoller Beitrag zur Anwendung des § 88 dient auch die VO. des ehemals k. sächs. Ministeriums der Justiz vom 26. 6. 1900 (JMBl. S. 60), abgedruckt im Bureaublatt 1900 S. 197, wie folgt:

I. Bei dem Güterstande der Verwaltung und Nutznießung haftet der Mann, auch wenn die Nutzungen des eingebrachten Gutes nicht zur Deckung ausreichen, für folgende der Frau zur Last fallende Kosten als Gesamtschuldner

---

*) Löwe führt in Anm. 5 zu § 498 Abs. 2 StPO. aus: Die Gesamthaftbarkeit der Mitangeklagten für die Auslagen greift nur insoweit Platz, als diese Personen „in bezug auf dieselbe Tat" zu Strafe verurteilt sind. Hiemit ist jedoch nicht das Erfordernis aufgestellt, daß die Mitangeklagten zueinander gerade im Verhältnis von Mittätern oder Teilnehmern stehen müssen. Das Entscheidende ist vielmehr die Einheit des strafrechtlichen Vorganges, insbesondere ist auch der Begünstiger und der Hehler als in bezug auf die Tat des Haupttäters verurteilt anzusehen. Vgl. auch RGSt. 21, 164, wo bei gegenseitiger Körperverletzung die Einheit der Tat verneint ist.

1. für die Kosten eines Rechtsstreites, der von der Frau gegen einen Dritten oder von einem Dritten gegen die Frau geführt wird (BGB. § 1387 Nr. 1, §§ 1388, 1415, 1416 Abs. 2),

a) wenn das Urteil dem Manne gegenüber in Ansehung des eingebrachten Gutes wirksam ist (BGB. §§ 1400—1402, 1405, 1407) oder im Falle der Erledigung des Rechtsstreits ohne Urteil, wenn ein Urteil, das in dem Rechtsstreit erginge, die angegebene Wirkung besäße;

b) wenn der Rechtsstreit eine persönliche Angelegenheit der Frau, z. B. ihre Annahme an Kindes Statt, betrifft und die Aufwendung der Kosten den Umständen nach geboten ist;

c) wenn der Rechtsstreit eine nicht unter die Vorschriften des des § 1415 Nr. 1 u. 2 des BGB. fallende Verbindlichkit, für die nach den §§ 1411—1414 des BGB. das eingebrachte Gut haftet, betrifft und die Aufwendung der Kosten den Umständen nach geboten ist;

2. für die Kosten der Verteidigung der Frau in einem gegen sie gerichteten Strafverfahren, sofern die Aufwendunng der Kosten den Umständen nach geboten war oder mit Zustimmung des Mannes erfolgt (BGB. § 1387 Nr. 2, § 1388).

Zu den Kosten des Rechtsstreits der Frau gehören auch Vorschüsse auf Gebühren und Auslagen des Gerichts, sowie die Kosten des Gerichtsvollziehers. Soweit die Haftung des Mannes davon abhängt, daß die Aufwendung den Umständen nach geboten war, ist von Bedeutung, daß überhaupt die Prozeßführung der Frau notwendig war und keine unnützen Kosten aufgewendet wurden. Für die der Frau zur Last fallenden Kosten eines Rechtsstreites zwischen ihr und dem Manne haftet der Mann nicht als Gesamtschuldner.

Die Verteidigung der angeklagten Frau ist als geboten anzusehen, wenn ihr von Amts wegen oder auf Antrag ein Verteidiger bestellt werden mußte oder konnte (StPO. §§ 140, 141). Zu den Kosten der Verteidigung gehören auch die Auslagen für Ladung und Vernehmung von Entlastungszeugen. Andere Kosten des gegen die Frau anhängigen Strafverfahrens als die Kosten der Verteidigung hat der Mann nicht zu tragen.

Im übrigen haftet für die Kosten eines Rechtsstreits der Frau ihr eingebrachtes Gut auch dann, wenn das Urteil dem Manne gegenüber in Ansehung des eingebrachten Gutes nicht wirksam ist (BGB. § 1412 Abs. 2), sowie für Kosten jeder Art, die der Frau zur Last fallen, stets ihr Vorbehaltsgut (BGB. §§ 1371, 1426 ff.).

II. Bei dem Güterstande der allgemeinen Gütergemeinschaft und der Fahrnisgemeinschaft haftet das Gesamtgut für Kosten jeder Art, die der Frau zur Last fallen, insbesondere auch für Kosten in Strafsachen und in Angelegenheiten der freiwilligen Gerichtsbarkeit (BGB. § 1459 Abs. 1, § 1460 Abs. 2, § 1549).

Der Mann haftet für die Kosten der Frau auch persönlich als Gesamtschuldner (BGB. § 1459 Abs. 2). Diese Haftung besteht jedoch nach der Beendigung der Gütergemeinschaft oder der Fahrnisgemeinschaft nur fort für die Kosten eines Rechtsstreits, der von der Frau gegen einen Dritten oder von einem Dritten gegen die Frau geführt wird (BGB. § 1459 Abs. 2 Satz 2, § 1464 Abs. 2),

a) wenn das Urteil dem Gesamtgute gegenüber wirksam ist (BGB. § 1459 Abs. 1, §§ 1460—1462) oder im Falle der Erledigung des Rechtsstreits ohne Urteil, wenn ein Urteil, das in dem Rechtsstreit erginge, die angegebene Wirksamkeit besäße;

b) wenn der Rechtsstreit eine persönliche Angelegenheit der Frau betrifft und die Aufwendung der Kosten den Umständen nach geboten ist;

c) wenn der Rechtsstreit eine nicht unter die Vorschriften des § 1463 Nr. 1, 2 BGB. fallende Gesamtgutsverbindlichkeit betrifft und die Aufwendung der Kosten den Umständen nach geboten ist.

Für die Kosten der Frau haftet stets auch ihr Vorbehaltsgut (BGB. §§ 1441, 1549, 1426 ff.), bei dem Güterstande der Fahrnisgemeinschaft außerdem ihr eingebrachtes Gut auch dann, wenn das Urteil dem Manne gegenüber in Ansehung des eingebrachten Gutes der Frau nicht wirksam ist (BGB. § 1550 Abs. 2, § 1525 Abs. 2, § 1412 Abs. 2).

III. Bei dem Güterstande der Errungenschaftsgemeinschaft haftet das Gesamtgut:

1. für die Kosten eines Rechtsstreits der Frau über ihr eingebrachtes Gut und für die Kosten der Verteidigung der Frau in einem gegen sie gerichteten Strafverfahren unter den vorstehend unter I Abs. 1—3 angegebenen näheren Voraussetzungen (BGB. §§ 1531, 1529 Abs. 2, §§ 1387, 1415, 1416, 1400—1402, 1405, 1407);

2. für die Kosten eines Rechtsstreits, den die Frau nach dem Eintritt der Errungenschaftsgemeinschaft führt, wenn die Führung mit Zustimmung des Mannes erfolgt oder ohne seine Zustimmung für das Gesamtgut wirksam ist (BGB. §§ 1532, 1519 Abs. 2, §§ 1450, 1452).

Es wird vermutet, daß das vorhandene Vermögen Gesamtgut sei (BGB. § 1527).

Der Mann haftet für die im Absatz 1 bezeichneten Kosten der Frau auch persönlich als Gesamtschuldner, also auch mit seinem eingebrachten Gute (BGB. § 1530 Abs. 2). Seine Haftung erlischt jedoch mit der Beendigung seiner Errungenschaftsgemeinschaft hinsichtlich der in Abs. 1 Nr. 2 bezeichneten Kosten, wenn diese nach den §§ 1535, 1537 BGB. im Verhältnisse der Ehegatten zueinander nicht dem Gesamtgute zur Last fallen.

Im übrigen haftet für die Kosten eines Rechtsstreits der Frau stets auch ihr Vorbehaltsgut (BGB. § 1526 Abs. 3, §§ 1426 ff.), außerdem ihr eingebrachtes Gut auch dann, wenn das Urteil dem Manne gegenüber in Ansehung des eingebrachten Gutes der Frau nicht wirksam ist (BGB. § 1525 Abs. 2, § 1412 Abs. 2).

IV. Der Vater, dem kraft der elterlichen Gewalt die Nutznießung an dem Vermögen des Kindes zusteht, haftet, auch wenn die Nutzungen dieses Vermögens nicht zur Deckung ausreichen, als Gesamtschuldner:

1. für die Kosten eines Rechtsstreits, der von dem Kinde gegen einen Dritten oder von einem Dritten gegen das Kind geführt wird, sofern nicht der Rechtsstreit die Verbindlichkeit des Kindes aus einer unerlaubten Handlung, die es während der Dauer der Nutznießung begeht, aus einem Strafverfahren, das wegen einer solchen Handlung gegen das Kind gerichtet wird oder aus einem sich auf das freie Vermögen (§§ 1650, 1651 BGB.) beziehenden Rechtsverhältnisse betrifft (BGB. §§ 1654, 1388, 1660, 1415, 1416 Abs. 1);

2. für die Kosten der Verteidigung des Kindes in einem gegen das Kind gerichteten Strafverfahren (§§ 1654, 1388 BGB.).

Das gleiche gilt von der Mutter, der kraft der elterlichen Gewalt die Nutznießung an dem Vermögen des Kindes zusteht (BGB. § 1686).

Für Kosten jeder Art, die das Kind schuldet, haftet stets auch das der elterlichen Nutznießung unterworfene, sowie das freie Vermögen des Kindes selbst (BGB. § 1659).

5. Zufolge der Anführung des § 788 ZPO. in § 88 RGKG. kann im Zwangsvollstreckungsverfahren gegenüber dem Vollstreckungsschuldner dieser von der Staatskasse unmittelbar für die im Vollstreckungsverfahren erwachsenen Kosten (vgl. §§ 33 Nr. 4, 5, 34 Nr. 1, 2) in Anspruch genommen werden. (S. § 82 Abs. 1.) Die Kosten sind zugleich mit dem zur Zwangsvollstreckung stehenden Anspruche beizutreiben. Praktisch wird diese Frage auch dann, wenn der Gläubigerpartei das Armenrecht bewilligt ist. Nach § 120 ZPO. hat die Bewilligung des Armenrechts an den Kläger für den Gegner auch die Befreiung von den im § 115 Nr. 1 bezeichneten Gerichtskosten zur Folge. Diese Kosten können anerkannt von dem Gegner des armen Klägers erst beigetrieben werden, wenn dieser auch tatsächlich rechtskräftig in die Kosten verurteilt ist (Ausnahme: Rechtsstreit endet ohne Urteil). § 123 ZPO. Gerichtskosten (im Gegensatz zu den Pfändungskosten des GV., vgl. §§ 120 mit 115 Z. 3) können also zwar bei Bewilligung des Armenrechts an den Kläger auch unmittelbar vom Vollstreckungsschuldner hereingeholt werden, doch muß erst die Rechtskraft des Urteils abgewartet werden. (Siehe auch RGZ. 6, 418; 23, 352; 80, 352.) In der Praxis läßt sich diese Voraussetzung bei der Bewertung von Vollstreckungsakten kaum durchführen; man stellt hier die im Zwangsvollstreckungsverfahren erwachsenden Gerichtskosten sofort zu Soll und wartet die Erinnerungen des Kostenschuldners nach § 4 ab. Regelmäßig kommen solche nicht.

6. Die nach § 88 RGKG. haftende dritte Person kann sich nicht darauf berufen, daß der Mitschuldner selbst im Armenrecht sei. Durch die Bewilligung des Armenrechts erlangt nur die Partei selbst, nicht aber der dritte neben ihr als Gesamtschuldner mit ihr Haftende Befreiung. OLG. Hamburg v. 11. 6. 1912 in SeuffArch. 68, 29.

§ 89.

Die Landesjustizverwaltung kann anordnen, daß die Entrichtung von Kosten durch Marken zu erfolgen hat.

1. Aus den Motiven. Die Ersparnisse der Justizverwaltung an Ausgaben werden eine wesentliche Steigerung erfahren, wenn die kassenmäßige Behandlung (Registrierung usw.) der eingehenden Beträge tunlichst eingeschränkt wird. Das läßt sich durch Verwendung von Kostenmarken in weitgehendem Maße erreichen. Bisher hat sich die Verwendung von Kostenmarken nicht so eingebürgert, wie es wünschenswert wäre. Wandel wird hierin nur dadurch geschaffen, daß ihre Verwendung in gewissem Umfang den Beteiligten zur Pflicht gemacht wird. Dies bereitet in der Praxis umsoweniger Schwierigkeiten, als die Höhe der im voraus zu entrichtenden Gebühren nach den vereinfachten Vorschriften des jetzigen Gesetzes auch von den Laien unschwer festzustellen sein wird.

2. In allen Fällen, in denen durch Zurücknahme, Zurückweisung usw. weder ein Wegfall noch eine Ermäßigung der mit Stellung des Antrages fällig gewordenen Gebühr möglich — der Anfall der Gebühr also endgültig — ist, muß die Einführung von Landeskostenmarken unbedingt empfohlen werden. Man denke nur an das Mahnverfahren!

Aber auch bei der Prozeßgebühr ist das Markenverfahren nicht von der Hand zu weisen, wenn es auch durch die nachträgliche Einschiebung des § 29 Abs. 2, ferner mit Rücksicht auf § 30 hier nicht mit gleicher Einfachheit durchzuführen ist, wie bei den übrigen Verfahren. Erschwerend wirken nämlich die Rückerstattungen im Falle der Gebührenermäßigung oder des gänzlichen Wegfalls der Gebühr. Aber auch diese Schwierigkeiten lassen sich überwinden, wenn grundsätzlich angeordnet wird, daß die Prozeßgebühr durch eine Kostenmarke zu entrichten ist. Da die einmal entwertete Marke nicht mehr zurückgegeben werden kann, bleibt nur die Möglichkeit, ein monatliches, genau nach Betreff, Aktenzeichen usw. zu führendes Verzeichnis anzulegen und in dieses alle im Laufe des Monats notwendig gewordenen Rückvergütungen einzutragen und durchzuführen. Dieses Verzeichnis wäre dann monatlich mit der Stelle abzurechnen, die die Landeskostenmarken liefert. Auf diese Weise würde dann der Rückersatz an den Rechnungsbeamten erfolgen, der diese Rückvergütungen jeweils sofort ausgeführt hat. Die Markenstelle bringt bei ihrer monatlichen Einnahme am Markenerlös den Betrag in Abzug, den sie dem Rechnungsbeamten ersetzt hat und belegt diesen Posten mit dem mehrgenannten Verzeichnis des Rechnungsbeamten. Letzteres wäre noch der örtlichen Revision zur Nachprüfung vorzubehalten. Auf diese Weise wären alle kassentechnischen Schwierigkeiten, die man sich bis jetzt vorstellt, behoben. Dabei ist nicht zu übersehen, daß derartige Rückvergütungen im Verhältnis zum endgültigen Anfall der Prozeßgebühr kaum höher als 1:5 stehen werden.

Diese Ausführungen gelten entsprechend auch für Strafsachen, insbes. § 83.

Siebenter Abschnitt.

Schlußbestimmungen.

§ 90.

Von Zahlung der Gebühren sind befreit:

das Reich in dem Verfahren vor den Landesgerichten,

die Länder in dem Verfahren vor dem Reichsgerichte.

Die landesgesetzlichen Vorschriften, welche für gewisse Rechtssachen oder für gewisse Personen in dem Verfahren vor den Landesgerichten Gebührenfreiheit gewähren, werden durch dieses Gesetz nicht berührt.

Für das Verfahren vor dem Reichsgerichte kann die Befreiung von Gebühren durch Verordnung der Reichsregierung mit Zustimmung des Reichsrats gewährt werden.

Soweit demjenigen, welchem die Gebührenfreiheit zusteht, Kosten des Verfahrens auferlegt oder von ihm übernommen werden, sind die Gebühren überhaupt nicht zu erheben und erhobene zurückzuzahlen.

1. § 90 bezieht sich nur auf Gebühren, nicht aber auch auf Auslagen. Diese muß also der nach § 90 von der Gebühr Befreite immer bezahlen.

Für den Gegner der befreiten Partei ist der § 90 zunächst vollständig wirkungslos. Er gewinnt Bedeutung erst in dem Zeitpunkte, zu welchem demjenigen, dem die Gebührenfreiheit zusteht, die Kosten des Verfahrens auferlegt oder von ihm übernommen werden (z. B. im Vergleich). § 90 Abs. 4. Bis zu diesem Zeitpunkte ist also der Gegner der befreiten Partei bei der Kostenerhebung so zu behandeln, als stünde er irgend einer anderen privaten Person gegenüber.

2. Jedes Land hat seine eigene Justizhoheit, Einnahmen für die Rechtspflege gehören demzufolge ihm, Ausgaben hiefür hat es selbst zu bestreiten. Dem Reich selbst untersteht in dieser Beziehung nur ein ordentliches Gericht, das Reichsgericht. Aus diesen Tatsachen heraus läßt sich § 90 am leichtesten erläutern:

Das Reich braucht vor dem Reichsgerichte keine ausdrückliche Gebührenbefreiung, es zahlt hier auch in tatsächlicher Beziehung keine Auslagen. Die Kosten, die dem Reich „überbürdet" werden oder die es „übernimmt", werden aus verwaltungstechnischen Gründen nicht erhoben, weil sie aus einer Reichskasse in die andere zu leisten wären. Entsteht aber in der Person des Gegners ein Kostenschuldner gem. § 79 durch eine gerichtliche Entscheidung oder Übernahme, so hat insoweit die Kostenerhebung von dem Gegner zu erfolgen. Auf die gem. § 80 RGKG. vom Reich geschuldeten Schreib- und Postgebühren kann die allgemeine Kostenschuldnerpflicht des § 79 keine Anwendung finden. Die Einziehungsmöglichkeit hiefür besteht nur auf dem Wege des Kostenfestsetzungsverfahrens. Die betr. Schreibgebühren sind nach obigen Ausführungen eigentlich als gezahlt anzusehen (nur die Zahlungsmanipulation selbst ist unterblieben!). Was hier für das Reich gegenüber dem Reichsgerichte festgestellt ist, gilt in ganz gleicher Weise sinngemäß auch für die Verfahren eines Landes vor seinen eigenen Landesgerichten. Kostenrechtlich zu regeln war also nur das Verfahren des Reichs vor den Landesgerichten und das Verfahren der Länder vor dem Reichsgerichte.

Daneben kann durch Verordnung der Reichsregierung mit Zustimmung des Reichsrats für das Verfahren vor dem Reichsgerichte auch noch anderen Körperschaften als den Ländern Gebührenfreiheit bewilligt werden. Dies ist geschehen. Vgl. Anm. 3.

Andererseits haben es aber auch die Länder in der Hand, vor ihren eigenen Gerichten auf Grund ihrer eigenen Justizhoheit nach ihrem Belieben

a) für gewisse Rechtssachen (sachliche) oder

b) für gewisse Personen (persönliche)

Gebührenfreiheit zu gewähren. Auch hievon haben die einzelnen Länder Gebrauch gemacht. Z. B. Bayern siehe Art. 3 d. KG.

3. VO. v. 24. 12. 83 (RGBl. 84, 1):

In dem Verfahren vor dem Reichsgerichte sind von Zahlung der Gebühren befreit:

1. öffentliche Armen-, Kranken-, Arbeits- und Besserungsanstalten, ferner Waisenhäuser und andere milde Stiftungen, insoferne solche nicht einzelne oder bestimmte Personen betreffen, oder in bloßen Studienstipendien bestehen;
2. öffentliche Volksschulen;
3. öffentliche gelehrte Anstalten und Schulen, Kirchen, Pfarreien, Kaplaneien, Vikarien und Küstereien, jedoch nur insoweit, als die Einnahmen derselben die etatsmäßige Ausgabe, einschließlich der Besoldung oder des statt dieser überlassenen Nießbrauchs, nicht übersteigen, und dieses durch ein Zeugnis der denselben vorgesetzten Staatsbehörden bescheinigt wird. Insoweit aber in Rechtsstreitigkeiten derselben solche Ansprüche, welche lediglich das zeitige Interesse derjenigen berühren, welchen die Nutzung des betreffenden Vermögens für ihre Person zusteht, zugleich mitverhandelt werden, haben letztere die auf ihren Teil verhältnismäßig fallenden Gebühren zu tragen.

4. In Anmerkung 2 ist begründet, daß für denjenigen Gegner, dem die Kosten des Verfahrens auferlegt sind oder der sie übernommen hat, die Gebührenfreiheit der anderen Partei ohne Einfluß ist.

Umgekehrt regelt nun Abs. 4 den Fall, daß derjenige, der die Gebührenfreiheit des § 90 genießt, selbst Kostenschuldner nach § 79 wird. Soweit hier der nicht gebührenfreie Gegner bereits Gebühren gezahlt hat, sind sie ihm zurückzuzahlen, soweit er sie noch nicht gezahlt hat, sind sie überhaupt nicht zu erheben.

Wegen der Auslagen gilt der allgemeine Grundsatz der Anmerkung 1. Den Rückersatz der Auslagen kann die betr. Partei entweder im Verwaltungswege durch schriftliche Anforderung oder im Kostenfestsetzungsverfahren von dem befreiten Gegner herbeiführen.

5. Soweit die Gebührenfreiheit des § 90 besteht, müssen von der befreiten Partei (s. Anm. 1) immer die Auslagen — insbesondere auch der angeordnete Auslagenvorschuß — gezahlt werden. In Beziehung auf die Auslagen haben alle kostengesetzlichen Bestimmungen nach wie vor unbeschränkt auch gegenüber der befreiten Partei weiter ihre Geltung (§§ 84, 86 z. B.). S. auch § 71 Anm. 4.

6. Welche Stellen unter den Begriff „Reich" im Sinne des § 90 zu nehmen sind, ist von Fall zu Fall besonders zu prüfen. Für den Reichsbahn-, den Reichspost-, den Reichsjustiz-, den Reichswehrfiskus z. B. ist § 90 immer gegeben. Bei der Reichsbank ist der Organisationsplan, der auf neuer Grundlage aufgebaut wurde, entscheidend. Hienach ist die Reichsbank selbständig gemacht, sie gilt als Wirtschaftskörper, der zweifellos auf § 90 keinen Anspruch mehr machen kann. Streitfragen werden nach § 4 RGKG. ausgetragen, vielfach übrigens im Wege der Dienstaufsicht geklärt werden können.

7. Werden die Kosten in der Entscheidung gegeneinander aufgehoben, so gilt der Gegner der befreiten Partei als Schuldner der Hälfte der Gebühr; werden die Kosten verhältnismäßig (Quoten) verteilt, so erstreckt sich die Befreiung von der Gebühr nur auf die die befreite Partei treffende Quote. § 92 ZPO.

§ 91.

Die Behörden haben einander zum Zwecke der Einziehung von Gebühren und Auslagen nach näherer Bestimmung der von der Reichsregierung mit Zustimmung des Reichsrats zu erlassenden Anweisung Beistand zu leisten.

1. Für die Einziehung von Abgaben und Vermögensstrafen sind nach § 1 Abs. 2 des Ges. v. 9. 6. 95 (RGBl. 256) bare Auslagen zu erstatten.

Für die Einziehung der Kosten, welche in den Angelegenheiten, auf welche das RGKG. Anwendung findet, entstanden sind und für einen Bundesstaat in einem andern beigetrieben werden sollen, bestimmt die auf Grund des § 99 (nun § 91) GKG. erlassene Anweisung des Bundesrats v. 23. 4. 80 (PrJMBl. 80, 128; BayJMBl. 270; WürttembRBl. 137; BraunschwMB. v. 15. 11. 80 Nr. 28 BrZ. 28, 13; 34, 81):

§ 1. Das Ersuchen ist von der Behörde (Kasse) zu erlassen, welcher die zwangsweise Beitreibung nach den landesgesetzlichen Bestimmungen obliegt. Die ersuchte Behörde hat nicht zu prüfen, ob die Kostenrechnung dem Zahlungspflichtigen mitgeteilt ist.

§ 2. Dem Ersuchen ist eine Reinschrift der Kostenrechnung beizufügen. Dieselbe muß unter Beidrückung des Gerichtssiegels von dem Gerichtsschreiber unterschrieben sein und enthalten:
1. den Namen des Zahlungspflichtigen,
2. die Bezeichnung der Sache,
3. die einzelnen Kostenansätze mit Hinweis auf die angewendete Vorschrift des Kostengesetzes,
4. die Gesamtsumme der Kosten.

§ 3. Das Ersuchen ist an diejenige Behörde zu richten, welche die zwangsweise Einziehung zu betreiben hätte, wenn die Kosten bei dem Amtsgerichte entstanden wären, in dessen Bezirk der Zahlungspflichtige seinen Wohnsitz oder Aufenthaltsort hat, oder, wenn die Gegenstände der Zwangsvollstreckung sich in einem anderen Bezirke befinden, an die zur Beitreibung von Gerichtskosten zuständige Behörde dieses Bezirks.

Diese Behörde betreibt die Einziehung und sorgt für Übersendung der eingezogenen Beträge an die ersuchende Behörde; sie vertritt dieselbe bei allen zur Einziehung oder Sicherstellung erforderlichen Maßregeln. Die Zwangsvollstreckung ist in gleichem Umfange zulässig, wie für eine Kostenforderung des Staates, welchem die ersuchte Behörde angehört. Die endgültigen Entscheidungen über Stundungen oder Niederschlagungen verbleiben der ersuchenden Behörde.

§ 4. Alle Postsendungen, einschließlich der Geld- und Wertsendungen, sind von der absendenden Behörde frankiert abzulassen. Die ersuchende Behörde hat weder der ersuchten Behörde noch den Vollziehungsbeamten für das Einziehungs- und Beitreibungsverfahren Gebühren oder Auslagen zu erstatten.

§ 5. Sollen die Kosten des Strafverfahrens gleichzeitig mit den in diesem Verfahren festgesetzten Geldstrafen durch einen Gerichtsvollzieher beigetrieben werden, so kann die Vermittlung des Gerichtsschreibers (§ 162 GVG.) auch für die Einziehung der Kosten in Anspruch genommen werden.

Zu § 2 der Anweisung:

Andere Erfordernisse wie die hier genannten braucht das Ersuchen nicht zu enthalten; auch die Landesgesetzgebung kann nichts weiteres anordnen (JW. 96, 588 Nr. 17).

Zu § 4: Die Beitreibung hat gebühren- und auslagenfrei zu erfolgen. Voraussetzung ist jedoch, daß die Behörde um die Beitreibung die Stelle ersucht, welche hierfür nach den Gesetzen ihres Landes zuständig ist. (In Bayern sind für die Beitreibung von Gerichtskosten die Finanzämter zuständig. Will eine preußische Gerichtskasse ihr geschuldete Kosten betreiben lassen und z. B. einen Pfändungsbeschluß erwirken, so muß sie das Ersuchen an das Finanzamt in Bayern, in dessen Bezirk der Wohnort des Schuldners gelegen ist, richten. Dieses stellt sodann bei Gericht entsprechenden Antrag. Für den Forderungspfändungsbeschluß fällt die Gebühr des § 34 Nr. 2 an, welche mit der Hauptsache beizutreiben ist. Die preußische Gerichtskasse kommt als Schuldnerin nicht in Betracht; sie hat ja den Antrag auch nicht gestellt. Das Finanzamt aber genießt Gebührenfreiheit. Würde die preußische Gerichtskasse unmittelbar einen Forderungspfändungsbeschluß erwirken, so wäre sie Schuldnerin der entstandenen Kosten; denn der preußische Fiskus genießt in Bayern keine Gebührenfreiheit wie es auch umgekehrt nicht der Fall ist.)

Als durch die Beistandsleistung entstanden sind auch die Kosten für einen von dem ersuchten Bundesstaat im Verwaltungszwangsverfahren herbeigeführten Offenbarungseid sowie für die Eintragung einer Sicherungshypothek wegen der Kosten und für deren demnächstige Löschung anzusehen. Dagegen erstreckt sich die Beistandsleistung nicht auf die Vertretung in Rechtsstreitigkeiten, die Dritten gegenüber durch das Zwangsvollstreckungsverfahren veranlaßt werden, oder auf die Vertretung in Konkursen; ist jedoch ein Termin in einem andern Bundesstaat vorzunehmen, so ist auf Ersuchen ein Beamter dieses Bundesstaats mit der Wahrnehmung des Termins auf Grund einer Vollmacht der ersuchenden Behörde zu beauftragen; in diesem Falle sind die durch die Wahrnehmung des Termins entstehenden baren Auslagen zu erstatten.

Das von der *ersuchten* Behörde mit den Kosten eingezogene Porto für das Ersuchungsschreiben ist der ersuchenden Behörde nicht zu erstatten.

Bei Einziehung der Kosten hat die *ersuchte* Behörde neben dem Übersendungsporto auch das Bestellgeld für die Zahlungsübermittelung an den ersuchenden Staat einzuziehen (Z. 2—4 der Grundsätze, die Erstattung von Kosten der Rechtshilfe oder sonstigen Beistandsleistung in gerichtlichen Angelegenheiten. (Preußen: Vf. v. 7. 3. 07 JMBl. 55; Bayern: JMB. v. 29. 3. 07 JMBl. 91; Braunschweig: MB. v. 9. 3. 07 BraunschwZ. 07, 50.)

2. Hier einschlägig sind noch: die Dienstanweisung über Einziehung und Verrechnung der für die Geschäfte des *Reichsgerichts* in Ansatz kommenden Kosten vom 30./31. März 1922 und die dazu von den Landesbehörden erlassenen Vollzugsvorschriften. Für Bayern abgedruckt in GVBl. S. 273 ff.

3. Vgl. auch GVG. §§ 157, 161, 162, 165 ff. (Rechtshilfebestimmungen, insbesondere anwendbar bei Einziehung von Geldstrafen).

Anhang.

(Vgl. auch Anm. zu § 72 Nr. 6 und Anm. 41 vor § 74).

Gesetz über die Erstattung von Rechtsanwaltsgebühren in Armensachen. Vom 6. Februar 1923 (RGBl. I 1923 S. 103).

§ 1. In bürgerlichen Rechtsstreitigkeiten werden im Falle der Bewilligung des Armenrechts dem für die arme Partei bestellten Rechtsanwalte die Gebühren und Auslagen nach Maßgabe der Gebührenordnung für Rechtsanwälte und der sie ergänzenden Vorschriften von der Staatskasse ersetzt. Die Reisekosten werden nicht vergütet, wenn die betreffende Reise nicht erforderlich war.

§ 85 der Gebührenordnung für Rechtsanwälte findet entsprechende Anwendung. Der Ersatzanspruch wird auch fällig, wenn das Verfahren länger als drei Monate ruht.

§ 2. § 1 gilt im Verfahren auf erhobene Privatklage entsprechend.

§ 3. Das Gesuch um Festsetzung des zu erstattenden Betrags ist bei dem Gerichtsschreiber des Gerichts der Instanz anzubringen. Die zur Rechtfertigung der einzelnen Ansätze dienenden Belege sind beizufügen. Die Festsetzung erfolgt durch den Gerichtsschreiber. § 4 des Gerichtskostengesetzes findet mit der Maßgabe Anwendung, daß die Erinnerung auch dem Rechtsanwalte zusteht.

§ 4. Soweit dem Rechtsanwalte wegen seiner Gebühren und Auslagen ein Anspruch gegen die von ihm vertretene Partei oder einen ersatzpflichtigen Gegner zusteht, geht der Anspruch mit der Erstattung auf die Staatskasse über. Auf die Geltendmachung des Anspruchs finden die Vorschriften über die Erhebung von Gerichtskosten entsprechende Anwendung.

§ 5. Das Gesetz tritt gleichzeitig mit dem Gesetze zur Änderung des Gerichtskostengesetzes in Kraft. Gleichzeitig tritt der Art. II des Gesetzes über Teuerungszuschläge zu den Gebühren der Rechtsanwälte und Gerichtsvollzieher vom 18. Dezember 1919 (RGBl. S. 2113) außer Kraft.

Die §§ 1 bis 4 des Gesetzes finden auf die vor seinem Inkrafttreten anhängig gewordenen Rechtssachen Anwendung, soweit nicht die Instanz vor diesem Zeitpunkt beendet war.

Berlin, den 6. Februar 1923.

Der Reichspräsident
Ebert.

Der Reichsminister der Justiz
Dr. Heinze.

Gebührenübersicht

zum Reichsgerichtskostengesetz vom 21. Dezember 1922.

(RGBl. 1923 S. 1).

(Bürgerliche Rechtsstreitigkeiten und Konkurse).

A.

Gebührenarten.

I. Instanz.

a) Dreifache Gebühr:

Durchführung eines Konkursverfahrens (Verfahrensgebühr), § 42 Abs. 1 RGKG.

b) Doppelte Gebühr:

Einstellung des Konkursverfahrens nach Ablauf der Anmeldefrist gemäß §§ 202, 204 KO. (Verfahrensgebühr), § 42 Abs. 2 RGKG.

c) Volle Gebühr:

1. Prozeßgebühr (Verfahrensgebühr), § 20 Nr. 1 RGKG.
2. Beweisgebühr (Entscheidungsgebühr), § 20 Nr. 2, 24 RGKG.
3. Streitige Urteilsgebühr (Entscheidungsgebühr), § 20 Nr. 3, 21, 25 Abs. 2, 3 RGKG.
4. Verfahren über Anträge auf Anordnung eines Arrestes oder einer einstweiligen Verfügung, falls durch Urteil entschieden wird (halb Verfahrens-, halb Entscheidungsgebühr), § 32 Abs. 1 RGKG. (S. d 3.)
5. Verfahren über Anträge auf Abänderung oder Aufhebung eines Arrestes oder einer einstweiligen Verfügung gemäß §§ 926 Abs. 2, 927, 936 ZPO., falls Urteil ergeht (halb Verfahrens-, halb Entscheidungsgebühr), § 32 Abs. 2 RGKG. (S. d 4.)
6. Zurückweisung des Antrages auf Ergänzung eines Urteils nach § 321 ZPO. (Entscheidungsgebühr), § 26 RGKG.
7. Verzögerungsgebühr in bürgerlichen Rechtsstreitigkeiten (Entscheidungsgebühr) mit Ermäßigungsbefugnis auf ein Viertel. § 39 RGKG.

8. Einstellung des Konkursverfahrens vor dem Ablauf der Anmeldefrist (Verfahrensgebühr), § 42 Abs. 2 RGKG.
9. Durchführung des wiederaufgenommenen Konkursverfahrens (Verfahrensgebühr), § 48 Abs. 1 RGKG.

d) Halbe Gebühr:

1. Mahnverfahren (Verfahrensgebühr), § 31 Abs. 1 RGKG.
2. Prozeßgebühr (Verfahrensgebühr) nach Erhebung des Widerspruchs gegen den Zahlungsbefehl oder nach Einspruch gegen den Vollstreckungsbefehl oder im Nachverfahren nach Erlassung des Vollstreckungsbefehles im Urkunden- oder Wechselmahnverfahren, § 31 Abs. 2 RGKG.
3. Verfahren über Anträge auf Anordnung eines Arrestes oder einer einstweiligen Verfügung, falls nicht Urteil ergeht (Verfahrensgebühr), § 32 Abs. 1 RGKG. (S. c 4.)
4. Verfahren über Anträge auf Abänderung oder Aufhebung eines Arrestes oder einer einstweiligen Verfügung gemäß §§ 926 Abs. 2, 927, 936 ZPO., falls nicht Urteil ergeht (Verfahrensgebühr), § 32 Abs. 2 RGKG. (S. c 5.)
5. Verfahren über Anträge auf Sicherung des Beweises, § 33 Nr. 1 RGKG.
6. Verfahren über Anträge auf Entmündigung oder auf Wiederaufhebung einer Entmündigung, soweit die Amtsgerichte zuständig sind, § 33 Nr. 2 RGKG.
7. Verteilungsverfahren, § 33 Nr. 3 RGKG.
8. Verfahren der Zwangsvollstreckung zur Erwirkung von Handlungen und Unterlassungen gemäß §§ 887, 888, 890 ZPO., § 33 Nr. 4 RGKG.
9. Verfahren über Anträge auf Abnahme des Offenbarungseides einschließlich der Anträge auf Erzwingung der Eidesleistung, § 33 Nr. 5 RGKG.
10. Aufgebotsverfahren sowie für das Verfahren über Anträge auf Anordnung der Zahlungssperre gemäß § 1020 ZPO., § 33 Nr. 6 RGKG.
11. Verfahren bei Ernennung oder Ablehnung eines Schiedsrichters, bei Erlöschen eines Schiedsvertrags oder bei Anordnung der von den Schiedsrichtern für erforderlich erachteten richterlichen Handlungen, § 33 Nr. 7 RGKG.
12. Verfahren über den Antrag auf Eröffnung des Konkurses (Verfahrensgebühr), § 41 RGKG.
13. Anberaumung eines besonderen Prüfungstermines (Geb. f. gerichtliche Handlung, Verfahrensgebühr), § 44 RGKG.

14. Verfahren über den Antrag auf Wiederaufnahme des Konkursverfahrens (Verfahrensgebühr), §§ 48 Abs. 1, 41 RGKG.

e) Viertelsgebühr:

1. Klagezurücknahme nach Terminsanberaumung aber vor der mündlichen Verhandlung (Ermäßigung der Prozeßgebühr = Verfahrensgebühr), § 29 Abs. 2 RGKG.
2. Verfahren über Anträge auf vorläufige Einstellung, Beschränkung oder Aufhebung einer Zwangsvollstreckung gemäß §§ 707, 719, 769, 771 Abs. 3, §§ 785, 786, 805 Abs. 4, § 810 Abs. 2 ZPO. § 34 Nr. 1 RGKG.
3. Verfahren über Anträge auf gerichtliche Handlungen der Zwangsvollstreckung gemäß §§ 791, 822, 823, 825, 829 Abs. 1, §§ 835, 839, 844, 846 bis 848, 857, 858, 885 Abs. 4, §§ 886, 930 Abs. 3, § 934 ZPO. § 34 Nr. 2 RGKG.
4. Sühneverfahren nach § 510 c ZPO., falls Wert über 1000 Mark **und** Vergleich aufgenommen, § 36 Abs. 1 RGKG.
5. Vergleich, falls Vergleichsgegenstand den Wert des Streitgegenstands übersteigt, § 36 Abs. 2 RGKG.
6. Verfahren über Antrag auf Anordnung von Sicherheitsmaßregeln § 197 Abs. 2 KO. (Verfahrensgebühr), §§ 48 Abs. 2, 34 RGKG.

II. Rechtsmittelinstanz.

a) Volle Gebühr:

1. Prozeß-, Beweis- und streitige Urteilsgebühr wie bei I c Nr. 1, 2, 3 mit Erhöhung gemäß § 28 RGKG.
2. Verzögerungsgebühr wie bei I c 7 ohne Erhöhung.
3. Beschwerdeverfahren in bürgerlichen Rechtsstreitigkeiten und Konkursen ohne Erhöhung, §§ 38, 47 RGKG.
4. Verfahren über Anträge auf Anordnung eines Arrestes usw. wie bei I c 4, falls durch Urteil entschieden wird mit Erhöhung, § 32 (insbes. Abs. 4) RGKG. (S. b 2.)
5. Verfahren über Anträge auf Abänderung oder Aufhebung eines Arrestes usw. wie bei I c 5, falls durch Urteil entschieden wird, mit Erhöhung, wie vor (S. b 3.)
6. Zurückweisung des Antrages auf Ergänzung eines Urteils wie bei I c 6 ohne Erhöhung.

b) Halbe Gebühr:

1. Verwerfung der Berufung oder Revision durch Beschluß als unzulässig oder Zurücknahme des Rechtsmittels vor Ablauf der Fristen der §§ 520 Abs. 3, 554 Abs. 7 ZPO. (Berechnet aus der einfachen, nicht erhöhten Gebühr des § 8! Verfahrensgebühr), § 30 RGKG.
2. Verfahren über Anträge auf Anordnung eines Arrestes usw. wie bei I d 3 mit Erhöhung. (S. a 4.)
3. Verfahren über Anträge auf Abänderung oder Aufhebung eines Arrestes usw. wie bei I d 4 mit Erhöhung. (S. a 5.)
4. Verfahren über Anträge auf Sicherung des Beweises wie bei I d 5 ohne Erhöhung.

c) Viertelsgebühr:

1. Verfahren über Anträge auf vorläufige Einstellung der Zwangsvollstreckung usw. wie bei I e 2 ohne Erhöhung.
2. Vergleich, falls Vergleichsgegenstand den Wert des Streitgegenstandes übersteigt, wie bei I e 5 ohne Erhöhung.

Anmerkung: Soweit in der Rechtsmittelinstanz Gebühren ohne Erhöhung anfallen, ist die Wertstabelle der I. Instanz zu verwenden.

B.

Berechnungsschlüssel:

I. Der Berechnungsschlüssel für die volle Grundgebühr der I. Instanz ist ein sehr einfacher. Es fallen an:

a) bis zu 20000 ℳ einschl. — aufgerundet auf je	volle 2000 ℳ — 5% Gebühr,	
ergibt z. B. bei 18930 ℳ Streitwert = 5% aus 20000 ℳ =		. . . 1000 ℳ
b) soweit mehr als 20000 ℳ bis zu 100000 ℳ einschl. — aufgerundet auf je	volle 5000 ℳ — 4% Gebühr,	
ergibt z. B. bei 98280 ℳ Streitwert = 5% aus 20000 ℳ =	1000 ℳ	
Dazu 4% aus Rest: aufgerundet 80000 ℳ = . . .	3200 ℳ	= Sa. 4200 ℳ

d. i. im Ergebnis also immer 4% aus der ganzen Summe zuzüglich 200 ℳ, d. i. 1% aus 20000 ℳ.

c) **soweit mehr als** 100000 ℳ (unbegrenzt) — **aufgerundet** auf je	**volle 10000 ℳ — 2% Gebühr,**	
ergibt z. B. bei 6385000 ℳ Streitwert aus 100000 ℳ die nach a u. b berechneten	4200 ℳ	
Dazu 2% aus Rest: aufgerundet 6290000 ℳ = . .	125800 ℳ	= Sa. 130000 ℳ

d. i. im **Ergebnis** also **immer** 2% aus der **ganzen** Summe **zuzüglich** **2200** ℳ d. i. 3% aus 20000 ℳ mit 600 ℳ und 2% aus 80000 ℳ mit 1600 ℳ.

II. Die Berechnungsart unter I. angewendet auf die Berufungsinstanz ergibt:

zu a: aus dem ganzen Wert: **7,5%**

zu b: aus dem **ganzen** Wert: **6%**
zuzüglich 300 ℳ (1,5% aus 20000 ℳ).

zu c: aus dem **ganzen** Wert: **3%**
zuzüglich 3300 ℳ (900 ℳ = 4,5% aus 20000 ℳ u. 2400 ℳ = 3% aus 80000 ℳ).

III. Die Berechnungsart unter I. angewendet auf die Revisionsinstanz ergibt:

zu a: aus dem ganzen Wert: **10%**

zu b: aus dem **ganzen** Wert: **8%**
zuzüglich 400 ℳ (2% aus 20000 ℳ).

zu c: aus dem **ganzen** Wert: **4%**
zuzüglich 4400 ℳ (1200 ℳ = 6% aus 20000 ℳ u. 3200 ℳ = 4% aus 80000 ℳ).

C.

Gebührentabelle.

mehr als	bis einschl.	I. Instanz			Berufungsinstanz		Revisionsinstanz		Konkursverfahren
		1/1	1/2	1/4	1/1	1/2	1/1	1/2	3 fach
bis	2 000	100	100	100	150	100	200	100	300
2 000	4 000	200	100	100	300	150	400	200	600
4 000	6 000	300	150	100	450	225	600	300	900
6 000	8 000	400	200	100	600	300	800	400	1 200
8 000	10 000	500	250	125	750	375	1 000	500	1 500
10 000	12 000	600	300	150	900	450	1 200	600	1 800
12 000	14 000	700	350	175	1 050	525	1 400	700	2 100
14 000	16 000	800	400	200	1 200	600	1 600	800	2 400
16 000	18 000	900	450	225	1 350	675	1 800	900	2 700
18 000	20 000	1 000	500	250	1 500	750	2 000	1 000	3 000
20 000	25 000	1 200	600	300	1 800	900	2 400	1 200	3 600
25 000	30 000	1 400	700	350	2 100	1 050	2 800	1 400	4 200
30 000	35 000	1 600	800	400	2 400	1 200	3 200	1 600	4 800
35 000	40 000	1 800	900	450	2 700	1 350	3 600	1 800	5 400
40 000	45 000	2 000	1 000	500	3 000	1 500	4 000	2 000	6 000
45 000	50 000	2 200	1 100	550	3 300	1 650	4 400	2 200	6 600
50 000	55 000	2 400	1 200	600	3 600	1 800	4 800	2 400	7 200
55 000	60 000	2 600	1 300	650	3 900	1 950	5 200	2 600	7 800
60 000	65 000	2 800	1 400	700	4 200	2 100	5 600	2 800	8 400
65 000	70 000	3 000	1 500	750	4 500	2 250	6 000	3 000	9 000
70 000	75 000	3 200	1 600	800	4 800	2 400	6 400	3 200	9 600
75 000	80 000	3 400	1 700	850	5 100	2 550	6 800	3 400	10 200
80 000	85 000	3 600	1 800	900	5 400	2 700	7 200	3 600	10 800
85 000	90 000	3 800	1 900	950	5 700	2 850	7 600	3 800	11 400
90 000	95 000	4 000	2 000	1 000	6 000	3 000	8 000	4 000	12 000
95 000	100 000	4 200	2 100	1 050	6 300	3 150	8 400	4 200	12 600
100 000	110 000	4 400	2 200	1 100	6 600	3 300	8 800	4 400	13 200
110 000	120 000	4 600	2 300	1 150	6 900	3 450	9 200	4 600	13 800
120 000	130 000	4 800	2 400	1 200	7 200	3 600	9 600	4 800	14 400
130 000	140 000	5 000	2 500	1 250	7 500	3 750	10 000	5 000	15 000
140 000	150 000	5 200	2 600	1 300	7 800	3 900	10 400	5 200	15 600
150 000	160 000	5 400	2 700	1 350	8 100	4 050	10 800	5 400	16 200
160 000	170 000	5 600	2 800	1 400	8 400	4 200	11 200	5 600	16 800
170 000	180 000	5 800	2 900	1 450	8 700	4 350	11 600	5 800	17 400
180 000	190 000	6 000	3 000	1 500	9 000	4 500	12 000	6 000	18 000
190 000	200 000	6 200	3 100	1 550	9 300	4 650	12 400	6 200	18 600
200 000	210 000	6 400	3 200	1 600	9 600	4 800	12 800	6 400	19 200
210 000	220 000	6 600	3 300	1 650	9 900	4 950	13 200	6 600	19 800
220 000	230 000	6 800	3 400	1 700	10 200	5 100	13 600	6 800	20 400
230 000	240 000	7 000	3 500	1 750	10 500	5 250	14 000	7 000	21 000
240 000	250 000	7 200	3 600	1 800	10 800	5 400	14 400	7 200	21 600
250 000	260 000	7 400	3 700	1 850	11 100	5 550	14 800	7 400	22 200

mehr als	bis einschl.	I. Instanz 1/1	I. Instanz 1/2	I. Instanz 1/4	Berufungsinstanz 1/1	Berufungsinstanz 1/2	Revisionsinstanz 1/1	Revisionsinstanz 1/2	Konkursverfahren 3fach
260 000	270 000	7 600	3 800	1 900	11 400	5 700	15 200	7 600	22 800
270 000	280 000	7 800	3 900	1 950	11 700	5 850	15 600	7 800	23 400
280 000	290 000	8 000	4 000	2 000	12 000	6 000	16 000	8 000	24 000
290 000	300 000	8 200	4 100	2 050	12 300	6 150	16 400	8 200	24 600
300 000	310 000	8 400	4 200	2 100	12 600	6 300	16 800	8 400	25 200
310 000	320 000	8 600	4 300	2 150	12 900	6 450	17 200	8 600	25 800
320 000	330 000	8 800	4 400	2 200	13 200	6 600	17 600	8 800	26 400
330 000	340 000	9 000	4 500	2 250	13 500	6 750	18 000	9 000	27 000
340 000	350 000	9 200	4 600	2 300	13 800	6 900	18 400	9 200	27 600
350 000	360 000	9 400	4 700	2 350	14 100	7 050	18 800	9 400	28 200
360 000	370 000	9 600	4 800	2 400	14 400	7 200	19 200	9 600	28 800
370 000	380 000	9 800	4 900	2 450	14 700	7 350	19 600	9 800	29 400
380 000	390 000	10 000	5 000	2 500	15 000	7 500	20 000	10 000	30 000
390 000	400 000	10 200	5 100	2 550	15 300	7 650	20 400	10 200	30 600
400 000	410 000	10 400	5 200	2 600	15 600	7 800	20 800	10 400	31 200
410 000	420 000	10 600	5 300	2 650	15 900	7 950	21 200	10 600	31 800
420 000	430 000	10 800	5 400	2 700	16 200	8 100	21 600	10 800	32 400
430 000	440 000	11 000	5 500	2 750	16 500	8 250	22 000	11 000	33 000
440 000	450 000	11 200	5 600	2 800	16 800	8 400	22 400	11 200	33 600
450 000	460 000	11 400	5 700	2 850	17 100	8 550	22 800	11 400	34 200
460 000	470 000	11 600	5 800	2 900	17 400	8 700	23 200	11 600	34 800
470 000	480 000	11 800	5 900	2 950	17 700	8 850	23 600	11 800	35 400
480 000	490 000	12 000	6 000	3 000	18 000	9 000	24 000	12 000	36 000
490 000	500 000	12 200	6 100	3 050	18 300	9 150	24 400	12 200	36 600
500 000	510 000	12 400	6 200	3 100	18 600	9 300	24 800	12 400	37 200
510 000	520 000	12 600	6 300	3 150	18 900	9 450	25 200	12 600	27 800
520 000	530 000	12 800	6 400	3 200	19 200	9 600	25 600	12 800	38 400
530 000	540 000	13 000	6 500	3 250	19 500	9 750	26 000	13 000	39 000
540 000	550 000	13 200	6 600	3 300	19 800	9 900	26 400	13 200	39 600
550 000	560 000	13 400	6 700	3 350	20 100	10 050	26 800	13 400	40 200
560 000	570 000	13 600	6 800	3 400	20 400	10 200	27 200	13 600	40 800
570 000	580 000	13 800	6 900	3 450	20 700	10 350	27 600	13 800	41 400
580 000	590 000	14 000	7 000	3 500	21 000	10 500	28 000	14 000	42 000
590 000	600 000	14 200	7 100	3 550	21 300	10 650	28 400	14 200	42 600
600 000	610 000	14 400	7 200	3 600	21 600	10 800	28 800	14 400	43 200
610 000	620 000	14 600	7 300	3 650	21 900	10 950	29 200	14 600	43 800
620 000	630 000	14 800	7 400	3 700	22 200	11 100	29 600	14 800	44 400
630 000	640 000	15 000	7 500	3 750	22 500	11 250	30 000	15 000	45 000
640 000	650 000	15 200	7 600	3 800	22 800	11 400	30 400	15 200	45 600
650 000	660 000	15 400	7 700	3 850	23 100	11 550	30 800	15 400	46 200
660 000	670 000	15 600	7 800	3 900	23 400	11 700	31 200	15 600	46 800
670 000	680 000	15 800	7 900	3 950	23 700	11 850	31 600	15 800	47 400
680 000	690 000	16 000	8 000	4 000	24 000	12 000	32 000	16 000	48 000
690 000	700 000	16 200	8 100	4 050	24 300	12 150	32 400	16 200	48 600
700 000	710 000	16 400	8 200	4 100	24 600	12 300	32 800	16 400	49 200

mehr als	bis einschl.	I. Instanz			Berufungsinstanz		Revisionsinstanz		Konkursverfahren
		1/1	1/2	1/4	1/1	1/2	1/1	1/2	3 fach
710 000	720 000	16 600	8 300	4 150	24 900	12 450	33 200	16 600	49 800
720 000	730 000	16 800	8 400	4 200	25 200	12 600	33 600	16 800	50 400
730 000	740 000	17 000	8 500	4 250	25 500	12 750	34 000	17 000	51 000
740 000	750 000	17 200	8 600	4 300	25 800	12 900	34 400	17 200	51 600
750 000	760 000	17 400	8 700	4 350	26 100	13 050	34 800	17 400	52 200
760 000	770 000	17 600	8 800	4 400	26 400	13 200	35 200	17 600	52 800
770 000	780 000	17 800	8 900	4 450	26 700	13 350	35 600	17 800	53 400
780 000	790 000	18 000	9 000	4 500	27 000	13 500	36 000	18 000	54 000
790 000	800 000	18 200	9 100	4 550	27 300	13 650	36 400	18 200	54 600
800 000	810 000	18 400	9 200	4 600	27 600	13 800	36 800	18 400	55 200
810 000	820 000	18 600	9 300	4 650	27 900	13 950	37 200	18 600	55 800
820 000	830 000	18 800	9 400	4 700	28 200	14 100	37 600	18 800	56 400
830 000	840 000	19 000	9 500	4 750	28 500	14 250	38 000	19 000	57 000
840 000	850 000	19 200	9 600	4 800	28 800	14 400	38 400	19 200	57 600
850 000	860 000	19 400	9 700	4 850	29 100	14 550	38 800	19 400	58 200
860 000	870 000	19 600	9 800	4 900	29 400	14 700	39 200	19 600	58 800
870 000	880 000	19 800	9 900	4 950	29 700	14 850	39 600	19 800	59 400
880 000	890 000	20 000	10 000	5 000	30 000	15 000	40 000	20 000	60 000
890 000	900 000	20 200	10 100	5 050	30 300	15 150	40 400	20 200	60 600
900 000	910 000	20 400	10 200	5 100	30 600	15 300	40 800	20 400	61 200
910 000	920 000	20 600	10 300	5 150	30 900	15 450	41 200	20 600	61 800
920 000	930 000	20 800	10 400	5 200	31 200	15 600	41 600	20 800	62 400
930 000	940 000	21 000	10 500	5 250	31 500	15 750	42 000	21 000	63 000
940 000	950 000	21 200	10 600	5 300	31 800	15 900	42 400	21 200	63 600
950 000	960 000	21 400	10 700	5 350	32 100	16 050	42 800	21 400	64 200
960 000	970 000	21 600	10 800	5 400	32 400	16 200	43 200	21 600	64 800
970 000	980 000	21 800	10 900	5 450	32 700	16 350	43 600	21 800	65 400
980 000	990 000	22 000	11 000	5 500	33 000	16 500	44 000	22 000	66 000
990 000	1 000 000	22 200	11 100	5 550	33 300	16 650	44 400	22 200	66 600

Anmerkungen:

1. Gebühren für höhere Werte als 1 000 000 ℳ lassen sich leicht an Hand des Berechnungsschlüssels errechnen.

2. Soweit in der Rechtsmittelinstanz Gebühren ohne Erhöhung anfallen, ist, wie schon oben gesagt, die Wertstabelle der ersten Instanz auch für die Rechtsmittelinstanz maßgebend.

3. „Einfache" Konkursgebühren entsprechen dem 1/1 Satze der Wertstabelle der ersten Instanz, „zweifache" Konkursgebühren dem 1/1 Satze der Wertstabelle der Revisionsinstanz.

Sachregister.

Die Zahlen bedeuten grundsätzlich die Paragraphen und Anmerkungen. Es bedeutet also z. B.: 4, 9: § 4 Anm. 9. Vor 74. 4: vor § 74 Anm. 4. Vor 74, D: vor § 74 Anm. D. (Ausnahmsweise) S. 6: Seite 6.

F.

H.

J.

K.

O.

P.

R.

T.

U.

V.

Druck von Dr. F. P. Datterer & Cie., Freising-München.

FSC
www.fsc.org
MIX
Papier | Fördert gute Waldnutzung
FSC® C083411

Kolibri 360 GmbH
Ferdinand-Jühlke-Straße 7
99095 Erfurt, Deutschland
produktsicherheit@kolibri360.de